新发展格局战略支点：
扩大农村内需的
时代内涵与实施路径

张义博　涂圣伟　等著

XINFAZHAN GEJU ZHANLUE ZHIDIAN

KUODA NONGCUN NEIXU DE

SHIDAI NEIHAN YU SHISHI LUJING

中国财经出版传媒集团
经济科学出版社
Economic Science Press

图书在版编目（CIP）数据

新发展格局战略支点：扩大农村内需的时代内涵与实施路径/张义博等著. —北京：经济科学出版社，2022.6

ISBN 978 - 7 - 5218 - 3721 - 6

Ⅰ.①新…　Ⅱ.①张…　Ⅲ.①农村市场 - 扩大内需 - 研究 - 中国　Ⅳ.①F723.82

中国版本图书馆 CIP 数据核字（2022）第 103076 号

责任编辑：高　波
责任校对：孙　晨
责任印制：王世伟

新发展格局战略支点：扩大农村内需的时代内涵与实施路径

张义博　涂圣伟　等著

经济科学出版社出版、发行　新华书店经销

社址：北京市海淀区阜成路甲 28 号　邮编：100142

总编部电话：010 - 88191217　发行部电话：010 - 88191522

网址：www. esp. com. cn

电子邮箱：esp@ esp. com. cn

天猫网店：经济科学出版社旗舰店

网址：http：//jjkxcbs. tmall. com

北京季蜂印刷有限公司印装

710 × 1000　16 开　15.75 印张　225000 字

2022 年 7 月第 1 版　2022 年 7 月第 1 次印刷

ISBN 978 - 7 - 5218 - 3721 - 6　定价：76.00 元

前言
PREFACE

近年来，随着我国经济的快速发展，农村早已发生了翻天覆地的变化，5 亿农民的消费能力更是不容忽视，2021 年乡村消费品零售额达到了59265 亿元。农民收入增长速度快于城镇居民，全面推进乡村振兴背景下农村基础设施和乡村产业投资空间巨大，农村内需已经成为了最具增长潜力的内需领域之一。习近平总书记在 2020 年底中央农村工作会议上指出，"构建新发展格局，把战略基点放在扩大内需上，农村有巨大空间，可以大有作为。"

以往我国出台实施的"家电下乡""汽车下乡"等扩大农村内需政策，主要目的是通过刺激农民消费来提振农村经济，虽然具有短期需求提振效应，但因为没有从根本上提高农民的消费能力，长期内提高总消费水平的效果并不理想。当前，国际形势复杂多变，新冠肺炎疫情持续演变，农民收入增长承压，农村投资增量空间缩窄，短期性调节手段日益捉襟见肘，全面推进乡村振兴和扎实推动共同富裕，也对扩大农村内需提出了新要求。如何科学把握扩大农村内需的时代内涵，准确识别障碍并采取有效可行的措施，是构建新发展格局下需要着重思考的问题。

本书是在国家发展和改革委员会宏观经济研究院 2021 年度重点课题《扩大农村内需的路径与对策研究》成果基础上修改而成。全书从扩大农村内需的时代背景出发，首次界定扩大农村内需就是采取发展和改革措施，更好满足以农民为主体或农村地域范围的消费和投资需求，并依据3746份调查问卷、中国家庭收入调查（CHIPs）数据和实地调研的综合分析，系统分析了扩大农村内需面临的四大突出障碍，旗帜鲜明地提出扩大农村内需必须以服务新发展格局构建为出发点，以增进农民福祉、实现共同富裕为根本目的，系统化地总结出扩大农村内需的"1333"实现路径，即坚持提升有效供给创造农村持续需求能力1条主线；明确关键主体、有效空间和重点区域3个方向；构筑县域消费服务、乡村产业发展、要素交易流动3类平台；激活制度改革、数字赋能、市场畅通3大动力。瞄准提高农村低收入群体消费能力、改善农民消费习惯、增强供需匹配性、强化农村投资保障、畅通农村供应链等关键环节，创新性地提出了扩大农村内需的十大举措。

在课题报告形成过程中，课题组先后赴江苏省泰州市、浙江省嘉兴市、湖北省荆州市、重庆市铜梁区、贵州省铜仁市进行了实地调查，并对全国（不含港、澳、台地区）层面的镇村干部和城市居民进行了抽样调查。在此基础上，完成了课题总报告、五个专题报告和两个调研报告。课题组对研究成果进行了系统整理并上报，调研报告《农村内需新趋势及其扩大的问题障碍调查》获得国家发展和改革委员会宏观经济研究院优秀调研报告二等奖。

本书由张义博、涂圣伟负责总体框架设计和统稿。各章的安排和撰写人分别是：第一章，张义博、涂圣伟；第二章，梁俊；第三章，周振；第四章，曹玉瑾；第五章，蓝海涛；第六章，刘振中；第七章，周振；第八章，蓝海涛、涂圣伟、张义博、周振。课题研究得到了国家发展和改革委产业经济与技术经济研究所的大力支持，先后多次征询国家发展和改革委宏观经济研究院学术委员会多位专家意见和建议，调研工作获得了贵州省发展和改革委农经处、江苏省泰州市发展和改革委、湖北省监利市政府、重庆市综合经济研究院和铜梁区发展和改革委的有益帮助。在此对各位领导和专家的指导与支持表示由衷的感谢！书中涉及的一些公司数据信息为笔者调研所得，并得到授权可以公开发表，在此表示感谢。

　　囿于我们的研究水平，加上新冠肺炎疫情对深入调研和充分讨论的限制，书中难免有疏漏之处，敬请读者批评指正！

张义博

2022 年 5 月

目录
CONTENTS

第一章

总 论

内容提要： 扩大农村内需是构建新发展格局的关键举措，也是实现乡村振兴和共同富裕的核心抓手。本书明确提出扩大农村内需就是采取发展和改革措施，更好满足以农民为主体或农村地域范围的消费和投资需求，并在系统总结新发展格局下扩大农村内需的新要义、现状特征和新形势的基础上，借助 3746 份调查问卷分析和实地调研，发现农村消费总量扩张面临低收入群体消费能力难提升，农村消费结构升级遭遇供需不匹配，社会资本下乡投资受限多，乡村流通衔接生产与消费能力待提高四大障碍，今后亟须按照"1333"路径扩大农村内需，实施扩大农村内需十大举措，有力支撑经济高质量发展。

内需是经济增长的源泉，是大国经济之本。中国作为一个发展中的大国经济体，具有通过扩大内需实现经济自我循环的条件，能够依靠国内资源和国内市场形成内生增长能力。同时，我们又是一个农村人口占比较大的国家，扩大农村内需、畅通经济循环具有巨大潜力空间。从一般规律看，工业化会带动城市化（钱纳里和赛尔昆，1988），当一国完成工业化进入中高收入阶段后，大多数国家具有鲜明的城市经济主导特征，扩大农村内需对经济增长的贡献微弱。然而，当前我国正处于翻越"高收入墙"的关键阶段，大国小农的基本国情农情决定，城乡融合将是未来一个时期我国经济高质量发展的重要驱动力。与发达国家进入中高收入阶段后主要依靠城市经济驱动不同，畅通国民经济循环，亟须发挥农村内需大有可为的战略支撑作用。本书立足服务新发展格局构建和农民农村共同富裕的基本要求，明确扩大农村内需的新内涵和新要义，系统梳理当前扩大农村内需的短板、瓶颈和障碍，提出符合经济发展阶段和农村发展实际的农村内需扩大路径和政策体系。

一、扩大农村内需的时代内涵与新要义

（一）农村内需的内涵

农村内需研究并不是新话题，但目前尚未形成关于农村内需的统一概念，已有文献要么强调其重要性而忽视其究竟"是什么"，要么将其内涵窄化为农民消费。明确农村内需的概念边界，有助于我们更好地理解农村内需的现状特征、发展趋势和扩大路径。结合构建新发展格局、城乡融合发展等新形势新要求，我们根据内需涉及的空间范围和经济主体两个维度，从三个层次来界定农村内需的内涵（见表1–1）。

表1–1　　　　　　　　　　　农村内需的范围界定

地域	农村主体	返乡下乡主体	城镇主体
农村	①农村居民在农村对国内商品劳务的消费和投资需求	②返乡下乡人员在农村对国内商品劳务的消费和投资需求	③城镇居民对来自农村的商品劳务的消费和投资需求
城镇	④农村居民在城镇对国内商品劳务的消费和投资需求	⑤返乡下乡人员在城镇对国内商品劳务的消费和投资需求	⑥城镇居民在城镇对国内商品劳务的消费和投资需求

注：图中深色区域①是农村内需的主体构成，浅色区域②④是农村内需的扩展构成，白色区域③⑤⑥是农村内需的关联构成。

1. 农村内需的主体构成

农村居民（投资主体）在农村范围内产生的对国内商品劳务的消费和投资需求。即表 1-1 中深色区域①对应的内需部分。这个范围对产生需求的空间范围和经济主体都有严格的限制，要求需求发生的范围必须在农村，产生需求的主体必须是农村居民或农村投资主体。这一部分农村内需是传统意义上的农村内需，也是农村内需最核心的部分。其中，农村的界定参照《中华人民共和国乡村振兴促进法》，即城市建成区以外具有自然、社会、经济特征，以及生产、生活、生态、文化等多重功能的地域综合体，包括乡镇和村庄等。农村居民按照国家统计局的标准，即在农村区域内居住半年及半年以上的常住人口。农村投资主体是指注册地在农村地区的个体户、企业、农民专业合作社、集体经济等经济组织。

2. 农村内需的扩展构成

包括农村居民（投资主体）在城镇范围内对国内商品劳务的消费和投资需求，以及返乡下乡主体在农村范围内产生的对国内商品劳务消费和投资的需求。即表 1-1 中浅色区域②④对应的消费和投资需求。这一部分农村内需是城乡融合发展新形势下的新农村内需，近年来增长非常迅速。其中，返乡下乡主体的范围参考《国务院办公厅关于支持返乡下乡人员创业创新促进农村一二三产业融合发展的意见》的提法，主要有返乡下乡的原常住城镇的农民工、中高等院校毕业生（大学生）、退役士兵和科技人员 4 类人员，以及下乡的城镇工商企业、个体户等投资主体。

3. 农村内需的关联构成

包括返乡下乡和城镇主体在城镇范围对国内商品劳务的消费和投资需求，含城镇主体通过电商等对来自农村产品和服务的需求。即表 1-1 中白色区域③⑤⑥对应的消费和投资需求。尽管该部分消费和投资的主体不是农村居民，需求发生地也不在农村，但这些需求对应的商品或服务很多来自农村，对这些商品或服务的消费和投资可以通过"需求创造供给"的方式，促进农村产业发展和农村居民增收，进而扩大农村居民的消费和投资需求。可见，这部分内需尽管与农村内需的直接关联较弱，但也有一定的间接拉动作用。

本书中所指的农村内需主要包含农村内需的主体构成和扩展构成，即农村内需是指农村居民（投资主体）对国内商品劳务消费和投资的需求，以及农村地域内产生的对国内商品劳务消费和投资的需求。因此，扩大农村内需就是采取发展和改革措施，更好地满足农村居民（投资主体）或农村地区的国内消费和投资需求。具体而言，扩大农村内需是一个系统工程。从城乡看，既要有效释放农村居民在县域内的消费和投资，也要有效引导城镇居民扩大农村产品和服务的消费和投资。从地域看，既要发挥东部地区扩大农村内需的示范引领作用，也要充分挖掘中西部地区农村内需潜力。从人群看，既要关注农村高收入群体消费升级换代需求，更要重视农村低收入群体消费能力提升和消费结构优化。从部门看，既要发挥农村社保、基础设施投资等公共支出对扩大农村内需的筑底和撬动作用，更要重视提升农村居民合理消费和工商企业对农村的有效投资。

（二）扩大农村内需的新要义

过去扩大农村内需具有短期性、工具性、应急性、外生性等特征，新形势下扩大农村内需要实现四个转变。

1. 价值导向转变：从化解城市过剩产能转向实现农民共同富裕

以往，我国历次出台实施的"家电下乡""汽车下乡"等补贴政策，往往是为了刺激农民消费，并以此来促进农村经济发展。但是，扩大农村内需的举措并没有从根本上提高农民的消费能力。因此，要想真正激活农村消费市场，持续有效扩大农村内需，就要摒弃以"城"为先的传统路径，树立以"农"为本的理念，瞄准增进农民生活福祉和实现共同富裕，从解决广大农民群众日益增长的美好生活需要出发，千方百计拓宽农民奔富路径，最终形成农民收入持续增长与农村内需扩大的良性循环。

2. 政策手段转变：从短期刺激政策转向构建内生增长机制

从理论研究和实践效果看，消费补贴刺激政策虽然具有农民短期消费提振效应，但长期内提高总消费水平的效果并不理想（黄振华，2010；郑筱婷等，2012；于文超和殷华，2015）。如2008年实施的消费刺激政策仅在2011年带动了农村居民消费增速明显上扬，后续又回落至常年水平（见图1－1）。当前国内国际形势复杂多变，加之新冠肺炎疫情持续演变，农民收入增长承压，农村投资增量空间缩窄，消费类补贴政策的边际效应下降，短期性调节手段日益捉襟见肘，需要更加注重运用改革思维和改革办法，打好长短结合的政策"组合拳"，加快破除制约农村内需扩大的政策瓶颈和制度障碍，持续释放农村内需，为畅通国内大循环和推动经济持续健康发展增添动力。

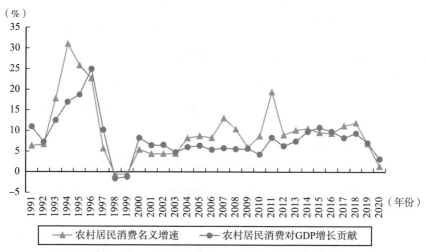

图1－1　1991～2020年农村居民消费增速及其对GDP增长贡献率

资料来源：国家统计局官网。

3. 主体结构转变：从农民群体转向城乡群体

随着我国不断推进城乡融合发展，城乡人口从单向流动向城乡双向流动转变，农村居民的需求早已突破农村地域范围，到城镇购房、消费也已成常态。目前约520万名返乡农民工创业投资，每年数亿人次的城镇居民下乡购买农副产品、体验乡村休闲旅游服务。电子商务和现代物流体系的快速发展也进一步突破了城乡边界。2020年农村地区揽收和投递快递包裹量超过300亿件，带动工业品下乡和农产品进城超过1.5万亿元（李心萍和祝佳祺，2021）。这决定了扩大农村内需不能只紧盯农村居民的需求，要坚持城乡融合发展理念，创造条件利于更好地满足下乡城镇居民和返乡农民群体的消费和投资需求；创造条件利于吸引更多的社会资本，扩大农业农村投资，在更大范围内高效配置城乡资源要素和促进农村产品和服务价值的实现。

4. 调控策略转变：从需求管理转向供需高效匹配

经过新农村建设、美丽乡村建设等，我国农村基础设施得到了极大改善，2020年底实现了具备条件的乡镇和建制村全部通硬化路，农村集中供水率达到88%[①]，基本实现了稳定可靠的供电服务全覆盖，农村家庭耐用消费品普及率也接近城镇水平。此时，若仍侧重于需求管理，则极易出现投资浪费和补贴效果不佳的情况。而且，当前的主要问题突出表现在两个方面，一方面是城镇居民买不到绿色优质农产品，另一方面是农村居民买不到高性价比的工业品。因此，扩大农村内需必须坚持深化供给侧结构性改革这条主线，统筹推进需求调控与供给侧结构性改革相协调，提升产品和服务供给体系对农村内需的适配性，形成农村内需牵引供给、供给创造农村需求的更高水平的动态平衡。

---

① 王仁宏. 水利部：到2025年全国农村自来水普及率将达88% ［N/OL］. 人民网，2021 - 09 - 23 ［2021 - 10 - 10］. http：//finance. people. com. cn/n1/2021/0923/c1004 - 32234211. html.

二、扩大农村内需的现状与形势

（一）我国农村内需的现状特征

1. 农村居民消费增速快于收入增速，边际消费倾向与收入呈现"U"形关系

2000 年以来，叠加减税、降费、补贴等"多予少取"惠农政策的实施，我国农民收入增长加快，推动农村居民消费提速、转型，呈现许多新变化。特别是党的十八大以来，农民消费支出的增长速度大幅高于收入增长速度，如 2013 年农民消费支出增速高出收入增速 14 个百分点，2013~2019 年，农民消费支出增速普遍高于收入增长速度（见图 1-2），这与农民消费观念的变化密切相关。当前，农民消费正从审慎"量入为出"转向适度"超前

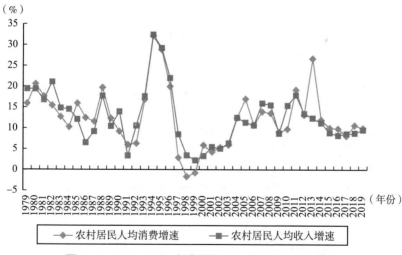

图 1-2　1979~2019 年农村居民人均消费和收入增速

资料来源：国家统计局官网和历年《中国统计摘要》，其中，1978~2000 年农民收入数据为农村居民家庭平均每人纯收入，2000 年后农民收入数据为农村居民家庭人均可支配收入，增速数据未剔除价格因素。受新冠肺炎疫情因素影响，2020 年农村居民收入、消费数据变化特征较大，不具备可比性，故在图形中不反映。

消费"，尤其是负债消费现象开始在农村升温。据农业农村部固定观察点调查数据显示，2017 年全国①农村家庭年内平均累计借入款 32410.12 元，其中，生活借款占比超过 70%②。

经济学经典理论一般认为，居民边际消费倾向具有递减规律，即随着收入的增长，居民边际消费倾向趋于减小。但是，近年来我国农村居民边际消费倾向与其收入之间呈现为"U"形关系。改革开放后，我国城乡居民收入保持持续增长，但是 2011~2020 年间农村居民边际消费倾向为 0.8363，分别比 1991~2000 年、2001~2010 年高 0.9030、0.1564。与此不同的是，城镇居民边际消费倾向具有典型的递减规律（见表 1-2）。再加上党的十八大以来，农村居民收入增速持续快于城镇居民收入增速，推动 2020 年农村居民人均消费支出超过了 2010 年城镇居民人均消费水平，城乡居民消费比降至 1.97，比同期城乡居民收入比小 0.59，比 2010 年城乡居民消费比低 1.1。这表明扩大内需、促进国民经济循环，农村地区大有可为。

表 1-2　　　　　　　　　　城乡居民边际消费倾向变化

时间	农村居民边际消费倾向	城镇居民边际消费倾向
1981~1990 年	0.8508	0.8141
1991~2000 年	0.6799	0.7780
2001~2010 年	0.7433	0.6828
2011~2020 年	0.8363	0.5287

资料来源：国家统计局官网，其中，边际消费倾向=消费增加量/收入增加量。

2. 农村消费热度上升，服务性、网络化消费渐成新亮点

随着城乡消费设施改善，以及信息技术的广泛应用，当前农村消费呈现

---

① 本书研究范围不含中国港澳台地区，后面不再赘述。
② 文中数据是笔者根据农业农村部固定观察点的调查数据统计计算而得。

"三上升"特征。一是农村消费热度上升。一方面，因城乡交通基础设施改善，乡村特色产业发展加快，近年来城镇居民下乡消费增多。课题组对 1060 名城市居民进行问卷调查发现，89.3% 的城市居民有过下乡购买产品的经历，92.2% 的城市居民到农村体验过休闲旅游，下乡市民在农村年人均消费达 2923 元，全国城镇居民下乡旅游消费常年保持两位数增长①。另一方面，县域成为农民消费的主场地。据统计，当前我国约 1.6 亿农民工在县域内就业，5 亿多农村常住人口以县域为主要消费地，县域已是促进农村消费、拉动内需、支持乡村振兴的重要载体，对于发挥我国超大规模市场优势和内需潜力具有重要意义。二是农村居民服务性消费占比上升。国家统计局数据显示②，2014 ~ 2019 年农村居民服务性消费比消费支出年均增长快 2.7 个百分点，推动 2019 年农村居民服务性消费占消费支出的比重比 2013 年提高了 5.4 个百分点，达到 39.7%，达到 2010 年城镇居民服务性消费占比水平。三是农村网上消费上升。商务部统计数据显示，2020 年全国农村网络零售额达 1.79 万亿元（见图 1-3），

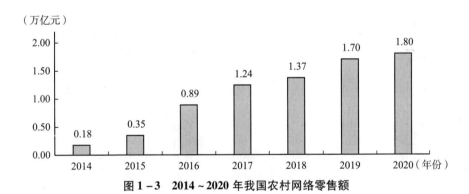

图 1-3　2014 ~ 2020 年我国农村网络零售额

资料来源：笔者根据商务部、中商产业研究院数据绘制。

---

①　农业农村部统计数据显示，2019 年我国乡村休闲旅游业接待游客 33 亿人次，营业收入超过 8500 亿元，未来 2 ~ 3 年乡村休闲旅游业将发展成为营业收入万亿元的大产业。

②　国家统计局所指的服务性消费是各种生活服务的消费支出，包括餐饮服务、衣着鞋类加工服务、居住服务、家庭服务、交通通信服务、教育文化娱乐服务、医疗服务和其他服务等。

同比增长 8.9%①，全国快递业务量中，发往农村地区的快递占比达到三成，农村地区已成为线上消费新的增长源；同时，大量农产品通过线上进城消费，2020 年全国农产品网络零售额达 4158.9 亿元，同比增长 26.2%，"十三五"时期农产品网络零售额年均增长高达 22.6%。

3. 第一产业固定资产投资拐点性下滑，社会资本成为农村产业投资主力军

长期以来，我国农业基础设施薄弱，第一产业固定资产投资规模大、增长快，是全国固定资产投资的重要领域。近年来，随着农业基础设施日益完善，农业投资总量规模和主体结构发生了重大变化。从总量规模看，第一产业固定资产投资增速大幅下降。"十三五"时期第一产业固定资产投资完成额年均增速 −3.1%，而"十二五"时期的平均增速为 31.4%（见图 1−4）。从主体结构看，社会资本已经成为农村产业投资中最重要的力量。近年来，受

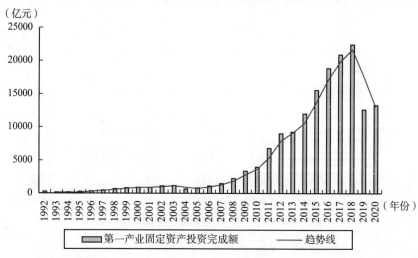

图 1−4 1992~2020 年第一产业固定资产投资完成额

资料来源：Wind 数据库。

---

① 人民日报海外版. 农村地区成为线上消费新增长点 [N/OL]. (2021−2−8) [2021−7−2]. http://www.gov.cn/xinwen/2021−02/08/content_5585806.htm.

城乡资本边际生产率变化、惠农政策实施以及农业农村功能转型，越来越多的社会资本投资农业农村，在农业固定资产投资中社会资本占比超过八成，投资领域从农业产业化领域向具有一定外部性的领域拓展，如从农产品加工业、休闲农业乡村旅游、农业废弃物资源化利用、农村电商、农业特色小镇等向农村资产盘活、生态修复、农业废弃物资源化利用、基础设施建设等领域延伸。

4. 农村建房热潮已过，农民涉农投资陷入"徘徊期"

过去很长一段时期内，农民有钱就盖房子，严重影响了乡村产业投资。近年来，农民的投资对象发生了重大变化。一方面，农户大规模建房现象发生逆转。2014 年前，农户竣工房屋投资额呈现逐年快增趋势；2014 年后，农户竣工房屋投资规模逐年下降，"十三五"时期农户竣工房屋投资额年均增速降至 -8.2%，而"十二五"时期年均增速为 6.4%，农户竣工房屋投资额占农户固定资产投资额比重也从 1992 年的 92.3% 的峰值降至 2020 年的 55.8%（见图 1 -5）。另一方面，农户固定资产投资并没有借机转向农业。

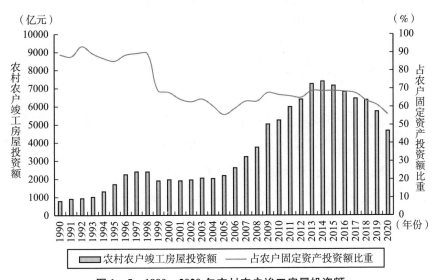

图 1 - 5　1990 ~ 2020 年农村农户竣工房屋投资额

资料来源：国家统计局。

近2013年以来，农户对农林牧渔业固定资产投资波动较大。经历2011年陡降后，农户农林牧渔业固定资产投资总量增长缓慢，占农户固定资产额的比重变化也不大（见图1-6），其中，2017年占比相比2012年仅变化了1个百分点。

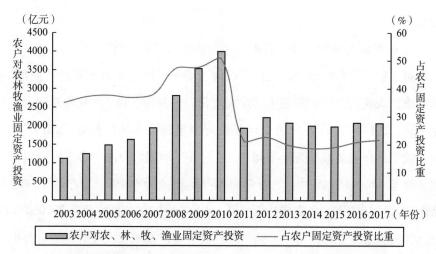

图1-6 2003~2017年农户对农、林、牧、渔业固定资产投资

资料来源：国家统计局。

（二）扩大农村内需面临的新形势

2020年，我国社会消费品零售总额39.2万亿元，其中，乡村消费品零售额达5.3万亿元。未来10年在促进全体人民共同富裕和全面推进乡村振兴的背景下，乡村社会消费品零售总额有条件保持年均7%左右的增速，到2030年有望达到10万亿元，成为构建新发展格局的有力支撑。

1. 我国经济进入新发展阶段，推进共同富裕提升农村消费能级

2020年，我国人均国民收入为10429美元，按照5.5%左右的年均增速，我国大约在2024年前后就将跨越中等收入陷阱成为高收入国家，推进共同富裕的条件愈发成熟。在全面建设社会主义现代化国家新征程中，促进

全体人民共同富裕将摆在更加重要的位置，将会通过产业高质量发展、城乡区域协调和收入分配制度改革，开拓新的奔富路径，缩小城乡居民收入差距，实现城乡公共服务优质共享，加强农村低收入人口常态化帮扶，明显提升农村低收入群体增收能力和社会福利水平，推动更多城乡居民成为中等收入群体，显著提高农村居民的消费能力和意愿，提升农村消费规模和质量。

2. 脱贫攻坚目标任务如期完成，全面推进乡村振兴激活农村投资热度

我国脱贫攻坚战取得全面胜利，现行标准下9899万农村贫困人口全部脱贫，极大地提高了农村贫困人口的消费能力，为激发农村内需潜力创造了良好基础。后脱贫时代，"三农"工作重点历史性地转向全面推进乡村振兴，按照2021年中央"一号文件"的要求，新发展阶段将把公共基础设施建设的重点放在农村，强化农业农村优先发展投入保障，农村基建公共投资有望保持较高水平，并通过构建现代乡村产业体系，强化农村产业发展的资源要素保障和政策支持，吸引撬动更多社会资本下乡投资。

3. 我国城镇化进入下半场，乡村空间布局趋于定型指明农村投资方向

我国城镇化在1996～2010年间加速发展后，增速逐年下滑，2019年城镇化率比上年仅增长了1.02个百分点，降至1996年以来的最低水平（见图1-7）。根据城镇化发展S曲线理论，我国城镇化已进入增速逐渐归零的下半程，这也意味着人类历史上最大规模的农村人口向城市迁徙过程趋于结束，城乡人口分布格局大调整的阶段接近尾声。在此大背景下，县域功能地位将抬升，乡村消费和产业发展环境加快改善。同时，未来有望在更可预测的前提下开展乡村规划，避免农村人口急剧变动带来的投资浪费，农村投资方向也将更加明确。

4. 农村改革纵深推进，城乡要素双向流动形成农村内需内生增长动力

近年来，我国相继开展的农村产权制度改革、农村土地制度改革和城乡融合体制机制改革等，正在扭转过去40年重城镇、轻农村的要素资源配置方式，要素从农村单向流出将逐步向城乡要素双向流动转变。未来将会继续

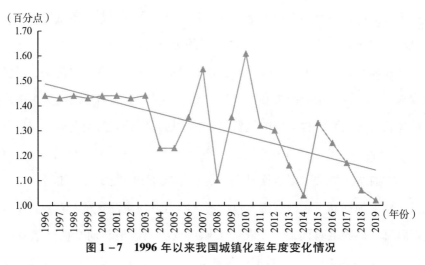

图 1-7   1996 年以来我国城镇化率年度变化情况

资料来源：国家统计局，2020 年数据为人口普查数据，数值与上一年无可比性。

用好改革这个法宝，沿着城乡融合发展方向，加快消除城乡资源要素自由流动和平等交换的体制机制障碍，切实改变资源要素配置扭曲格局（涂圣伟等，2018），促进农村土地、人力资源、集体产权等获得更高增值空间，推动城镇资金、人才等获取更多农村投资机会，工农城乡合力推动农民增收致富。

5. 新一轮科技革命深入发展，数字经济赋能加快释放农村内需空间

当前，以新一代信息技术为代表的新一轮科技革命逐渐由导入期转向拓展期，并已开始不断渗透赋能农业农村，成为激发农村内需潜力的"加速器"。一是农村电子商务加快发展，将深度改变乡村工农产品流通模式，加快农村供应链现代化步伐，优化农村需求与供给匹配模式，显著提升农村消费的便利性，更好满足农民和下乡返乡城镇居民消费需求。二是农村数字化程度的全面提升，将能显著缩小城乡"数字鸿沟"，重构农村产业形态，提高农村产业生产效率，带动农村居民增收，提升农村居民消费能力。三是随着智慧农业、数字乡村等农业农村数字技术应用场景的不断拓展，农村信息基础设施建设巨大的投资空间开始显现。

三、扩大农村内需存在四大突出障碍

（一）从消费总量扩张看，面临低收入群体持续增收困难和家庭债务风险双重挑战

低收入群体是扩大内需的关键人群（吴晓求，2008；刘尚希，2020；徐英杰，2020），提高其消费能力是当前扩大农民消费总量的首要任务①，但是当前农村低收入人口的消费潜力释放面临诸多困难。

1. 农村低收入人口稳定增收遭遇前所未有的多重压力

一是农业生产成本上升和农产品价格波动，限制了低收入农户家庭经营性收入的增长空间。《农产品成本收益资料汇编》的统计数据显示，2015 年以来我国三种粮食作物（稻谷、小麦、玉米）净利润近乎为零，即便不考虑自营地地租成本，亩均种粮收益也不超过 250 元（见表 1－3）。大量以农业生产经营为主要收入来源的低收入农户，仅依靠自身能力既无法有效对冲农资等投入成本上升，也无法实现有效对接市场实现农产品品牌溢价，短期内家庭收入难有较大起色。二是经济复苏基础尚不牢固和新冠肺炎疫情局部反复，减少了低收入农民工外出务工的机会。2020 年农民工总量比上年减少 517 人，同比下降 1.8％，是我国有农民工监测数据以来的首次下降。2021 年农民工总量虽然恢复到了 2019 年的水平，但是外出农民工数量仍未达到 2017 年水平。随着新冠肺炎疫情的持续暴发，技能水平不高、就业渠道有限的低收入农民更容易受到冲击。三是财政收支压力大和政策性补贴趋于饱和，导致低收入农民转移性收入增长后劲不足。2020 年，我国财政税收增速创半个世纪以来新低，未来我国财政收入总额将呈低水平运行势态，

---

① 针对全国 2686 位乡镇和村干部的调查问卷显示，69.4％的受访者认为"农民收入不高"是当前扩大农民消费支出面临的主要困难。

而财政支出压力仍然较大。与农村低收入群体密切相关的部分产业扶贫项目分红较难大幅增长，各项农业政策性补贴趋于稳定。"十三五"时期，全国财政农林水事务支出年均实际增长仅为4.3%，比"十二五"时期低9.1个百分点。四是农村土地制度改革进展缓慢和集体经济发展困难，制约了农村低收入群体获得更多的财产性收入。除了少数改革先行县市和城市近郊的农村地区，我国大多数农村地区的土地、房产等资产价值尚未激活，2020年经营收益低于5万元的村集体占比达45.6%，全国农民人均财产净收入占可支配收入的比重一直低于2.5%。农村低收入群体投资和获得财产性收入的机会相对更少，与城镇居民、农村高收入群体之间的财产性收入差距趋于扩大。

表1-3　　　　2008～2020年我国三种粮食（稻谷、小麦、玉米）

平均收益情况　　　　　　　　　　　单位：元

| 年份 | 每亩 | | | | | | 每50千克主产品 | | |
| | 总成本 | | | | 净利润 | 成本利润率 | 平均售价 | 总成本 | 净利润 |
	小计	物质与服务费用	人工成本	土地成本					
2008	562.42	287.78	175.02	99.62	186.39	33.14	83.54	62.75	20.79
2009	600.41	297.40	188.39	114.62	192.35	32.04	91.32	69.16	22.16
2010	672.67	312.49	226.90	133.28	227.17	33.77	103.78	77.58	26.20
2011	791.16	358.36	283.05	149.75	250.76	31.70	115.42	87.64	27.78
2012	936.42	398.28	371.95	166.19	168.40	17.98	119.86	101.59	18.27
2013	1026.19	415.12	429.71	181.36	72.94	7.11	121.13	113.09	8.04
2014	1068.57	417.88	446.75	203.94	124.78	11.68	124.38	111.37	13.01
2015	1090.04	425.07	447.21	217.76	19.55	1.79	116.28	114.23	2.05
2016	1093.62	429.57	441.78	222.27	-80.28	-7.34	108.39	116.98	-8.59
2017	1081.59	437.18	428.83	215.58	-12.53	-1.16	111.58	112.89	-1.31
2018	1093.77	449.55	419.35	224.87	-85.22	-7.83	109.66	118.97	-9.31
2019	1108.89	462.24	413.40	233.25	-30.53	-2.75	109.44	112.54	-3.10
2020	1119.59	468.01	412.76	238.82	47.14	4.21	122.48	117.53	4.95

注：表中数据为原文引用，故保留"亩"为计量单位。
资料来源：笔者根据历年《农产品成本收益资料汇编》整理。

2. 家庭债务风险成为农村低收入群体消费能力提升的掣肘①

一是农村低收入群体负债快速上升，呈现"两快一高"特征。利用中国家庭收入调查（CHIPs）数据测算，以偿债收入比来衡量负债水平，收入最低25%组家庭的偿债收入比从2013年的79.6%上升至2018年的148.9%，平均每年上升13.9个百分点，不仅比农村中高收入组家庭快9.8个百分点，也比城镇居民家庭快9.3个百分点。如果仅考虑金融资产和经营性资产，农村低收入家庭普遍资不抵债。2018年，农村收入最低25%组家庭的资产负债率高达345.8%。二是农村低收入群体缺乏内生增收动力，债务可持续性减弱。近年来，农村低收入群体主要依靠国家政策性补贴和帮扶资金增收。2018年，农村最低收入25%组家庭的经营性收入和财产净收入在收入结构中占比仅有12.2%和1.8%，转移净收入占总收入的比重达到29.6%，较2013年增加了4个百分点，比农村最高收入25%组家庭高出14.8个百分点。农村低收入群体过于倚重外部"输血"的事实，决定了其收入增速乏力。2013～2018年，农村收入最低25%组的平均收入仅增长了29.2%，在所有收入组中最低（见图1-8）。三是农村低收入群体非经营性债务增长过快，家庭再生产循环不畅。在结婚要求、子女教育等因素的共同推动下，不少农村低收入群体也被裹挟加入购房大军，农村收入最低25%组家庭的房贷参与率从2013年的6.9%上升至2018年的11.4%。医疗、婚丧等非经营性债务会严重占据低收入家庭的当期现金流，而且不会在将来新增现金流。2018年，农村收入最低的25%组家庭，因病所欠债务、婚丧嫁娶债务及其他家庭事件所欠债务负担高达36.4%。四是农村普惠金融渗透不够，农村低收入家庭存在大规模隐性"关系类"债务。当前，农村地区仍然以向亲戚朋友借钱的民间借贷为主，农村家庭正规金融渠道的信贷参与

---

① 针对全国2686位乡镇和村干部的调查问卷显示，33.7%的受访者认为"不少农户家庭有负债"是当前扩大农民消费支出面临的主要困难。

率只有 10% 左右。随着近年来农村地区"人情消费"逐年增长，攀比浪费、随礼泛滥等非理性消费文化泛滥，人情支出的大幅上涨不仅对居民家庭发展和享受型消费支出存在挤出效应（刘玉飞等，2020），还形成了大量隐性"关系类"债务，成为不少低收入农户难以承受之重。

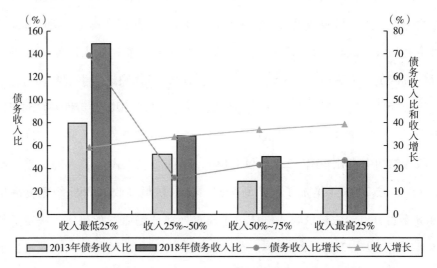

图 1 - 8   2013 年和 2018 年不同收入组农村家庭的偿债收入比和收入情况

资料来源：笔者根据中国家庭收入调查（CHIPs）2013 年和 2018 年的数据计算而得。

（二）从消费结构升级看，大量潜在需求缺乏相匹配的有效供给

随着城乡居民收入水平的持续提高，农村消费结构升级趋势明显，但是存在明显的供需不匹配制约。

1. 缺少针对农村市场需求的高性价比产品和服务

各地在推进产业转型升级过程中，大多追求战略性新兴产业、未来产业等，大企业的目标客户群体也多以国内高收入群体、城镇中产阶层和国外市场为主，不愿意投入资金研发生产单价低、需求分散、推广成本高的适合农村需求特点的产品或服务。许多以农村市场为主的中小企业要么无法提供符

合国家相关标准的合格产品，如老年代步车等价格低廉的低速电动车，广受农民喜爱，但是性能不佳、质量难以保障，存在诸多安全隐患；要么抄袭模仿品牌商品，在农村市场形成屡禁不止的假冒伪劣乱象。中国消费者协会发布的《2020年60个农村集贸市场"再体验"调查报告》显示，存在假冒、伪劣、"三无"、过期四类问题商品的农村市场比2019年多了5个，生活用品"种类少、品质次"的问题突出。同时，乡村民生服务供给短板突出。近年来，农民对文化、休闲、娱乐等服务需求日益增长，但是现有农村公共服务和商业文化服务供给质量不高、效果不佳，不符合农民需求的问题突出。我国农村老龄化加速，农村老年失能人口规模大，但农村养老照料服务数量和质量均无法满足现实需求，年轻子女外出务工进一步加剧了养老服务缺口。

2. 城镇居民下乡居住、休闲旅游和优质农产品需求无法得到充分满足

课题组对1060位市民的调查问卷显示，39%的城市居民有下乡购房居住需求，但我国独特的集体所有制经济制度安排禁止市民下乡购房，只允许农民住房在本村范围内交易。目前，农村宅基地制度改革的口径依然是稳慎推进，四川省都江堰、湖南省冷水江市等地探索城市居民下乡建房的改革举措均被叫停。在乡村休闲旅游方面，设施简陋、卫生不好，饭菜雷同、品质不高，体验活动少等问题突出（见表1-4）。在市民下乡购物方面，调查问卷显示35.9%的市民回答遇到过困难和问题，主要有农村产品质量好坏难以判别、担心买到假冒伪劣产品、食用农产品品质不佳且不卫生等问题。

表1-4　　　下乡城镇居民在农村休闲旅游中遇到的困难或问题

选项	小计	比例（%）	
住房设施简单、卫生一般	254		73.62
农家饭雷同、品种少、做工粗、价格偏高	156		45.22
可观赏或体验的民俗文化活动少	121		35.07

续表

选项	小计	比例（%）
当地特色农事体验等特色活动不足	120	34.78
村庄环境不够整洁优美	116	33.62
适合儿童游玩的设施少	75	21.74
其他	5	1.45

资料来源：基于课题组对全国 1060 名城镇居民的问卷调查，这组数据来自在农村休闲旅游中回答遇到困难或问题的 345 位受访者。

（三）从农村民间投资增长看，受到政策预期不稳定、要素供给不匹配、基础设施不配套三大制约

2018 年以来，我国农林牧渔业民间固定资产投资累计增速快速波动下降，特别是 2019 年出现了连续 7 个月负增长，即使剔除 2020 年新冠肺炎疫情影响，社会资本投资农业的波动幅度也在成倍增加，这主要来源于以下三方面的影响。

1. 政策预期不稳定

农业政策直接影响着农业农村资本投入，但是我国部分产业政策导向变动大，对民间投资农业造成了困扰（见图 1 – 9）。如 2018 年基于保护生态环境需要，叠加应对非洲猪瘟，我国南方水网地区大面积禁止或限制生猪养殖，导致 2018 年全国农业固定资产投资快速下降；后续受猪价快涨、猪肉供应短缺的影响，2019 年 9 月转而大力补贴鼓励生猪养殖，要求南方地区生猪保持一定的自给率，带动农业固定资产投资超常速度回弹。同时，近年来实施的针对违规占用耕地的"大棚房"整治、防止耕地"非粮化"等政策，虽然极大地规范了工商资本下乡投资行为，但是因为政策执行边界模糊、地方违规招商引资、一些地方"一刀切"加码执行，导致不少企业投资"打水漂"，当前一些企业担心防止"非粮化"政策走向趋严，对进一步扩大农业投资持观望状态。

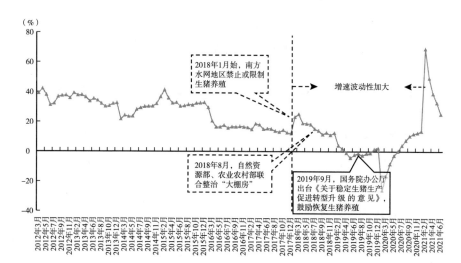

图 1 - 9　2012～2021 年全国农林牧渔业民间固定资产投资累计增长

资料来源：国家统计局官网。

2. 要素供给不匹配

社会资本下乡一般投资规模较大，领域较为广泛，要素需求结构具有明显的数量密集型、种类多样性与层次高位性等特征。但是，地方政府将稀缺的建设用地主要给予税收高、GDP 贡献大的城镇工商业，农村产业发展建设用地保障程度低，也未能形成农村资产确权颁证—资产处置—风险防范协同推进机制，导致涉农金融产品创新滞后，下乡企业大量投入形成的农业生产设施与生物资产无法抵押融资，社会资本下乡投资普遍面临"用地难、融资难"问题。课题组调查发现，45% 的民营企业受制于"用地难"问题，许多农业产业链延伸项目无地可落，返乡人员投资遇到的主要困难中，认为"缺资金"的占比最高，达到 60.6%。

3. 产业基础设施不配套

近年来，农村公共基础设施改善明显，但是农村产业设施仍很薄弱。与各类工业开发区地方政府先行配套"五通一平"或"七通一平"基础设施不同，许多涉农项目周边的道路、水电、网络和环保设施往往需要企业自行投入资金，极易提高企业的融资额度，拉长项目投资周期，降低投资收益，导致很多带农作用明显的优质农业产业项目招商困难。

（四）从供需联动性看，乡村流通有效衔接城乡生产与消费的作用不强

流通是连接生产和消费，畅通经济循环的重要环节。当前工业品下行"最后一公里"不畅，农产品上行困难，乡村流通对接生产和消费的功能有待提高。

1. 农村物流基础薄弱

课题组对全国镇村干部发放的调查问卷发现，约 60.8% 的镇村干部认为设施不足是农村物流的最大短板，其中，认为农产品出村进城困难、农村交通不便利的分别占 52.8% 和 36.2%（见图 1–10），而冷链物流设施短缺是阻碍鲜活农产品上行的关键短板。我国每年约有 4 亿吨生鲜农产品进入流

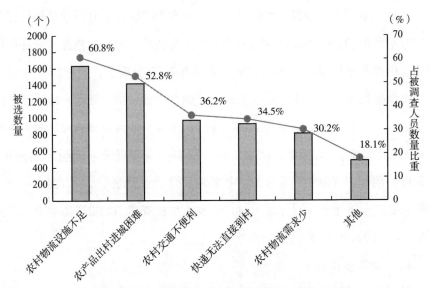

图 1–10　当前农村物流发展面临的主要困难

资料来源：基于课题组对全国 2686 名镇村干部的问卷调查，问题设置为"您认为当前农村流通发展面临哪些主要困难？"多项选择题但最多选择 3 项。

通领域，果蔬、肉类、水产品的冷藏运输率分别为35%、57%、69%，远低于发达国家95%以上的冷链流通率。从农产品上行看，课题组对全国镇村干部的调查发现，农产品标准化程度低和品牌缺失是导致农产品上行困难最重要的原因。从工业品下行看，农村末端配送成本高导致"最后一公里"问题难破解。当前，快递网点已基本覆盖所有乡镇，但由于农村流通产品存在单价低、数量小、频次少、收发地点分散的特点，极大地影响了末端配送的成本和效率，物流企业大多不愿意下沉到村庄设置配送点。

2. 城乡之间流通层级多

从农产品流通看，我国农产品上行仍以传统的多级批发模式为主，即便是路径较短的一级批发商到零售商，农产品价格也能上涨近1倍。如果中间批发层级增加，农产品流通环节还会进一步大幅加价。批发商通过规模效应占据了农产品产业链增值的有利地位，农户和消费者不得不为此买单。从工业品流通看，当前我国许多工业品下乡仍以传统的多级代理模式为主，经过一级、二级代理商层层赚取差价，三级、四级市场乡镇经销商的终端售价普遍高于城市同类产品。

3. 农村供应链服务前置链主企业缺乏

近年来，农村地区虽然出现了一些农业产业化龙头企业，但能够发挥供应链链主作用的市场主体依然较少。即便阿里巴巴、京东、顺丰等供应链链主企业已开始在农村地区大规模布局，但其主要业务方向还是将更多的工业品推向农村，其供应链服务没有前置布局到农业生产环节，依据消费信息反向整合农业生产的实践还较少。

四、明确扩大农村内需"1333"实现路径

新发展阶段扩大农村内需要以服务新发展格局构建为出发点，以增进农民福祉、实现共同富裕为根本目的，围绕提升有效供给创造农村持续需

求能力1条主线，明确扩大农村内需的关键主体、有效空间和重点区域3个方向，打造县域消费服务、乡村产业发展、要素交易流动3类平台，激活制度改革、数字赋能、市场畅通3大动力，推动国内涉农生产、分配、流通、消费各环节实现良性循环，形成农村供需在更高水平上的动态平衡（见图1-11）。

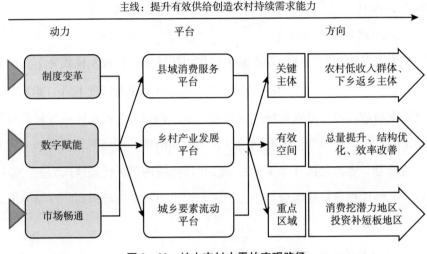

图1-11　扩大农村内需的实现路径

资料来源：笔者绘制。

（一）"1条主线"：提升有效供给创造农村持续需求能力

只有形成农村需求能力提高的长效机制，才能保障扩大农村内需长期见效。这其中的关键是从深化供给侧结构性改革入手，着力提升产品、服务和要素等供给体系对农村消费和投资需求的适配性，更好地满足农村居民对物美价廉工业品和服务的需求、城镇居民对优质农产品和乡村生活服务的需求、工商资本对农村投资的需求，进而推动农民就业机会增加、农村产业发展效益提高，最终实现农民收入持续提高和农村创业投资环境改善，从而形成持续可靠的农村需求能力。因此，新发展格局下扩大农村内需的主线就是要改变以农村短期消费刺激为主的需求侧管理政策，向以提升有效供给创造农村持续需求能力为主的政策转变，形成更高效率和更高质量的供需匹配关系。

（二）"3个方向"：关键主体、有效空间和重点区域

1. 瞄准农村低收入群体和下乡返乡主体两大关键主体，回答好扩大农村内需"主要依靠谁"的问题

扩大农村内需就是要通过政策激励促进农村居民和下乡返乡主体增加消费和投资。其中，农村居民中最具内需增长潜力的正是低收入群体，因为根据边际消费倾向递减规律和现有实证研究，农村低收入群体在所有城乡人群中的边际消费倾向最高（韩洪云和梁海兵，2013；马晓河，2020）。同时，农村低收入群体规模庞大，按照农村居民收入中位数的50%或者生活水平倒排20%的标准，当前我国农村低收入人口为1亿~1.1亿人（程国强和伍小红，2021）；如果按照世界银行根据购买力平价计算成人每人每天收入低于10美元的标准，我国农村低收入群体达到3.3亿人（马晓河，2021）[①]。所以，提高农村低收入群体的收入对扩大农村消费总量的作用效果最明显。

下乡返乡主体之所以成为扩大农村内需中不容忽视的关键人群，一是因为下乡返乡城镇居民收入水平高、消费能力强，且城镇居民教育文化娱乐等改善性支出的边际消费倾向长期高于农村居民（宋平平和孙皓，2020），能够示范带动农村消费结构升级。二是因为下乡返乡城镇工商资本是农业农村投资的主要来源。近年来，我国农业民间投资占比保持在75%左右（毛世平等，2021），而农户投资占全社会农业固定资产投资的比重不足10%，所以大部分农业投资的主体来自于城镇社会资本。同时，受制于财政收入增速放缓和地方政府债务风险问题，今后一段时期乡村公共投资增速可能趋于下降，在有

---

① 马晓河（2021）将年收入低于中等收入标准的群体称为中低收入群体，本书将中等收入以下群体统称为低收入群体。

收益或有一定收益的乡村基础设施投资中也需要引入社会资本。因此，只有引导城镇工商资本扩大农业农村投资，才能提升农村有效投资水平。

2. 找寻总量提升、结构优化、效率改善的有效空间：回答好扩大农村内需"主要干什么"的问题

课题组基于总量提升、结构优化、效率改善"三项准则"，结合调查问卷（见表1-5）、实地调查及相关政策文件明确扩大农村内需的重点领域。"总量提升"旨在解决"有没有"的问题，将农村供需缺口大的产品和服务作为总量提升的重要着力点，主要包括农村污水处理等人居环境、农村生产设施、应急防灾减灾设施和部分短缺生活服务，以及欠发达地区短板突出的农村基础设施。"结构优化"旨在解决"好不好"的问题，基于满足农村居民不断提高的对美好生活的向往和需要，重点优化提升现有农村生产生活基础设施，实现城乡公共服务均等化，支持开发符合农村需求特点的产品和服务。"效率改善"旨在解决效率"高不高"的问题，主要是破除阻滞城乡经济循环的体制机制和政策障碍，高效配置城乡人、地、钱等要素，补齐城乡生产与消费有效衔接的乡村流通短板，因地制宜提高农村资产运营管理水平（见表1-6）。

表1-5 扩大农村投资和消费主要方向的问卷调查

本村最需要的投资领域	数量（人）	比例（%）	收入提高后农民改善消费的主要方向	数量（人）	比例（%）
垃圾、污水收集处理设施	1356	50.48	教育	1552	57.78
村容村貌	1242	46.24	住房	1344	50.04
通村入户道路升级和维护	1164	43.34	医疗	1068	39.76
公共活动场所和文体设施	984	36.63	各类社会保险	979	36.45
村庄交通、物流网点	609	22.67	家电、汽车等耐用消费品	858	31.94
村级幼儿园、小学	509	18.95	休闲、旅游、娱乐	782	29.11
自来水或饮用水设施	505	18.80	食品、餐饮	472	17.57
天然气等能源设施	461	17.16	衣物	138	5.14
村医务室升级改造	434	16.16	其他	137	5.10

续表

本村最需要的投资领域	数量（人）	比例（%）	收入提高后农民改善消费的主要方向	数量（人）	比例（%）
网络通信设施	245	9.12	各种礼金	101	3.76
其他	72	2.68			

资料来源：课题组对全国 2686 名镇村干部的问卷调查分析。

表 1-6　　　　　　　　扩大农村内需新空间的情况

类型	领域	重点方向
总量提升	农村人居环境	污水收集处理、村容村貌改善，以及欠发达地区的村内入户道路、垃圾收集处理、自来水、燃气等设施
	生产设施	高标准农田、产业路、旅游路、仓储物流设施、乡村旅游服务设施等
	应急设施	农村防疫、防洪、抗旱、火灾防救等设施设备
	生活服务	农村居民健康管理、文化教育、休闲娱乐、理财等
结构优化	农村基础设施升级	重点在人口规模较大的城郊融合型村庄、中心村及特色产业集聚区，推动农村水、电、路、气、网及卫生厕所、垃圾污水收集处理、村庄美化亮化、文体活动、学校、医务室等基础设施提标升级
	优质产品服务供给	农民需求：推进城乡教育均等化、优质医疗和公共文化服务下沉，提高农村社会保险保障水平，鼓励社会力量提供多层次的养老、文艺和乡村休闲旅游服务，支持制造业企业开发适合农村消费的产品 下乡返乡城镇居民需求：优质农产品、手工艺品、农村长居住房、旅游民宿、特色餐饮、乡土文化活动等
效率改善	要素自由流动	重点是农村产权交易服务，农村各层次人才培训、城镇人才下乡服务，农村土地制度改革、农村投资用地保障，农村金融创新、工商资本下乡，涉农技术创新与推广应用等
	城乡商贸高效流通	重点是县乡村三级农村物流配送体系和农村冷链物流设施建设、农村电子商务发展、农村现代流通企业培育、县域消费环境监管与提升等
	农村资产运营管理	重点是农村集体经济发展、农村基础设施运营维护，以及农村资产产权保护与金融开发

资料来源：课题组对全国 2686 名镇村干部的问卷调查分析整理。

3. 侧重消费挖潜力和投资补短板两大重点区域：回答好扩大农村内需
"主要在哪里"的问题

我国地域辽阔，各地千差万别，扩大农村内需必须有所侧重。从农村消费挖潜力的重点区域看，中西部地区农村人口最多、边际消费倾向最高，是扩大农村消费的重要着力点。近年来，我国中西部农村人口占全国农村人口的比重始终保持在61%以上，而且中西部农村居民边际消费倾向始终高于东部和东北地区（见表1-7）。同时，城乡融合水平快速提升的东部发达地区、城市群周边的农村地区，家门口就业机会多，农村居民收入高、城乡居民收入差距小，农民消费升级步伐更快，而且发达地区农村消费环境好，下乡返乡城镇居民规模大、频次高，乡村旅游、认养农业等新型消费提升空间大。从农村投资补短板是重点区域看，中西部和东部欠发达农村地区人口基数大、产业发展潜力大，但是基础设施历史欠账多，乡村产业发展层次更是落后于东部发达地区，亟须通过推进中西部和东部欠发达地区农业农村投资缩小区域差距。第三次全国农业普查数据显示，西部村内主要道路中，沙石路面占比仍有11.7%；中西部生活垃圾集中处理的村比重比东部低20个百分点以上。

表1-7　　　　　我国不同区域农村居民边际消费倾向比较

年份	东部地区	中部地区	西部地区	东北地区
2013	0.7636	0.7934	0.8875	0.7419
2014	0.8000	0.8140	0.8679	0.6502
2015	0.8231	0.8834	0.9020	1.1081
2016	0.7818	1.0285	0.9166	1.2091
2017	0.5871	0.7010	0.8514	1.0657
2018	0.7660	1.1798	0.8796	0.7407
2019	0.7635	0.9741	0.8499	0.5982
2020	-0.0903	0.5405	0.4787	0.1511

资料来源：根据国家统计局官网数据测算。

（三）"3 类平台"：县域消费服务、乡村产业发展、要素交易流动平台

1. 县域消费服务平台

农村消费的主战场是县域，县域消费服务平台直接决定了农村消费的可得性和便利性。"十四五"乃至更长一段时期，县域消费服务平台建设主要是形成以县城为中心、乡镇为重点、村为基础的农村消费服务体系。其中，县城消费服务平台重点是改造提升县城综合商贸服务中心、电子商务公共服务中心和物流配送中心，建设商业综合体、健身休闲娱乐中心、文化服务中心、健康养老服务机构等新型消费载体，形成联结城乡、辐射乡村、带动农民的县域消费服务中心。乡镇消费服务平台重点是建设改造乡镇商贸中心、农村集贸市场、电商物流服务站、连锁商超和综合文化服务中心等，改善乡镇购物、餐饮、文娱等消费环境。村级消费服务平台重点是改造"夫妻"店、"万村千乡"农家店，发展农村便利店，完善农村电商快递网点、乡村休闲旅游点，建设村级养老服务、幼儿看护、基层文化服务等载体，满足农民和下乡市民就近便利的消费需求。

2. 乡村产业发展平台

农村内需能力持续提升的关键是发展富民乡村产业，这就离不开由现代农业园区、特色小镇、村级产业发展载体等构成的乡村产业发展平台。其中，现代农业园区包括现代农业产业园、农村产业融合发展示范园、农业科技园区、农村创业创新园区，以及地方打造的农业开发区、返乡农民工创业园等各类园区，重点是强化园区基础设施和公共服务平台建设，推动园区全链条发展、多功能拓展，并将其打造成为农业价值转化跃升平台。特色小镇重在发挥乡村经济转型和消费空间挖掘的双重作用下，科学定位主导产业，布局提供优质公共服务，突出企业投资主体地位，满足农民就近就业、创业需求，创造农村消费亮点和农村投资热点。村级产业发展载体主要包括农村集体经济组织、各类农民合作组织等，重点是创新村企合作形式，提升村级

产业发展组织市场化运营管理能力，盘活用好农村资源资产，建立健全村级产业发展利益分配机制，形成农村致富共同体。

3. 城乡要素流动平台

扩大农村内需既要推动农村资源要素在更大范围内的价值实现，又要强化对农村投资的要素保障，这都需要发挥城乡要素流动平台的中介作用。农村资源要素价值实现主要依靠农村产权交易平台、农村土地流转服务平台、补充耕地指标交易平台、城乡建设用地增减挂钩结余指标交易平台等，重点是规范流转交易行为和完善服务功能，逐步扩大交易品种和流转范围，释放农村土地、林权、集体股权等资源要素价值，加快提高农民财产性收入。农村投资要素保障主要依靠各类乡村引才聚才平台、农村集体经营性建设用地入市交易平台、农村金融服务平台等，重点是强化机制创新和政策保障，形成引导城镇人才和工商资本下乡的激励机制，让稀缺的农村建设用地和资本留在农村、保障乡村投资。

（四）"3大动力"：制度改革、数字赋能、市场畅通

1. 制度改革：构建农村内需能力持续提升的好环境

扩大农村内需不能单纯地依靠外生的资源注入，更依赖于内生性制度变迁，要用足用好改革这个关键一招。农业发展方面，侧重于持续推进供给侧结构性改革，普及推广新技术，创新发展规模经营组织模式，进一步明晰涉农投资政策预期，提高农业供给体系质量和效率，以新供给创造新需求。要素配置方面，重点是深化农村产权制度和农村土地制度改革，拓宽盘活农村集体资源资产化路径，促进农村土地要素高效配置和收益归农。收入分配方面，着力健全农村低收入人口精准识别机制和社会保障制度，完善先富带后富的帮扶机制，建立紧密型利益联结机制，让农民更多分享产业增值收益。

2. 数字赋能：打造农村消费投资效率提高的加速器

数字经济对农村消费和投资提升具有效率倍增、业态创新等增强放大作

用。扩大农村内需要充分利用新一代信息技术快捷性、高渗透性和边际效益递增等优势,数字化改造农村传统商贸体系,完善农民数字化服务平台,强化中老年农民数字化培训教育,鼓励发展网上购物、在线教育、手机支付等数字化消费场景,重塑农村消费模式,实现农村消费品质和体验升级。同时,加快农村新型基础设施建设,用信息技术打通农业产业全过程"完整链路",衍生发展农村产业新业态、新模式,开拓农村投资新空间,以数字化再造农村金融生态,拓宽融资渠道,降低农村投资成本。

3. **市场畅通:形成城乡生产与农村消费高效衔接的供应链**

流通体系在构建新发展格局中发挥着基础性作用。扩大农村内需必须把建设现代乡村流通体系作为一项重要战略任务来抓,着力解决农村物流成本高、流通层级多、市场监管弱等难题。新技术条件下,降低乡村物流成本,重点是创新交邮共建、客货联盟、共同配送等乡村物流配送模式,采用数字技术高效撮合生产、流通、消费各方供需信息,补齐农村冷链物流设施短板。提高流通效率,核心是完善农产品产销对接机制,大力发展农产品电商,完善全国公益性农产品流通骨干网络,强化县域乡镇商贸市场建设,推动物流网点下沉。强化市场监管,关键是规范工业品下乡,严把农村市场经营主体准入关,切实增大制售假冒伪劣商品者的违法成本。

五、实施扩大农村内需十大举措

(一) 实行农村低收入人口收入倍增计划

推动农村低收入人口增收作为共同富裕行动的战略任务,多措并举拓宽农村低收入群体奔富路径,力争到 2035 年实现农村低收入人口收入翻番。一是创新发展产业抱团合作增收模式。引导技术领先、理念先进的新型农业经营主体,与低收入农户抱团合作,成立涉农产业发展公司或合作社,鼓励以低收入农户众筹出资、新型农业经营主体全程代管的方式，组成"新型农业经营主体＋低收入农户"帮扶共同体，打通农业产业全链条，实现资源有效整合利用，破解低收入农户家庭经营性收入增长受限难题。二是开拓低收入农民就业创业增收渠道。通过强化中西部与东部地区劳务协作关系，加强农民就业技能培训，促进农民转移就业，因地制宜采取建设"乡村振兴车间"、以工代赈、公益性岗位开发等方式，推动低收入农民家门口就业。鼓励创业农民进驻农民工返乡创业园、现代农业产业园、星创天地等创业平台，提供办公场地、水电价格优惠、创业指导、信贷支持等全天候星级服务，助力低收入农民实现创业增收。三是加大农村低收入人口转移支付力度。按照共同富裕理念，统筹中央财政资金、地方各级土地出让收益等，完善不同地区、不同人群收入再分配制度，推动形成农村低收入群体转移支付稳步增长机制。重点是定期提升农村基本医疗保险补助标准和农村居民基础养老金月度标准，推进城乡低保并轨，积极探索农村低收入人口常态化救助机制。同时，率先在农村低收入种粮农户中建立农民退休制度，从全国社保基金投资收益中开设农民退休金账户，专项补助退休农民。四是探索发展低收入家庭持股增收机制。发动低收入农户和各方力量筹资形成"帮扶资本金"，入股风险较低的产业项目、村级集体经济项目或固定收益的物业经济项目，确保入股低收入农户每年能够获取稳定分红。鼓励村集体经济组织通过牵头创办各类合作社、打造村域综合性服务经济平台、村村"飞地抱团"、村企合作发展混合所有制经济等多种形式，发展壮大新型农村集体经济，深化农村"三变"改革，引导低收入农户利用转移支付资金、低息贷款资金和自筹资金入股集体经济组织，享受农村集体经济收益分红。

（二）启动农村低收入群体债务风险化解行动

与其他群体相比，低收入群体的债务上升风险更加突出，直接威胁脱贫攻坚成果。因此，要将防范化解农村低收入群体债务问题作为巩固脱贫攻坚与乡村振兴有效衔接的首要任务之一，多管齐下减轻农村低收入群体债务负担。一是强化低收入群体债务动态监测。依托低收入人口动态监测信息库，加强农村低收入群体债务风险识别，做好农村低收入群体债务摸底调查和动态评估，支持有条件的地区依托农村信用体系建设成果，开展低收入家庭债务大数据监测预警，关注农村低收入家庭债务参与率、偿债收入比变化趋势及异常变动原因，对症出台农村低收入群体债务风险防范与处置预案。二是千方百计提高农村低收入群体偿债能力。除了上述增加农村低收入群体收入的措施外，增强农村土地、生物资产等物权价值功能同样有效①，包括完善农村土地承包权流转服务，扩大农村集体经营性建设用地入市改革试点范围，盘活利用农村闲置宅基地和住房，推广生物资产抵押贷款，改善农村低收入家庭资产负债率。三是发挥住房、医疗、教育等公共消费对农村低收入群体的减负作用。加强对低收入农户的旧房改造支持，强化低收入家庭保障性住房供给，集中建设向农民工出租的集体宿舍，推动各地落实进城低收入农户享受城镇公租房、廉租房、经济适用住房政策，提高保障性住房配建比例，支持符合条件的进城农村低收入家庭购置共有产权住房。面向农村低收入人群，复制"十三五"时期贫困人口享受的倾斜性医疗费用报销、医保参保优惠及代缴补贴政策，开展低收入家庭子女学前教育资助、义务教育"两免一补"、高中和职业教育学费减免、高等教育困难补助和助学贷款等全程教育资助，有效减轻低收入家庭医疗和教育支出负担。

（三）开展农村消费移风易俗行动

推动农村理性消费与乡风文明建设相结合，多方合力扭转农民不合理消

---

① 根据中国家庭收入调查（CHIPs）2018 年的数据分析发现，如果能将畜牧价值计入家庭资产，农村收入最低 25% 组家庭的资产负债率将下降 85.8 个百分点，如果能够进一步将土地估值计入其中，收入最低 25% 组农村家庭的资产负债率将能再下降 211.9 个百分点，在各收入组中降幅最明显。

费习惯，弘扬勤俭持家、文明有度的农村消费新风。一是发挥"一约四会"村民自治作用。引导和鼓励村民委员会依据村规民约出台具体约束性措施，严禁赌博、吸毒、低俗演出等非法消费活动，明确操办婚丧的彩礼、随礼、殡期、宴席等上限标准及其他具体礼俗，发挥村内红白理事会、老年人协会、村民议事会、道德评议会等群众组织的典型宣传、规劝引导、普惠服务等作用。二是规范农房建装奢华之风。针对攀比成风、消费挤出效应明显的农民建房热，推动各地尽快成立乡村规划建设管理机构，强化农房建设规划审批，因地制宜明确农房建设标准和风貌管控要求，通过发布农房建设通用图集和装修样板，规范农房建设装修超常开支。三是强化示范引领和举报监督。把理性消费作为文明户、文明村镇评选的重要条件，建立奖惩机制，打造一批农村文明消费示范村。乡村党员干部在亲属、朋友和周围群众中发挥好尚俭戒奢、杜绝比阔炫富、反对铺张浪费的宣传引导作用。加强对公务员、事业单位和国有企业工作人员、村干部、新乡贤，以及农村低保户等重点群体非理性消费行为的监管，建立群众举报渠道和严肃查处机制。

（四）推进面向农民需求的产品服务下乡行动

引导国内制造企业重视农村市场，提高下乡工业品的供给水平和质量，更好满足农民需求。一是开发满足农民需求的物美价廉工业品。依托益农信息社和大型电商企业，采用大数据方法搜集、研判农村大众化工业消费品需求，综合采取财政奖补、税收优惠和简化农村市场商品准入流程等措施，鼓励制造业企业开发适合农村消费特点的工业品。探索简易包装的品牌商品进入农村市场的多种有效形式，组织工业企业与农村流通企业进行对接，搭建质优价廉商品进入农村市场的购销平台，降低新产品和服务的营销推广成本。二是开展农村市场秩序净化行动。围绕农村集贸市场、综合批发市场、乡镇村组经营商户、流动商贩、农村电商集散地等，发挥各级市场监管、公安、农业农村等执法部门合力，全面加强农村市场执法监管，推广设立农村消费投诉服务窗口，畅通农村消费者投诉咨询和建议渠道，采取依法拘役、永久禁入、吊销执照、罚没财产等措施，切实增大销售假冒、伪劣、三无、过期等问题商品行为的违法成本。加强农村市场主体信用体系建设，推进农村市场规范店建设，落实企业进货查验责任和质量承诺制度。三是强化农村民生服务有效供给。树立以农民需求为中心的乡村文化产品供给理念，通过政府购买、政企合作等方式创新农村公共文化服务供给模式，支持民间文艺社团组织发展，提升农民对农村文化事业的参与度。同时，加大农村公共养老机构财政投入，依托乡镇卫生院建设区域性医养结合养老服务中心，通过公建民营、民办公助等模式引导社会资本兴办乡村养老服务机构。

（五）做好面向市民需求的供给保障

畅通优化市民下乡消费渠道，提高农村产品服务供给与城镇居民需求的契合度，形成市民满意与农民致富的良性循环。一是试点深化农房制度改革。选择农村宅基地改革试点地区，推进农村宅基地"三权分置"不动产权登记颁证，在建立严格建房审批程序、有条件交易、征收房地产税等前置性制度的基础上，有序开展城镇居民下乡购买农村宅基地和住房使用权试点。二是创新发展定制农业。支持大中城市和城市群周边乡村开展优质绿色农产品"地产地销"①，鼓励发展社区支持农业、认养农业、农业众筹等定制农业新模式。按照"精致农业"要求，打造一批标准化农产品生产加工基地、规范化农村便利店，借助物联网、区块链、大数据完善优质农产品全程追溯体系。三是推动乡村旅游规范提质。鼓励各地成立乡村休闲旅游协会，强化民宿、农家乐、乡村休闲旅游点星级评定和有序竞争，实施食用农

---

① 课题组对全国 1060 名城镇居民的问卷调查发现，83.7% 的受访者在购买生鲜农产品时，与外地同类农产品相比，更加偏好本地生产的生鲜农产品，而且 87% 的受访者愿意以更高的价格购买本地生产的生鲜农产品。该结果表明，日本推行的生鲜农产品"地产地销"战略对我国也有借鉴意义。地产地销可以让本地农产品以更优品质和更高价格入市，让农民获得更高的经营收益，让市民获得更新鲜的农产品。

产品达标合格证制度，严格落实食品生产经营许可制度，引导农民、村集体和下乡企业以农为本、文化铸魂差异化开发乡村休闲旅游业态。

（六）重视涉农产业政策预期管理

打造可预期的涉农产业政策体系，解除社会资本下乡投资的后顾之忧。一是建立制度化的涉农政策预期管理体系。农业农村部、国家发展改革委、乡村振兴局等涉农部门在本领域构建涉农信息发布和政策解读的稳定机制和渠道，加强多部门涉农政策协同行动，强化与市场主体的事前沟通，提高政策制定的透明度，探索开发农业投资景气指数、信心指数等预期管理和引导工具，加强新型农业经营主体、社会资本对"大棚房"整治、防止耕地"非粮化"等禁止类涉农政策的舆情监测，公布乡村产业准入负面清单。二是规范政策执行。明晰涉农产业政策执行标准边界，规范地方政府优惠涉农政策兑现行为，按照"部门初审、联合审核、媒体公示"程序，提高政策执行的透明度，将地方"层层加码""一刀切"等简单粗暴行为纳入督察问责范畴，健全民营企业申诉投诉机制，加快探索涉农投资规范化治理的利益补偿办法。三是推进强制性涉农政策法治化建设。对于涉及粮食安全、农村生态和耕地保护等需要采取强制性措施的领域，加快制修订全国性和地方性法规，提高政策依法执行水平。

（七）强化农村发展要素支撑能力

着力破解建设用地和资金短缺难题，为促进农村投资、实现乡村产业振兴保驾护航。一是加强涉农产业发展用地保障。强化中央和省级统筹，将农村产业项目用地优先列入年度供地计划，一事一议切实保障农村产业重大项目用地。优化乡村用地布局，乡村空间规划必须预留一定比例的规划建设用地指标，用于乡村建设和产业发展。针对乡村产业点多面广的特点，探索推广"点状供地"，开展单个地块开发和点状布局多个地块组合开发。加大乡村存量建设用地盘活力度，积极稳妥推进城乡建设用地增减挂钩，新增建设用地指标可优先用于乡村建设和产业发展。鼓励开展农村全域土地综合整治，盘活农村存量建设用地，优先保障乡村产业建设用地需求，积极稳妥推进集体经营性建设用地入市用于乡村产业发展。二是政银企合作保障涉农产业资金需求。持续强化涉农产业项目资金整合，重点支持外部性强的产业基础设施、公共检验检测、共同仓储配送等环节，减轻社会资本投资压力。按照"谁投资、谁所有、谁受益"的原则，加快推动农业设施、农村基础设施、生物资产的确权登记颁证工作，综合采取第三方评估、"土专家"定价等完善农村设施定价机制，建立以农村产权交易市场为核心的资产处置平台，综合采取风险补偿、贷款贴息、定向费用补贴、涉农贷款增量奖励等多种手段，协同金融主管部门运用支农支小再贷款、再贴现、差别存款准备金率、涉农贷款尽职免责等激励政策，引导金融机构开展农业设施和生物资产抵押贷款等涉农业务创新，加大乡村信贷投入。

（八）加大农村产业基础设施建设力度

加大乡村产业发展平台的财政投入，打造吸引工商资本下乡的产业基础设施环境。一是发挥地方国有企业作用。在农村产业基础设施落后的中西部地区，推广贵州省、西藏自治区等地经验，形成乡村公共投资与社会资本投入协作联动机制，支持地方投资平台公司、涉农国有企业通过联营、控股、参股、共建等多种形式参与涉农产业发展，采用补贴、贴息等方式支持国有企业进入农村产业基础设施建设、技术推广等正外部性较强的领域，建立产业发展条件成熟后国有企业投资市场化退出机制。二是加强涉农产业发展园区公共设施建设。参照对工业园区的支持力度，完善现代农业产业园、乡村休闲旅游景区等的水电路气网等基础设施，鼓励各地建设农业经济开发区、农业高新技术开发区、现代农业综合开发区等，加强标准厂房、仓储保鲜、冷链物流、废污处理等园区配套设施建设，推动公共研发、质量检测、融资担保、商贸物流、电子商务等公共服务向园区集聚，引导涉农企业进园入区延链增值、集聚发展。

（九）深化农村物流补短板行动

推动将农村现代供应链建设纳入乡村振兴的首要任务清单，加快改善农村物流薄弱环节。一是修筑农产品上行"最初一公里"。整合各级农产品产地初加工补助、农产品仓储保鲜冷链设施建设补贴等项目资金，强化农产品分选分级、预冷保鲜、批发交易、冷链物流等基础配套，支持大型物流企业增加公益型冷链设施投入和运营费用，鼓励开展涉农冷链物流第三方服务，加快建设产地预冷中心。制定实施一批重点果蔬、生鲜肉制品、水产品等农产品单品标准，推进农业产地环境、生产过程、产品质量、包装标识等全流程标准化建设。线上线下相结合完善农产品产销对接机制，引导大型零售企业、食品餐饮企业、生鲜连锁超市等建立直采基地，打造公益性批发市场、产地专业市场、田头市场、零售终端等构成的全国公益性农产品流通主渠道。二是打通工业品下行"最后一公里"。鼓励各地创新农村配送模式，以县域为单位建设智慧物流网络平台，统筹匹配城乡货源和邮政、快递、电商、客运、供销社、农资站、小卖部等多方运力，组建农村物流生态联盟、共同配送中心，实行统仓统配，不断优化提升现有农村配送功能、优化配送线路、降低配送成本。创新工业品下乡销售模式，规范引导发展乡村社群团购，引导大型制造企业、平台型电商企业面向农村合作建立互联网直卖模式，提高乡镇经销商从厂家直接进货比例。

（十）推动链主企业前置供应链服务

有效发挥供应链链主企业的引领带动作用，促进现代供应链与农业生产深度融合。一是培育引进供应链链主企业。立足优势产业，支持龙头企业担任"链主"，推动一批管理规范、带动明显、主业突出、创新性强的供应链链主企业做大做强。综合采取补贴、贴息等方式，支持参与农业生产经营较为充分的大型企业整合上行和下行双通道资源。二是推动供应链组织中心前置。支持链主企业建立以生产端为主体的供应链组织平台，从生产平台、服务站点、产地集配中心、冷库等商品化处理设施入手，推动农产品增值环节下沉，构建产地直采体系。三是探索构建多元化供应链服务体系。推动政府与供应链链主企业共建智慧农业生产平台，为新型现代农业生产主体提供产前、产中、产后涉及全产业链的综合经营服务，让小农户以"拼团"方式满足市场大规模的产品需求。积极扶持链主企业发展供应链金融服务，鼓励链主企业在产地供应链体系的基础上构建产后供应链体系，吸引生鲜电商、餐饮供应链、社区拼团等运营平台企业共建满足不同场景、业态、时效要求的农产品配送体系。

（执笔人：张义博、涂圣伟）

本章参考文献

［1］钱纳里，赛尔昆．发展的型式：1950～1970［M］．李新华，译．北京：经济科学出版社，1988.

［2］姜涛．农村基础设施公共投资的区域差距测度——基于回归的分解方法［J］．经济问题，2012（6）：72-77.

［3］黄振华．家电下乡政策：反响与效果——基于全国205个村庄2953份问卷的分析［J］．财经问题研究，2010（4）：62-66.

［4］郑筱婷，蒋奕，林暾．公共财政补贴特点消费品促进消费了吗？——来自"家电下乡"试点县的证据［J］．经济学（季刊），2012（4）：1323-1344.

［5］于文超，殷华．财政补贴对农村居民消费的影响研究——基于"家电下乡"政策的反事实分析［J］．农业技术经济，2015（3）：63-72.

［6］李心萍，祝佳祺．2020年中国农村地区揽收和投递快递包裹量超300亿件［N］.

人民日报，2021 - 02 - 03.

[7] 涂圣伟，张义博，王为农，周振，马晔. 改革开放 40 年中国工农关系的演变：从缓和走向融合 [J]. 改革，2018（10）：39 - 51.

[8] 刘玉飞，汪伟，常晓坤. 人情支出、同群攀比与居民家庭消费结构升级——来自 CFPS 数据的证据 [J]. 学术研究，2020（6）：102 - 108.

[9] 中国消费者协会. 2020 年 60 个农村集贸市场"再体验"调查报告 [R]. 2021 - 03 - 13.

[10] 吴晓求. 扩大内需低收入人群是关键 [J]. 天津经济，2008（11）：83 - 84.

[11] 刘尚希. 缩小群体性差距是构建新发展格局的关键 [Z/OL]. "中国发展高层论坛"微信公众号，2020 - 12 - 17.

[12] 徐英杰. 提高低收入群体收入水平把握激活社会消费关键 [N]. 中国劳动保障报，2020 - 05 - 16.

[13] 韩洪云，梁海兵. 农村居民消费行为的收入约束效应分析 [J]. 浙江社会科学，2013（1）：108 - 113.

[14] 马晓河. 转型中国：跨越"中等收入陷阱" [M]. 北京：中国社会科学出版社，2020.

[15] 程国强、伍小红. 抓紧做好农村低收入人口识别工作 [J]. 中国发展观察，2021（Z1）：27 - 28.

[16] 马晓河. 要高度重视农村中低收入者问题 [J]. 全球化，2021（3）：5 - 12.

[17] 宋平平，孙皓. 我国居民边际消费倾向的动态变化及消费效应研究 [J]. 商业经济研究，2020（8）：47 - 50.

[18] 毛世平，张琳，何龙娟，陈秧分，贾伟，吴文斌. 我国农业农村投资状况及未来投资重点领域分析 [J]. 农业经济问题，2021（7）：47 - 56.

第二章
新发展格局下扩大农村内需的内涵与导向

内容摘要: "十四五"时期,扩大农村内需面临的国内外环境发生深刻变化,经济全球化遭遇逆流,我国即将迈入高收入国家行列,新型城镇化进入质量提升阶段,新一轮技术和产业革命深入发展,既有机遇又有挑战。扩大农村内需对于构建新发展格局、推进乡村振兴、实现区域协调发展、推动共同富裕等目标的实现都具有重要战略意义。新发展格局下的农村内需不仅包括农村居民在农村的内需这一主体构成,也包括农村居民在城镇的内需及返乡下乡人员和城镇居民在农村的内需这些扩张构成。与扩大农村内需相关的经济学理论主要有西方经济学的内需理论、马克思主义政治经济学内需理论,以及我国的内需管理理论。扩大农村内需需要以夯实收入基础、提高边际消费倾向、提高内需效率、形成可持续机制为战略导向和政策指向。

农村内需是我国完整内需体系的重要组成部分,具有巨大的挖掘潜力。习近平总书记在 2020 年中央农村工作会议上强调:"构建新发展格局,把战略基点放在扩大内需上，农村有巨大空间，可以大有作为。"①"十四五"时期，我国正处于百年未有之大变局的深度调整期、百年未遇之大疫情持续影响期和"两个一百年"奋斗目标的历史交汇期，三个百年大局相互叠加、交互作用，塑造了新时期我国经济社会发展错综复杂的时代背景。与此同时，我国改革开放也正在迈出新步伐，未来几年，更多深层次体制机制障碍有望破除，更高水平的开放型经济新体制有望形成。新形势下，需要立足新发展格局，面向促进形成强大国内市场，认清扩大农村内需面临的新条件和新形势，廓清新发展格局中扩大农村内需的战略地位和具体功能，厘清扩大农村内需的概念内涵和外延，及其战略导向和政策指向，为进一步扩大农村内需，构建新发展格局提供理论和思路指引。

一、扩大农村内需面临的新条件和新形势

"十四五"时期，扩大农村内需面临的国内外环境发生深刻变化，从国际看，全球政治经济秩序加速变革，大国关系发生转折性变化，新一轮科技革命和产业变革改变了传统的生产方式；从国内看，我国即将迈入高收入国家行列，新型城镇化建设进入新阶段。扩大农村内需既有机遇，也有挑战。

（一）我国即将迈入高收入国家行列，推进共同富裕提升农村消费能级

我国即将正式步入高收入国家行列，2020年我国人均国民收入为10429美元，距离世界银行标准下的高收入国家门槛（1.25万美元）仅一步之遥。按照5.5%左右的增速计算，我国大约在2024年前后就将跨越中等收入陷阱，成为高收入国家，推进共同富裕的条件愈发成熟。在全面建设社会主义

---

① 新华社．习近平：民族要复兴，乡村必振兴［N/OL］．（2020－12－30）［2022－1－2］．http：//www.xinhuanet.com/mrdx/2020－12/30/c_139628945.htm.

现代化国家新征程中，促进全体人民共同富裕将摆在更加重要的位置，将会通过产业高质量发展、城乡区域协调和收入分配制度改革，开拓新的奔富路径，缩小城乡居民收入差距，实现城乡公共服务优质共享，加强农村低收入人口常态化帮扶，明显提升农村低收入群体增收能力和社会福利水平，推动更多城乡居民成为中等收入群体，显著提高农村居民的消费能力和意愿，提升农村消费规模和质量。

（二）脱贫攻坚目标任务如期完成，全面推进乡村振兴激活农村投资热度

我国脱贫攻坚战取得全面胜利，现行标准下的 9899 万农村贫困人口全部脱贫，极大地提高了农村贫困人口的消费能力，为激发农村内需潜力创造了良好基础。后脱贫时代，"三农"工作重点历史性地转向全面推进乡村振兴，按照 2021 年中央"一号文件"的要求，新发展阶段将把公共基础设施建设的重点放在农村，强化农业农村优先发展投入保障，农村基建公共投资有望保持较高水平，并通过构建现代乡村产业体系，强化农村产业发展的资源要素保障和政策支持，吸引撬动更多社会资本下乡投资。

（三）我国城镇化进入下半场，乡村空间布局趋于定型指明农村投资方向

我国城镇化在 1996～2010 年加速发展后，增速逐年下滑，2019 年城镇化率比上年仅增长了 1.02 个百分点，增速降至 1996 年以来的最低水平（见图 2－1）。根据城镇化发展 S 曲线理论，我国城镇化已进入增速逐渐归零的下半程，这也意味着人类历史上最大规模的农村人口向城市迁徙过程趋于结束，城乡人口分布格局大调整的阶段接近尾声。在此大背景下，县域功能地位将抬升，乡村消费和产业发展环境加快改善。同时，未来有望在更可预测的前提下开展乡村规划，避免农村人口急剧变动带来的投资浪费，农村投资方向也将更加明确。

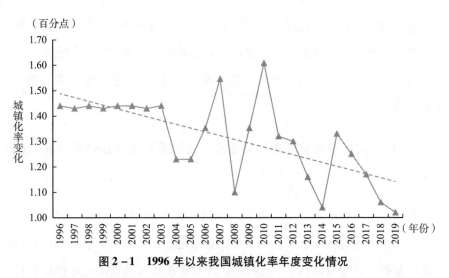

图 2 - 1 1996 年以来我国城镇化率年度变化情况

资料来源：国家统计局，2020 年数据为人口普查数据，数值与上一年无可比性。

（四）农村改革纵深推进，城乡要素双向流动形成农村内需内生增长动力

近年来，我国相继开展的农村产权制度改革、农村土地制度改革和城乡融合体制机制改革等，正在扭转过去 40 年重城镇、轻农村的要素资源配置方式，要素从农村单向流出将逐步向城乡要素双向流动转变。未来将会继续用好改革这个法宝，沿着城乡融合发展方向，加快消除城乡资源要素自由流动和平等交换的体制机制障碍，切实改变资源要素配置扭曲格局，促进农村土地、人力资源、集体产权等获得更高增值空间，推动城镇资金、人才等获取更多农村投资机会，工农城乡合力推动农民增收致富。

（五）新一轮科技革命深入发展，数字经济赋能加快释放农村内需空间

近年来，新一轮科技和产业革命逐渐由导入期转向拓展期，颠覆性技术不断涌现，催生大量新技术、新产业、新业态和新模式。从当前技术影响范围、渗透深度，以及综合世界各大机构对新一轮科技革命的预测看，数字技术具备了引发产业变革的关键特征，成为正在兴起的新一轮科技革命和产业变革的主力军。数字技术可以赋能农业农村，为挖掘农村内需提供助力。一方面，农村信息基础设施建设存在巨大的投资空间；另一方面，农村数字化程度的全面提升，能显著提升消费的便利性，丰富商品的种类，有利于激发农村居民的消费需求，也有利于城市居民便捷购买农副产品。此外，农村的产业数字化还会催生大量的经济新业态，推动农村产业重构，激发产业发展活力，促进农村一二三产业融合发展，带动农村居民收入增加和消费需求扩大。

二、扩大农村内需的战略地位和具体功能

"十四五"时期，我国经济社会各领域重大战略目标加快落实推进，扩大农村内需对于构建新发展格局、推进乡村振兴、实现区域协调发展、推动共同富裕等目标的实现都至关重要。

（一）扩大农村内需是构建新发展格局的关键环节

一方面，扩大农村内需是畅通国内大循环的关键之一。畅通国内经济大循环，需要将我国超大规模的生产与超大规模的国内市场进行全面对接。受新冠肺炎疫情冲击，2020年我国社会消费品零售总额下降3.9%，内需不足问题凸显，扩大内需成为畅通经济循环的关键所在。我国历来重视扩大城镇内需，对潜力巨大的农村内需挖掘不够，未来农村内需有望成为我国扩大内需最大的增量空间。扩大农村内需，有利于补齐我国内需不足短板，是畅通国内经济大循环的关键环节。另一方面，扩大农村内需有利于国内国际双循环相互促进。在新发展格局下，国际循环依然重要，积极扩大"确定的"

农村内需，有利于对冲"不确定的"外需，增强内需和外需、内部和外部、国际和国内之间的互补协调，有利于国内国际双循环相互促进、共同发展。

（二）扩大农村内需是推进乡村振兴的应有之义

一方面，扩大农村消费需求是推进乡村振兴的应有之义。随着乡村振兴全面推进，农村居民收入水平有望不断提高。农村居民需求层次将逐渐向多元化、中高档的新兴消费转型，这会产生巨大的消费升级需求。此外，乡村振兴顺应了城镇居民消费需求下乡的趋势，促使城镇居民对乡村的生态、休闲、旅游、度假、养生、养老与文化等消费需求也不断上升。另一方面，扩大农村投资需求是推进乡村振兴的应有之义。乡村建设是乡村振兴的核心内容，实施乡村建设行动，将大幅拓展投资空间，既可以更好地发挥投资的关键作用，也可以推动对接农村内需相关产业的发展。同时，随着农村环境风貌的改善，政府投资的撬动作用将激发民间投资活力，吸引城市工商资本带着资金、技术和理念进入农村，能够更新盘活大量农村闲置资源，加速城乡资源要素双向对流，形成市场主导的投资内生增长机制。

（三）扩大农村内需是实现区域协调发展的重要路径

一方面，扩大农村投资需求有利于缩小区域发展差距。我国目前东部和中西部地区的投资存量差距明显，基础设施是中西部特别是西部地区的一大短板。西部地区的铁路密度和等级公路密度仅有东部地区的 21% 和 24%，中西部地区互联网普及率仍落后东部地区 10 个百分点以上。以乡村建设为突破口，扩大中西部地区农村投资需求，有利于缩小区域基础设施发展差距，促进区域协调发展。另一方面，扩大农村消费需求有利于缩小区域发展差距。我国中部、西部地区和东部地区相比，农村人口占比高，农村居民消费支出少，农村消费潜力提升空间大。2020 年，中部、西部地区的农村居民人均消费支出分别为 13423 元、11821 元，不仅低于全国平均水平

（13849元），更是远低于东部地区平均水平（17037元）。2015～2020年，仅中部地区农村居民人均消费支出与东部地区的差距略有缩小，从3763元减少到3614元；西部地区与东部地区的差距大幅扩大，从4568元扩大到5216元（见图2-2）。扩大农村消费需求，有利于推动农村居民众多的中部、西部地区经济加快发展，缩小与东部地区发展差距。

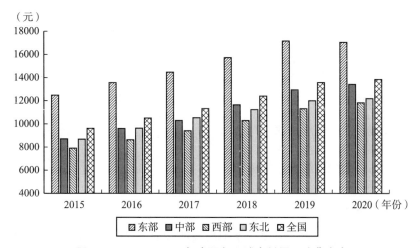

图2-2　2015～2020年我国各区域农村居民消费支出

　　注：参考国家统计局划分标准，东部包括10个省（市）：北京、天津、河北、上海、江苏、浙江、福建、山东、广东和海南；中部包括6个省：山西、安徽、江西、河南、湖北和湖南；西部包括12个省（区、市）：内蒙古自治区、广西壮族自治区、重庆、四川、贵州、云南、西藏自治区、陕西、甘肃、青海、宁夏回族自治区和新疆维吾尔自治区；东北包括3个省：辽宁、吉林和黑龙江。
　　资料来源：中经网统计数据库。

（四）扩大农村内需是扎实推动共同富裕的核心抓手

　　一方面，扩大农村投资需求有利于促进共同富裕。农村地区"水、电、路、气、网"等传统基础设施与城镇存在较大差距，加大农村传统基础设施投资，有利于补齐农村基础设施短板，缩小城乡发展差距，促进共同富裕。此外，加大农村新型基础设施投资，推进新型基础设施建设向农村覆盖延伸（如推动农村大数据与综合信息服务平台建设，推进乡村信息基础网络设施改造升级，完善农村电商配套基础设施），有利于缩小城乡"数字鸿沟"，促进农民收入、农村消费双提升。另一方面，扩大农村消费需求有利于促进共同富裕。提高我国居民收入水平提升，改善农村消费环境，促进农村新业态的蓬勃发展（如绿色农业、农事体验、乡愁文化、休闲旅游、民宿度假、健康养老），将能加快农村消费升级，极大促进农村产业的发展壮大和农民增收，加快实现共同富裕目标。

三、扩大农村内需的内涵与外延

"十四五"时期的农村内需概念，需要融入新发展阶段的特点、贯彻新发展理念的精神和构建新发展格局的要求。

(一) 农村内需的概念内涵

1. 总需求的内涵

总需求是指一定时期内在一个国家或地区形成的对最终产品和劳务的货币购买力总量。总需求是与总供给对立统一的，共同构成了总量平衡和价格形成的约束条件。根据划分标准的不同，总需求可以划分为三对不同的范畴。

一是按照需求客体形态的不同，总需求可以划分为商品需求和劳务需求。商品需求是指对以实物形态存在的最终产品的需求，如对农副食品、服装、汽车、电子设备的需求；劳务需求是指对以非实物形态存在的活动需求，如对金融、保险、教育、医疗、通信等服务行业的需求。

二是按照需求目的的不同，总需求可以划分为消费需求和投资需求。消费需求是以满足日常消费为目的商品和劳务需求，消费需求又包括居民消费需求和政府消费需求；投资需求是在投资和再投资过程中形成的商品和劳务的需求。

三是按照需求来源地域的不同，总需求可以划分为内需和外需。其中，内需是指对国内商品和劳务的需求；外需则是国外经济主体对本国商品和劳务的需求，也即出口需求。

2. 农村内需的内涵

农村内需研究并不是新话题，但目前尚未形成关于农村内需的统一概念，已有文献要么强调其重要性而忽视其究竟"是什么"，要么将其内涵窄化为农民消费。明确农村内需的概念边界，有助于我们更好地理解农村内需的现状特征、发展趋势和扩大路径。结合构建新发展格局、城乡融合发展等新形势新要求，我们根据内需涉及的空间范围和经济主体两个维度，从三个层次来界定农村内需的内涵（见表2–1）。

表2–1　　　　　　　　　　农村内需的范围界定

地域	农村主体	返乡下乡主体	城镇主体
农村	①农村居民在农村对国内商品劳务的消费和投资需求	②返乡下乡人员在农村对国内商品劳务的消费和投资需求	③城镇居民对来自农村的商品劳务的消费和投资需求
城镇	④农村居民在城镇对国内商品劳务的消费和投资需求	⑤返乡下乡人员在城镇对国内商品劳务的消费和投资需求	⑥城镇居民在城镇对国内商品劳务的消费和投资需求

注：图中黑色区域①是农村内需的主体构成，灰色区域②④是农村内需的扩展构成，白色区域③⑤⑥是农村内需的关联构成。

一是农村内需的主体构成。农村居民（投资主体）在农村范围内产生的对国内商品劳务消费和投资的需求。即表2–1中黑色区域①对应的内需部分。这个范围对产生需求的空间范围和经济主体都有严格的限制，要求需求发生的范围必须在农村，产生需求的主体必须是农村居民或农村投资主体。这一部分农村内需是传统意义上的农村内需，也是农村内需最核心的部分。其中，农村的界定参照《中华人民共和国乡村振兴促进法》，即城市建成区以外具有自然、社会、经济特征和生产、生活、生态、文化等多重功能的地域综合体，包括乡镇和村庄等。农村居民按照国家统计局的标准，即在农村区域内居住半年及半年以上的常住人口。农村投资主体是指注册地在农村地区的个体户、企业、农民专业合作社、集体经济等经济组织。

二是农村内需的扩展构成。包括农村居民（投资主体）在城镇范围对国内商品劳务消费和投资的需求，以及返乡下乡主体在农村范围内产生的对国内商品劳务消费和投资的需求。即表 2 - 1 中灰色区域②④对应的消费和投资需求。这一部分农村内需是城乡融合发展新形势下的新农村内需，近年来增长非常迅速。其中，返乡下乡主体的范围参考《国务院办公厅关于支持返乡下乡人员创业创新促进农村一二三产业融合发展的意见》的提法，主要有返乡下乡的原常住城镇的农民工、中高等院校毕业生（大学生）、退役士兵和科技人员 4 类人员，以及下乡的城镇工商企业、个体户等投资主体。

三是农村内需的关联构成。包括返乡下乡和城镇主体在城镇范围对国内商品劳务的消费和投资需求，含城镇主体通过电商等对来自农村产品和服务的需求。即表 2 - 1 中白色区域③⑤⑥对应的消费需求和投资需求。尽管该部分消费和投资的主体不是农村居民，需求发生地也不在农村，但这些需求对应的商品或服务很多来自农村，对这些商品或服务的消费和投资能通过"需求创造供给"的方式，促进农村产业发展和农村居民增收，进而扩大农村居民的消费需求和投资需求。可见，这部分内需尽管与农村内需直接关联较弱，但也有一定的间接拉动作用。

本书研究的农村内需主要包含农村内需的主体构成和扩展构成，即农村内需是指农村居民（投资主体）对国内商品劳务消费和投资的需求，以及农村地域内产生的对国内商品劳务消费和投资的需求。因此，扩大农村内需就是采取发展和改革措施，更好满足农村居民（投资主体）或农村地区的国内消费需求和投资需求。具体而言，扩大农村内需是一个系统工程。从城乡看，既要有效释放农村居民在县域内的消费和投资，也要有效引导城镇居民扩大农村产品和服务的消费和投资。从地域看，既要发挥东部地区扩大农村内需的示范引领作用，也要充分挖掘中西部地区农村内需潜力。从人群看，既要关注农村高收入群体消费换代升级需求，更要重视农村低收入群体消费能力提升和消费结构优化。从部门看，既要发挥农村社保、基础设施投资等公共支出对扩大农村内需的筑底和撬动作用，更要重视提升农村居民合理消费和工商企业农村有效投资。

（二）扩大农村内需的理论维度

与扩大农村内需相关的经济学理论主要有西方经济学的内需理论、马克思主义政治经济学内需理论，以及我国的内需管理理论。

1. 西方经济学的内需理论

（1）凯恩斯的有效需求理论。

凯恩斯的有效需求理论①是解释有效需求不足的主流理论，其核心观点是通过扩大财政支出能弥补有效需求不足。

该理论认为，由于存在三个基本心理规律，有效需求会出现不足。第一，边际消费倾向递减规律。凯恩斯认为当收入增加得越多，消费也会随之增加，但其增加的幅度低于收入，即边际消费倾向是递减的，这会导致消费的有效需求不足。第二，资本的边际效率递减规律。随着投资的增加，资本品的需求量趋于上升，会导致其价格上涨，从而使预期利润率下降，出现资本边际效率递减，进而会抑制投资的积极性，导致投资减少和整体上有效需求不足。第三，流动性偏好规律。凯恩斯指出，人们会基于三大动机（交易性动机、预防性动机、投机性动机）而持有一部分货币，影响人们持有货币量多少的是利息的高低，而影响利息的利息率是在货币市场上由货币量的供求状况所决定。当流动性偏好较强时，对货币的需求量增加，在货币供给量不变的情况下会导致利息率的上升，以及投资成本增加，预期收益率下

---

① Keynes, J. M. The General Theory of Employment, Interest and Money [M]. London: Macmillan, 1936.

降。当预期收益率等于或小于利息率时，投资就不会发生。为应对有效需求不足，必须采取扩大有效需求的刺激性政策。由于存在"流动性陷阱"，货币政策效果有限，应重点实行扩张性财政政策，加大政府公共投资规模，弥补消费和投资需求的不足，从而实现经济的稳定增长。

（2）经典的消费理论。

这一类理论源自对不同消费函数的分析与解释，主要观点是收入增加尤其是长期收入增加会显著拉动消费。

绝对收入消费理论是凯恩斯有效需求理论的一部分，该理论认为可支配收入增加能拉动消费。凯恩斯认为，消费是可支配收入（现期收入）的线性函数，消费和收入会维持一个固定比例及边际消费倾向，随着可支配收入增加，消费也会增加①。

相对收入理论是杜森贝利在凯恩斯的消费函数基础上提出的，该理论的核心观点是消费易升难降且受周围人影响。杜森贝利认为，尽管从长期看，消费和收入会维持一个固定比率，消费增长的幅度和长期收入增长的幅度一致。但从短期看，消费存在"棘轮效应"，即消费者容易随着收入增加提高消费，但不容易随着收入减少而降低消费。此外，杜森贝利认为，消费者的消费行为并不是独立的（凯恩斯的消费理论隐含假定了这一点），而是会受到周围人消费行为的影响，即存在"示范效应"。如果周围的人消费增加，消费者即使收入明显减少，也可能不会明显降低消费②。

永久收入消费理论和生命周期消费理论都认为，长期收入增加比短期收入增加更能拉动消费。永久收入理论由弗里德曼提出，该理论认为消费者的现期消费支出不是由现期收入决定，而是由他的永久收入决定。永久收入指

---

① Keynes, J. M. The General Theory of Employment, Intenest and Money [M]. London: Macmillan, 1936.

② Duesenberry, J. S. Income, Saving, and the Theory of Consumer Behavior [M]. Cambridge: Harvard University Press, 1949.

消费者可以预计到的长期收入，它可以根据观察到的未来若干年的收入数值的加权平均数算得，距离现在越近，权重越大。根据永久收入理论，当前收入的边际消费倾向会明显低于长期边际消费倾向，原因在于，收入上升时，人们不能确信目前的收入增长是否会一直持续下去，因而不会马上充分调整其消费；收入下降时，人们也不会马上减少消费，只有当收入变动最终被证明是永久性的，人们才会充分调整消费①。生命周期消费理论由莫迪里阿尼等提出，强调人们会在更长的时间范围计划他们生活消费开支，从而使整个生命周期内的消费达到最佳配置。根据该理论，财富和暂时性收入的边际消费倾向较小，而长期收入的边际消费倾向较大。此外，该理论还表明，人口中年轻人和老年人比例大，总的消费倾向会有所提高，而如果中年人的比重大，总的消费倾向就会降低②。

（3）投资乘数理论。

乘数理论是凯恩斯在《通论》中提出的投资理论，主要观点是投资能通过乘数效应带动收入成倍增加。该理论认为，总投资增加时，收入的增量将是投资增量的 n 倍，这个 n 就是投资乘数。如果用 ΔI 表示投资增量，ΔY 表示国民收入增量，则投资乘数 $n = \Delta Y/\Delta I$。乘数的作用是双向的，一方面，投资的增加引起收入 n 倍的增加；另一方面，投资的减少会引起收入 n 倍的减少，这表明投资对经济的影响会很大。实际上不止投资，总需求的任何变动，如消费的变动、政府支出的变动、税收的变动都会引起国民收入若干倍的变动。

2. 马克思主义政治经济学内需理论

马克思没有专门论述有效需求理论，但这一思想蕴含在其社会资本再生

① Friedman，Milton. A Theory of the Consumption Function［M］. Princeton：Princeton University Press，1957.

② Modigliani Franco，Richard Brumberg. Utility Analysis and the Consumption Function：An Interpretation of Cross – Section Data［M］//Post Keynesian Economics，New Brunswick，NJ：Rutgers University Press，1954.

产理论中，其对内需管理的主要启示是，只有实现总量均衡和结构均衡才能保障社会资本再生产的进行。

按照马克思的社会资本再生产理论，商品价值由不变成本（c）、可变成本（v）、剩余价值（m）三部分组成，商品的价值得到实现后，又会在社会再生产过程中投入流通过程，形成三部分的购买力，构成全社会对商品的总需求。要实现社会资本再生产，既要满足总量均衡，即在价值角度实现总供给与总需求相等，又要满足结构均衡，即两大部类内部要保持适当比例关系。马克思在《资本论》中指出，这种均衡的实现是偶然现象，它需要所有行为主体进行行为协调，但这种协调在资本主义社会中是达不到的。其中，c 和 v 的全部耗费是不成问题的，因为只要再生产的过程正常进行，这两部分的购买力必然要投入到流通过程中。全社会需求不足主要是因为剩余价值 m 形成的购买力不能被全部消耗。m 不能完全被消耗的原因在于，在资本主义私有制条件下，资本家为了追求更多剩余价值，不会把 m 全部用作消费资料；这样一来，m 形成的购买力的实现就成了问题。所以，需求不足是伴随整个资本主义发展的一个普遍现象。

3. 我国的内需管理理论

我国的内需管理理论主要是扩内需的宏观调控理论，该理论主要强调通过扩内需的宏观调控来实现稳增长、调结构等目标。

宏观调控是我国政府基于对经济形势的基本判断，以现代经济理论为指导，采取的一种强力干预市场经济运行的特殊行动。宏观调控是一个基于我国经济的现实，在现代经济理论指导下形成的具有中国特色的经济学概念。西方有"宏观经济政策"，而没有"宏观调控"。宏观调控是政府对市场经济的一种"中国式干预"，表现在，除了市场失灵这个政府干预市场的一般意义的经济学逻辑外，宏观调控还存在两条中国式的逻辑线索。其一，我国经济和社会发展的多样性和不平衡性产生了许多结构性矛盾，这需要在宏观层面进行协调，因此宏观调控必须包括结构性目标。其二，市场经济带来了分权和竞争，政府需要通过宏观上的调节来维护经济社会稳定。因此，以宏观调控来对国民经济和社会的发展进行调节和控制成为一种必然。

我国的宏观调控理论框架可以概括为：一元化的调控主体＋二元化的调控任务、目标＋多元化的调控手段。一元化主体是指宏观调控的主体是中央政府，地方政府的经济管理权限仅限于管理调节地方经济的发展。二元化调控任务是指宏观调控的任务既包括总量调节，也包括结构调整；其目标是短期经济运行的总量平衡和长期内经济社会发展的结构优化。多元化手段体系是指宏观调控的手段包括经济手段、法律手段和行政手段等其他必要的手段。

从实践上看，我国改革开放以来共进行过三轮扩内需的宏观调控。第一次是1997年亚洲金融危机期之后，扩大内需的目的主要是为了弥补外需的不足、保增长。第二次是2008年全球金融危机之后，扩内需除了保增长的目的，还有改变贸易顺差过大局面的考虑。第三次是2020年以来新冠肺炎疫情导致全球经济出现衰退，扩大内需除了弥补外需下滑的目的，还有保增长和保就业的目的，以及构建新发展格局的考虑（见表2-2）。

表2-2　　　　　　　　　我国三次扩大内需的宏观调控对比

调控时间	调控原因	调控目标
1997年之后	亚洲金融危机导致外需疲软	弥补外需的不足、保增长
2008年之后	全球金融危机导致外需疲软，我国贸易顺差过大	弥补外需的不足、保增长、减少对外贸依赖
2020年以来	新冠肺炎疫情造成全球性经济衰退	弥补外需下滑、保增长保就业、构建国内大循环

资料来源：笔者整理。

（三）农村内需的特征

和城镇内需相比，我国农村内需有三个特点。

1. 挖掘潜力巨大

我国一向重视城镇需求的开发，而对坐拥数亿人口的农村市场潜力的挖掘相对欠缺，农村是未来我国内需最大的增量空间，其潜力体现在四个方面：一是人口规模大。第七次人口普查数据显示，目前我国居住在农村的人口为 50979 万人，占全国总人口的 36.11%。二是收入增速较高。2020 年我国农村居民人均可支配收入增长 5.7%，比城镇居民高 2.8 个百分点，2021 年上半年进一步扩大到 3.2 个百分点。三是总量扩容空间大。从消费看，2020 年我国社会消费品零售总额 39.2 万亿元，其中，乡村消费品零售额 5.3 万亿元，占比约为 13.52%，还有很大的扩容空间。从投资看，2020 年我国第一产业全社会固定资产投资 13302 亿元，仅占三次产业总量的 2.6%，比第一产业增加值占国内生产总值（GDP）的比重（7.7%）低 5 个百分点以上，同样有较大提升空间①。四是结构优化空间大。从消费看，我国农村消费升级正在加速推进，农村居民对耐用消费品和服务消费的需求不断增加，线上消费方式正在逐步渗透，消费正从生存型向发展型和享受型转变，这一趋势将产生巨大的市场需求。从投资看，"十四五"时期，基础设施补短板、新兴城镇化建设、政府和社会资本合作（PPP）等领域有望吸引大量资金投入。

2. 面临的约束较多

一是基础设施和公共服务短板较突出。公共服务方面，我国广大农村地区教育、医疗、养老等公共服务与城镇还存在明显差距，部分农村上学难、看病难等问题还比较突出。不仅影响抑制了消费潜力，而且不利于吸引人才下乡。基础设施方面，农村公路、供水、供气、环保、电网、物流、信息、广播电视等基础设施建设总体与推动城乡融合发展的要求仍然存在差距，需要进一步提档升级。流通基础设施建设滞后问题突出，"最后一公里""最

---

① 以上数据来自 Wind 数据库。

先一公里"等短板明显。二是体制机制约束较多。城乡要素流动仍然存在障碍，城乡二元的户籍壁垒没有根本消除，城乡统一的建设用地市场尚未建立，城乡金融资源配置严重失衡，人才、土地、资金等要素更多地流向城市的趋势没有根本扭转，农村发展缺乏要素支撑。三是农业产业体系不健全。农业的生产体系、经营体系和组织体系还不完善，农业的产业链短、附加值低、竞争力弱，农产品的阶段性供过于求和供给不足并存，供给质量和效益都亟待提高，支农体系仍然相对薄弱。四是农民增收长效机制有待完善。虽然城镇居民可支配收入比从最高点 2007 年的 3.14 倍，持续下降到 2020 年的 2.56 倍（见图 2－3），但下降幅度较慢，仍维持在较高水平，需要加快完善农民增收长效机制。

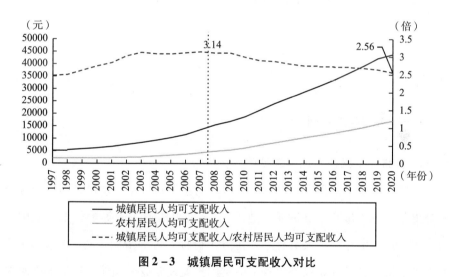

图 2－3　城镇居民可支配收入对比

资料来源：中国经济网统计数据库。

3. 供需错配比较严重

一是主观因素导致农村市场供给水平偏低。一些企业传统上认为农村消费水平低，把农村市场作为城镇市场的延伸，认为农村市场就是低端、低档商品市场，对农村市场没有正确认知，导致商品供给不能与农村消费者升级的需求有效匹配。二是农村市场的分散性导致供给难以全覆盖。由于农村消费市场相对分散，市场推广和销售成本相对较高，企业在开发和推广适应农村市场的产品方面积极性也不太高，产品品种相对较少，消费者可选择范围小，针对农村生活环境的相关功能不够完善。三是农村服务供给能力有限，制约了消费增长。农村服务网点少，服务体系不健全，社会化服务体系不配套，商品销售服务化在农村严重欠缺，而且商品流通化组织程度低，农村缺乏组织规范、运作高效、规模适度的大型超市、连锁店、购物中心等面向中低等收入阶层的现代商业组织形式。交通通信、教育、文化娱乐、健康服务等诸多领域的服务消费需求在农村难以得到有效满足。

四、扩大农村内需的战略导向和政策指向

"十四五"时期扩大农村内需，需要在如下四个方面明确目标任务，精准施策。

（一）夯实收入基础

1. 多措并举提高农民工资性收入

积极建立用工信息发布平台，地方政府主动对接用工单位，组织引导农民外出务工，通过"互联网＋就业平台"、网上招聘 App 等多种渠道集中发布用工信息，引导务工人员有序安排务工行程。进一步加强对"扶贫车间"的政策扶持，安排好难以外出务工的贫困户就地就业。此外，还需加强对农民的就业培训服务，鼓励各地与企业合作开展"订单定向培训"。

2. 因地制宜增加农民经营性收入

根据各地的资源优势发展相关产业，积极发展特色种养业，避免低端化同质化发展，切实夯实农业产业发展基础，建立更加稳定的利益联结机制，提高农民风险抵御能力。培育带动性强的主导产业，加强农业产业链的纵向

拓展，补齐农产品加工短板，加强农产品深加工，实现食品和农副产品精深加工快速增长，让农民获得更多产业链延长增值收益。

3. 盘活资源增加农民财产性收入

探索通过股份合作经营、集体自主经营、租赁托管经营等形式，盘活农村现有资源。加强土地经营权流转政策的"示范效应"，建立完善土地流转信息平台，合理、有效地引导农户农地流转行为。

4. 增加农民转移性收入

推动公共财政向农村倾斜，切实加大财政对农业农村和农民的投入力度。提升农村公共服务水平，促进城乡就业、教育、卫生等公共资源均衡配置。健全农村救助体系，扩大农村低保覆盖人群，突出农村低收入群体帮扶。

（二）提高边际消费倾向

1. 改善农村基本公共服务

精准发力，大力推进农村医疗、教育、养老等重点领域公共服务体系建设。构建多元投入格局，通过政府财政资金支持、企业投资项目、社会力量筹资等多方面、多层次、多渠道加大公共服务领域投入力度。

2. 加快补齐农村新业态新模式短板

继续开展电子商务进农村综合示范，拓展乡村电商服务站点功能。加快推进宽带网络向村庄延伸，加大在农村部署5G网络规模，保证农村和城市做到同网同速，加快农村5G商用试点。加强乡村旅游基础设施建设，建立健全住宿餐饮等乡村旅游和服务标准。

3. 引导农村居民消费观念

逐步引导农村居民消费观念转变，不断扩大精神文化层面消费需求，推动农村居民消费结构升级。加强舆论宣传，引导农民改变落后的消费观念，引导农村居民合理消费，使农民学会理性消费，树立科学消费和健康消费的思想意识，摒弃消费陋习。

4. 优化农村消费环境提升消费意愿

改善农村消费硬环境，加大对农村水、电、路，以及通信设施投资力度，改善农村基础设施和消费环境，促进农村居民将潜在的购买力转化为现实购买力。改善农村软环境，严厉打击生产销售假冒伪劣商品的行为，改善服务质量，为农村购买商品服务创造良好氛围，提高农村居民消费倾向，扩大消费需求。

（三）提高内需效率

1. 完善农村消费品零售网络

以小城镇建设为依托开拓农村消费品市场，鼓励各类投资主体投资农村商业设施建设，支持大中型流通企业向小城镇延伸经营网络，改造提升农村集贸市场和代销店，形成以县城为重点、乡镇为骨干、村为基础的农村消费品零售网络。

2. 加快农村物流仓储体系建设

加快构建农村物流基础设施骨干网络，加快完善农村物流基础设施末端网络，整合邮政快递、商贸、交通、供销等资源，加快完善县乡物流体系，鼓励多站合一、服务同网。合理规划冷藏库、冷冻库等设施布局，推动建设一批现代化农产品冷链快递物流基地。

3. 推动农业生产标准化建设

制定科学合理的农业生产标准，加强对农业生产、产品加工、市场准入、流通销售等重点领域的监管，推动农业生产标准化建设。以品牌建设为抓手，按照统一标准进行生产组织、监督管理、质量认证，实现产品可追溯、质量有保证、附加值有提升。

（四）形成可持续机制

1. 健全城乡融合发展机制

建立健全有利于城乡要素合理配置、有利于城乡基本公共服务普惠共享、有利于城乡基础设施一体化发展、有利于乡村经济多元化发展、有利于农民收入持续增长五方面的体制机制，促进城乡要素配置合理化、基本公共服务均等化、基础设施联通化、产业发展融合化、居民收入均衡化。

2. 巩固和完善农村基本经营制度

保持农村土地承包关系稳定并长久不变，扩大第二轮土地承包再延长30年试点，完善承包地"三权分置"制度，发展多种形式的适度规模经营。

3. 深化农村土地制度改革

深化农村宅基地制度改革试点，探索宅基地"三权分置"实现形式。加快完成房地一体的宅基地确权办证，完善宅基地分配、流转、抵押、退出、使用、收益、审批、监管等制度。深入实施农村集体经营性建设用地入市改革，在符合国土空间规划、用途管制和依法取得的前提下，允许更多地区开展农村集体经营性建设用地入市。

4. 深化农村集体产权制度改革

完善集体产权权能，完善农民对集体资产股份占有、收益、有偿退出及担保继承权。推进集体经营性资产股份合作制改革，探索以股份或份额形式，量化到本集体成员。发展壮大新型农村集体经济，创新运行机制，探索混合经营等多种实现形式。

（执笔人：梁俊）

本章参考文献

［1］陈昌盛，许伟，兰宗敏，江宇．"十四五"时期我国发展内外部环境研究［J］．管理世界，2020（10）：1－14，40，15.

［2］陈思．全面提升农村基本公共服务水平［N］．湖北日报，2021－02－10.

［3］陈文胜．围绕痛点难点发力促农民增收［N］．经济日报，2020－07－13.

［4］冯俏彬．以扩大内需为战略节点畅通双循环［EB/OL］．光明网，2020 – 12 – 10. https：//theory. gmw. cn/2020 – 12/10/content_34451309. htm.

［5］高鸿业．西方经济学（宏观部分）［M］．北京：中国人民大学出版社，2018.

［6］规划司．国家发展改革委举行新闻发布会介绍《关于建立健全城乡融合发展体制机制和政策体系的意见》相关情况［EB/OL］.（2019 – 05 – 06）［2021 – 7 – 20］. https：//www. ndrc. gov. cn/xwdt/ztzl/xxczhjs/ghzc/202012/t20201224_1260251. html？code = &state = 123.

［7］国家发展和改革委员会．《中华人民共和国国民经济和社会发展第十四个五年规划和2035年远景目标纲要》辅导读本．［M］．北京：人民出版社，2021.

［8］国家统计局．东西中部和东北地区划分方法［EB/OL］.（2011 – 06 – 13）［2021 – 7 – 20］. http：//www. stats. gov. cn/ztjc/zthd/sjtjr/dejtjkfr/tjkp/201106/t20110613_71947. htm.

［9］江文文．拓宽提高农民经营性收入渠道［EB/OL］.（2021 – 06 – 01）［2021 – 7 – 20］. http：//www. gov. cn/xinwen/2021 – 06/01/content_5614503. htm.

［10］居萍萍．从凯恩斯与马克思有效需求理论的比较浅评扩大内需政策［J］．商，2014（24）：8.

［11］李文明，白永刚，刘红岩．加快补上"三农"领域短板（政策解读·聚焦中央"一号文件"②）［N］．人民日报，2020 – 02 – 13（07）.

［12］联商网．乡村振兴之"农村电商"［EB/OL］.（2020 – 02 – 26）［2021 – 7 – 20］. https：//www. sohu. com/a/452738008_120790691.

［13］林梅．投资理论研究文献综述［J］．财经理论与实践，2004（2）：58 – 61.

［14］刘保奎，张舰．选准做好新型城镇化扩大内需的五大主攻方向［J］．中国发展观察，2020（Z7）：44 – 47.

［15］刘瑞．国民经济管理学概论［M］．北京：人民出版社，2009.

［16］刘瑞．中国特色的宏观调控体系研究［M］．北京：中国人民大学出版社，2016.

［17］刘志铭．以更高水平的乡村振兴 助力打造新发展格局战略支点［EB/OL］.（2021 – 05 – 17）［2021 – 7 – 20］. http：//www. xinhuanet. com/politics/2021 – 05/17/c_1127455469. htm.

［18］马克思．资本论（第一卷）［M］．北京：人民出版社，2018.

［19］宁军明．马克思与卡莱茨基有效需求理论的比较研究［J］．经济纵横，2010（3）：26－30.

［20］饶静．数字乡村建设助力构建新发展格局［EB/OL］．（2021－06－10）［2021－7－20］．http：//www.rmlt.com.cn/2021/0610/616153.shtml

［21］任泽平．从2020年统计公报看中国未来：于无声处听惊雷［EB/OL］．（2021－04－28）［2021－7－20］．http：//finance.sina.com.cn/zl/china/2021－04－28/zl－ik-myaawc2223836.shtml.

［22］世界银行．按收入水平划分的最新国别分类（2020－2021）［EB/OL］．（2020－07－01）［2021－7－20］．https：//blogs.worldbank.org/zh－hans/opendata/new－world－bank－country－classifications－income－level－2020－2021.

［23］宋涛．政治经济学教程［M］．北京：中国人民大学出版社，2011.

［24］涂圣伟，张义博，王为农，周振，马晔．改革开放40年中国工农关系的演变：从缓和走向融合［J］．改革，2018（10）：39－51.

［25］王诗尧．中国瞄准扩大内需"新兴力量""上下发力"促农村消费［EB/OL］．（2021－04－27）［2021－7－20］．http：//www.chinanews.com/gn/2021/04－27/9465735.shtml.

［26］王文博，唐思远．多部门力挺乡村市场 打造消费新增长极［N/OL］．经济参考报，2021－05－28［2021－7－20］．http：//www.xinhuanet.com/fortune/2021－05/28/c_1127500868.htm.

［27］魏光谱，何干强．我国内需不足成因的马克思主义经济学分析［J］．马克思主义研究，2014（12）：87－94.

［28］徐林．扩大内需的政策含义到底应该是什么［EB/OL］．（2020－05－15）［2021－7－20］．https：//opinion.caixin.com/2020－05－15/101554520.html.

［29］赵长宝．巩固完善农村基本经营制度 持续深化农村产权制度改革［EB/OL］．（2021－01－13）［2021－7－20］．http：//www.scio.gov.cn/xwfbh/xwbfbh/wqfbh/44687/44736/zy44740/Document/1696893/1696893.htm.

第三章
扩大农村内需的政策回顾与新空间找寻

　　内容提要：本章比较分析了应对 1997 年亚洲金融危机、2008 年世界金融危机等两次扩大农村内需的相关政策，研判了当前农村消费、投资、流通等发展形势和主要问题，立足满足农村居民美化生活向往和实现城乡居民共同富裕的目标，勾画了本次扩大农村内需的新空间和主攻方向，主要有如下结论：第一，与前两次扩大农村内需相比，本次扩大农村内需要实现"短期应对"向"短期应对与中长期战略并重"转变，"需求侧管理"向"需求侧管理与供给侧改革并重"转变，化解城市过剩产品"工具理性"向立足满足农民对美好生活向往的"价值理性"转变，"以扩大投资为主"向"扩大投资与扩大消费并重"转变等"五个转变"。第二，农村消费、投资、流通蕴含着大量内需空间，但也存在许多堵点和制约，即农民增收机制、农村社会保障制度、农村消费环境的"三个不健全"，投资政策不稳定、产权保护不有力、要素市场不健全"三项制约"，物流基础能力不强、数字化平台建设滞后、供应链链主企业缺乏等主要短板。第三，找寻农村内需新空间要立足总量提升、结构优化、效率改善"三项准则"，聚焦好特殊地区和特殊群体。

　　回顾历史，在 1997 年、2008 年两次外需不振时，我国连续两次依托农村广阔的投资、消费空间，实施了一系列扩大内需政策。当前，我国构建新发展格局、实施扩大内需战略，农村仍有广阔空间。习近平总书记在 2020 年中央农村工作会议上强调，"构建新发展格局，把战略基点放在扩大内需上，农村有巨大空间，可以大有作为"。随着我国城乡工农关系变化，对比前两次系列政策措施，当前扩大农村内需要实现"五个转变"，围绕农村消费、投资、流通等农村内需存在的关键堵点、制约和短板，对标满足农村居民美化生活向往和实现城乡居民共同服务目标，扩大农村内需，要立足总量提升、结构优化、效率改善"三项准则"，找寻农村消费、投资等内需新空间，找准突破口、排出优先序，瞄准重点区域和关键群体，让投资注入乡村、消费激发乡村，充分挖掘释放经济增长的巨大潜力。

一、历史逻辑：两次扩大农村内需政策回顾与启示

1997 年亚洲金融危机与 2008 年世界金融危机接连对我国经济发展造成冲击，为减缓外部因素对国内负面影响、促进经济平稳健康发展，两个时期我国均实施了扩大内需战略，其中，农村是扩大内需的重要阵地。两次扩大农村内需相关政策实施及其效果对当下扩大内需具有重要启示意义。

（一）对两次扩大农村内需相关政策的认识

应对 1997 年亚洲金融危机、2008 年世界金融危机的两次扩大农村内需的系列政策，具有许多相似之处，但因所处时代的不同、经济社会发展阶段的差异，亦存在许多不同之处，总体看有如下四点规律。

1. 从政策背景看

两次扩大农村内需都处于国内产能过剩叠加外部短期冲击之际，亟须依靠扩大农村内需化解经济发展危机。

两次扩大农村内需相关政策的出台具有较多相似性，主要表现在以下三

个方面。一是危机爆发前均遭遇城市工业产能过剩。早有学者研究判断，亚洲金融危机爆发之际，我国早已从短缺经济进入本质上更符合其他工业化国家一般特征的产能过剩阶段（马洪、陆百甫，1999），1997 年 10 月至 1998 年 12 月，我国物价指数连续 15 个月绝对下降，由 20 世纪 90 年代初期的通货膨胀转向通货紧缩，供求格局转为供大于求。需要说明的是，产能过剩问题之所以没有在供求总量关系上明显表现出来，主要是因为对外净出口的增长在一定程度上掩盖了供求总量关系的变化。2008 年世界金融危机爆发之前，我国钢铁、电解铝、电石、铁合金、焦炭、汽车、彩电、手机等行业产能已经出现明显过剩。2006 年，国务院下发《关于加快推进产能过剩行业结构调整的通知》已表明产能过剩已经成为经济运行中的一个突出问题，同时，消费者物价指数（CPI）将在 2008 年第二季度开始明显回落（见图 3 - 1）。有学者研究指出，若剔除食品价格短暂波动因素，消费者物价指数将从 2007 年的 4.8% 降到 2008 年的 3.8%（孙春明，2008）。二是外需都是当时经济发展的重要动力。在这两个时期内，我国经济增长主要由投资和出口驱动，经济运行对外依存度处于较高水平，1997 年和 2008 年对外依存度分别达到 40% 和 60%，远高于 1980~2000 年期间美国、日本、德国等国家的 14%~20% 水平。三是农业农村是外部冲击下化解工业产品过剩的重要阵地。受两次金融危机影响，我国海外市场需求萎缩，产品出口严重受挫。其中，1998 年 1~4 月，我国对日本、东盟、韩国出口同比下降 3.1%、9.5% 和 24.5%，2009 年上半年，我国出口总额同比下降 78.2%；受此影响，国内产能过剩问题快速"浮出水面"，城市工业产品滞销，特别是 2009 年我国沿海大量出口型企业停产倒闭。与此同时，我国农业农村基础设施建设薄弱，农村人口数量庞大，城乡耐用消费品拥有量差距较大（见表 3 - 1），农业农村广阔的消费市场和容纳能力成为了两次扩大国内内需的理想阵地。

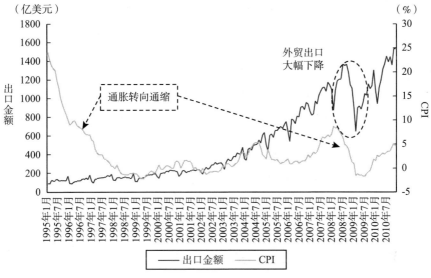

图 3 - 1   1995～2010 年我国月度 CPI 和出口金额

资料来源：国家统计局官网。

表 3 - 1   1997 年、2008 年和 2019 年城乡居民平均每百户
耐用消费品拥有量

类别	1997 年		2008 年		2019 年	
	城镇	农村	城镇	农村	城镇	农村
洗衣机（台）	89.1	21.9	94.7	49.1	99.2	91.6
电冰箱（台）	73.0	8.5	93.6	30.2	102.5	98.6
空调机（台）	16.3	0.4	100.3	9.8	148.3	71.3
电话机（部）	—	—	82.0	67.0	—	—
彩色电视机（台）	100.5	27.3	132.9	99.2	122.8	117.6
家用汽车（辆）	0.2	—	8.8	—	43.2	24.7

资料来源：国家统计局官网。

2. 从政策目标看

短期内促进经济平稳持续增长是主要目标，但 2008 年扩大农村内需政策兼具促进城镇就业等多元目标。

不可否认的是，两次扩大农村内需政策主要目标均是短期内熨平因外部冲击导致的经济波动，但不同时期的政策目标内涵、外延具有差异。首先，第一次扩大农村内需（即应对 1997 年亚洲金融危机的政策）政策目标主要以扩大农村政府投资拉动经济增长为主。《1999 年国务院政府工作报告》明确指出，"由于外贸出口增长速度大幅度回落和国内需求对经济拉动的力度不够，上半年经济增长速度出现减缓趋势。针对这种情况，中央果断决定实施积极的财政政策，经全国人大常委会批准调整预算后，国务院增发 1000 亿元财政债券，重点用于增加基础设施建设投资。"其次，第二次扩大农村内需（即应对 2008 年世界金融危机的政策）政策目标较为多元，除扩大政府投资带动经济增长外，还包括两方面的重要目标，二者相互高度关联：一是挽救制造业海外市场萎缩危机，解决城市工业品滞销问题，受海外市场需求萎缩影响，彩电、洗衣机、电冰箱等耐用品大量滞销，亟须开辟新的销售市场；二是解决城镇就业问题，受海外订单减少，大量城镇人员失业影响，特别是 2008 年下半年提前出现了大面积的农民工"返乡潮"，因此，需要激活农村消费市场，带动城镇企业发展、促进就业。

3. 从政策工具看

第一次以政府投资"唱独角戏"，第二次转为增加政府投资与扩大农村消费并存。

这种差别主要取决于农民收入水平和消费购买能力的差异。

为应对 1997 年亚洲金融危机出台扩大农村内需政策时，我国农民收入水平低、消费能力差，只能依靠扩大政府投资拉动经济增长。1997 年，我国农村居民家庭平均每人纯收入 2090 元，农村居民家庭恩格尔系数达 55.1%，根据联合国粮农组织提出的标准，仅处于温饱水平[①]，农民购买能

---

① 根据联合国粮农组织提出的标准，恩格尔系数在 59% 以上为贫困，50% ～59% 为温饱，40% ～50% 为小康，30% ～40% 为富裕，低于 30% 为最富裕。

力还较低，电冰箱、空调等耐用消费品购买高潮远未来临。拉动经济增长的"三驾马车"中，出口、消费已然乏力，仅能依靠政府投资推动。20 世纪90 年代，我国农业基础设施建设总体薄弱，特别是 1998 年的特大洪水清晰暴露出了农业基础设施存在的诸多问题，政府加大对农业基础设施的投入，既有充足的投资空间又将会有较好的投资效益。为此，我国启动了以扩大农业基础设施建设为主的一揽子扩大内需政策，1998 年，中共中央办公厅、国务院办公厅联合下发的《关于做好当前农业和农村工作的通知》中明确指出，"加强农业基础设施建设不仅对于改善农业生产条件、实现高产稳产具有重要作用，也是扩大农民就业、增加农民收入、开拓农村市场、促进国民经济增长的一个重要途径。要重点抓好生态环境建设、中小水利建设、节水灌溉、灌区改造和配套、种子工程、高新技术产业化和以工代赈等。"从统计数据看，1998 年国家财政用于农业的支出增长较快（见图 3－2），总支出达到 1154. 76 亿元，同比增长 50. 7%，是 90 年代以来最大增幅，特别是用于基础设施建设的农业基本建设支出增加了近 2 倍。需要说明的是，通过政府投资支持农业发展扩大内需持续延续到后续的新农村建设上。

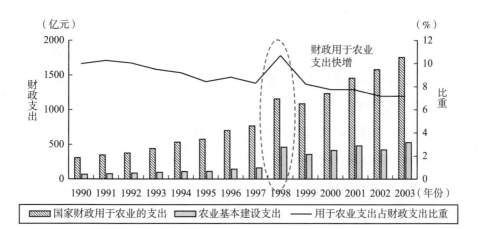

图 3－2　1990～2003 年国家财政用于农业的支出

资料来源：中华人民共和国国家统计局. 中国统计年鉴 2004 ［M］. 北京：中国统计出版社，2004.

　　为应对 2008 年世界金融危机出台扩大农村内需政策时，我国农民收入增长快，且具备一定消费能力，通过增加政府投资与扩大农村消费可以释放出充足的国内内需。一是扩大农业农村投资。2009 年中央"一号文件"提出，"扩大内需、实施积极财政政策，要把'三农'作为投入重点。大幅度增加国家对农村基础设施建设和社会事业发展的投入，提高预算内固定资产投资用于农业农村的比重，新增国债使用向'三农'倾斜"。同年，国家财政用于农林水事务支出达到 6720.41 亿元，同比增长 47.9%，占国家财政支出比重为 8.8%，比 2008 年增加 1.6 个百分点。其中，国家预算内固定资产投资大量投向农林牧渔业，2009 年国家预算农林牧渔业固定资产投资（不含农户）增加幅度达 56%（见图 3 - 3）。二是实施家电下乡补贴。2008 年，我国农村居民家庭平均每人纯收入达到 4999 元，较 1997 年增加 1.4 倍，农村居民家庭恩格尔系数缩小至 43.7%，达到了联合国粮农组织的小康水平，农民具备了一定的消费能力，同时，城乡耐用消费品拥有量差距较大（见表 3 - 1）。为解决城市工业品滞销等问题，适应农民消费需求和能力，我国政府决定对 2007 年在山东省、河南省、四川省试点家电下乡补贴政策"延期、拓面"：2008 年 5 月 26 日，财政部与商务部印发了《关于继续实施家电下乡政策的通知》，将家电下乡政策在三省的试点时间由 2008 年 5 月 31 日延长至 2008 年 12 月 31 日；2008 年 11 月 28 日，财政部、商务部、工业和信息化部进一步印发了《关于全国推广家电下乡工作的通知》，确定将家电下乡政策逐步向全国范围内推广。此后，财政部、商务部、工业和信息化部多次联合发文，持续加大了家电下乡补贴品种、范围和财政支持力度（见表 3 - 2），补贴品种范围从彩电、电冰箱、手机、洗衣机等指定家电品种，逐步增加了摩托车、电脑、热水器和空调等多种类型。家电下乡政策的实施时间持续了 4 年多，于 2011 年 11 月 30 日在试点三省执行到期，于 2012 年 12 月开始在其他省份陆续退出。据商务部统计，截至 2011 年 10 月，全国家电下乡产品累计销售 2 亿台，实现销售额4576亿元，累计发放补贴518亿元①。三是加大农机具购置补贴力度。在研究2008年扩大农村内需政策的文献中，由于农机具购置补贴政策始于2004年，而不是为应对2008年危机产生的，大多文献忽视了该项补贴政策对扩大农村内需的作用。事实上，该项政策对扩大农村内需起到了重要贡献，不可忽视。为缓解城市制造业压力，也为加速推进农业生产机械化，2009年我国大幅度提高了中央财政对农机具购置补贴政策的财政投入，达到了130亿元，同比增长近2.5倍（见图3-4）。2009~2011年，中央财政累计投入459.93亿元，资金规模接近同时期的家电下乡补贴。农机购置补贴政策强力支持了我国农机工业的发展，2009年，我国农机工业出口同比下降22.13%情况，受补贴支持，当年全行业完成工业总产值264.56亿元，同比增长21.41%。

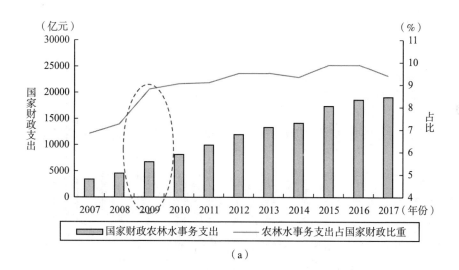

（a）

---

① 商务部网站. 商务部：全国家电下乡产品销量累计突破2亿台 [EB/OL]. (2011-11-04) [2021-6-2]. http://www.gov.cn/gzdt/2011-11/04/content_1986266.htm.

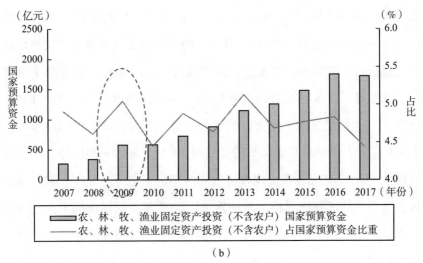

（b）

图 3 − 3　2007 ~ 2017 年国家财政支农情况

资料来源：国家统计局官网。

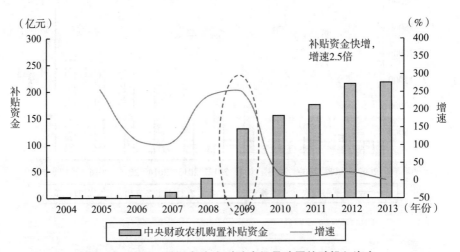

图 3 − 4　2004 ~ 2013 年中央财政农机具购置补贴投入资金

资料来源：农业农村部。

表 3－2   家电下乡主要政策演变脉络

时间	政策文件	政策内容
2007 年	11 月 23 日，财政部印发《关于开展家电下乡试点工作的通知》	在山东、河南、四川三省试点家电下乡，期限为 2007 年 12 月 1 日至 2008 年 5 月 31 日，对农民购买补贴类家电产品给予 13% 的价格补贴，补贴的产品为彩电、冰箱（含冰柜）、手机
2008 年	5 月 26 日，财政部与商务部印发了《关于继续实施家电下乡政策的通知》	在山东、河南、四川三省及青岛市（三省一市）继续实施家电下乡政策，实施截止时间暂定为 2008 年 12 月 31 日
	10 月 24 日，财政部印发《家电下乡补贴资金管理办法》	①家电下乡补贴范围扩围至 12 省（区、市），分别是内蒙古、辽宁、黑龙江、安徽、山东、河南、湖北、湖南、广西、重庆、四川、陕西；②补贴方式：凡农民在规定时间内购买补贴类家电产品、提出申请并经审核符合相关条件的，均给予财政资金直接补贴；③补贴标准：按补贴类家电产品销售价格的 13% 给予补贴；资金来源，补贴资金由中央财政和省级财政共同负担，其中，中央财政负担 80%，省级财政负担 20%
	11 月 28 日，财政部、商务部、工业和信息化部引发《关于全国推广家电下乡工作的通知》	为扩大国内需求，改善民生，拉动消费带动生产，促进经济平稳较快增长，国务院决定在全国推广"家电下乡"。山东、青岛、河南、四川、内蒙古、辽宁、大连、黑龙江、安徽、湖北、湖南、广西、重庆、陕西等 14 个省（自治区、直辖市、计划单列市）已经国务院批准从 2008 年 12 月 1 日起实施。吉林、新疆、甘肃、青海、宁夏、西藏、北京、天津、河北、山西、上海、江苏、浙江、宁波、福建、厦门、海南、江西、广东、深圳、云南、贵州等 22 个省（自治区、直辖市、计划单列市）及新疆生产建设兵团从 2009 年 2 月 1 日起开展家电下乡工作
	12 月 31 日，2009 年《中共中央国务院关于 2009 年促进农业稳定发展农民持续增收的若干意见》	在全国范围实施"家电下乡"，对农民购买彩电、电冰箱、手机、洗衣机等指定家电品种，国家按产品销售价格一定比例给予直接补贴，并根据需要增加新的补贴品种
2009 年	1 月 20 日，国家认证认可监督管理委员会《关于对家电下乡产品严把认证质量、加强执法监管的通知》	各认证机构和实验室应严格控制认证、检测质量，对列入家电下乡目录的产品进行拉网式排查，加大工厂检查及获证后监督检查力度，采取飞行检查、市场随机抽样等跟踪调查方式，确保进入农村市场的家电产品安全可靠、符合强制性产品认证适用标准要求

续表

时间	政策文件	政策内容
2009 年	2 月 25 日，工业和信息化部《关于做好家电下乡工作的通知》	提升家电下乡产品质量，指导、督促企业做好售后服务
	2 月 26 日，财政部、商务部、工业和信息化部《关于加大家电下乡政策实施力度的通知》	①扩大家电下乡补贴品种，增加到 10 类。在全面落实现有补贴品种的基础上，将摩托车、电脑、热水器、空调四类产品由各省（区、市）从中自主选择两类实施的政策，调整为全国范围内统一实施。同时，再增加微波炉和电磁炉两类补贴产品。其中，摩托车归入汽车下乡补贴渠道实施； ②调整补贴产品限购政策。将原来每户每类家电下乡补贴产品限购 1 台调增到 2 台
	12 月 22 日，财政部、商务部、工业和信息化部《关于进一步加大家电下乡政策实施力度的通知》	①大幅提高家电下乡产品最高限价，并对提高限价部分所对应的下乡产品统一实行定额补贴； ②在现有 9 类产品之外，各省（区、市）可根据本地农民需求选择一个新增品种纳入家电下乡政策实施范围； ③自 2010 年 1 月 1 日起，将国有农场、林场职工纳入家电下乡政策实施范围
2010 年	6 月 4 日，财政部、商务部、工业和信息化部《关于做好家电下乡补贴兑付工作防止骗补有关问题的通知》	做好家电下乡补贴兑付工作防止骗补，严格产品信息录入，加强产品标识卡管理，严格补贴审核兑付，加强日常监管，开展专项检查，明确处罚措施
2011 年	1 月 7 日，财政部、商务部《关于加强家电下乡、家电以旧换新监管防止骗补等有关问题的紧急通知》	加强家电下乡、家电以旧换新政策执行监管，防止骗补等违规行为发生
	4 月 15 日，商务部《关于进一步加强家电下乡销售网点监管的通知》	加强家电下乡流通企业及其销售网点的监管，开展销售网点清理整顿工作
	9 月 8 日，财政部、商务部、工业和信息化部《关于山东、河南、四川、青岛家电下乡政策到期后停止执行等有关问题的通知》	①2011 年 11 月 30 日，三省一市家电下乡政策如期结束； ②2012 年 1 月 6 日零时起，中标区域仅限于三省一市的家电下乡生产企业、销售企业，以及三省一市所有家电下乡备案销售网点在家电下乡信息管理系统中的功能权限将全部停止
	12 月 2 日，财政部、商务部、工业和信息化部《关于进一步加强家电下乡监管等有关问题的通知》	高度重视家电下乡工作，毫不松懈地抓好政策执行监管；严格落实家电下乡监管规定，发现骗补行为要及时查处

时间	政策文件	政策内容
2012 年	11 月 7 日，财政部、商务部、工业和信息化部《关于家电下乡政策到期后停止执行等有关问题的通知》	①2012 年 11 月 30 日，内蒙古、辽宁、大连、黑龙江、安徽、湖北、湖南、广西、重庆、陕西（以下简称十省市）家电下乡政策如期结束。2013 年 1 月 31 日，北京、天津、河北、山西、吉林、上海、江苏、浙江、宁波、福建、厦门、江西、广东、海南、贵州、云南、西藏、甘肃、青海、宁夏、新疆以及新疆生产建设兵团家电下乡政策如期结束；②2013 年 1 月 10 日零时起，中标区域仅限于十省市的家电下乡生产企业、销售企业以及十省市所有家电下乡备案销售网点在家电下乡信息管理系统中的功能权限将全部停止

4. 从政策效果看

实现了短期内拉动经济增长的政策目标，但释放农村消费内需政策效果并不理想。

依照政策目标，即短期内扩大内需、拉动经济增长，两次扩大农村内需相关政策达到了预期目标，但是扩大投资起主要作用，刺激农村消费的作用效果不大。

两次扩大农村内需，短期内农业农村投资均收到了明显效果。1998 年，受国家加大基础设施建设投资影响，特别是在农业农村领域的投资，当年资本形成总额对 GDP 增长贡献达到 25%，1998~2003 年资本形成总额对经济增长的贡献总体呈快速增长趋势，强有力的政府投资有效增强了经济发展活力，1998 年全年经济增速达到 7.8%，仅比 1997 年下降了 1 个百分点。在 2008 年应对全球金融危机之际，政府对农业农村的投资也起到了显著效果，2009 年资本形成总额对 GDP 增长贡献增加到 78.2%，达到近 30 年峰值（见图 3-5）。其中，农村资本形成总额对 GDP 增长贡献也达到了 23.4%，比 2008 年增加了 0.3 个百分点[①]。

---

① 农村资本形成总额测算参照郑明. 中国农村资本形成研究 [D]. 西安：陕西师范大学，2012.

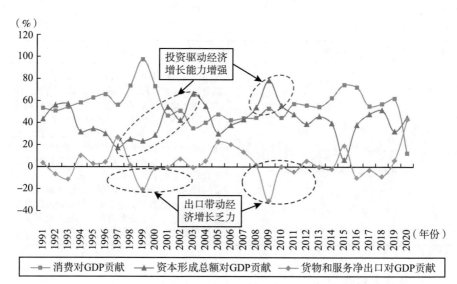

图 3 - 5　1991 ~ 2020 年消费、资本形成总额、货物和服务净出口对 GDP 增长贡献

资料来源：国家统计局官网。

　　遗憾的是，两次扩大农村内需相关政策对农村消费潜能释放的长期效果并不明显。（1）1998 ~ 1999 年，我国城乡消费对 GDP 增长贡献表现出了一次跳跃式增长，然而起主要作用的是城镇居民消费。1998 年、1999 年城镇居民消费对 GDP 增长的贡献持续上升，甚至达到了 60% 水平，但是，农村消费增长较慢，对 GDP 增长贡献有限，特别是 1998 年和 1999 年的贡献率小于 0（见图 3 - 6）。（2）2008 年以来，伴随家电下乡政策的实施，农村消费绝对值增加较快，2010 年、2011 年农村居民消费增速加快（见图 3 - 7），但是，从长期来看，这些政策并没有起到促进农村居民消费增长的效果，除 2011 年农村居民消费增速较高外，2008 ~ 2012 年农村居民消费增速与 2004 ~ 2007 年的差异不大，这表明家电下乡政策仅起到了短期刺激作用，但并没有发挥长期的刺激消费作用。特别是 2008 年以来，农村居民消费对 GDP 增长贡献作用并不明显，2009 年、2010 年其贡献值甚至略微下滑，2011 年后虽略微波动增长，但整体变化幅度不大，对 GDP 增长贡献率不超过 10%。此外，大量的实证研究也表明，2008 年以来的扩大内需政策并没有较好释放农

村消费潜能，特别是以家电下乡为主的系列刺激消费政策（见表 3-3）长期内没能起到促进总消费增长的效果（郑筱婷等，2012；于文超、殷华，2015）。

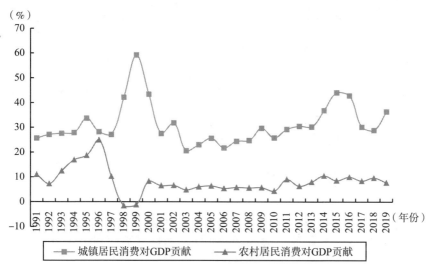

图 3-6 1991~2019 年城乡居民消费口对 GDP 增长贡献

资料来源：国家统计局官网。

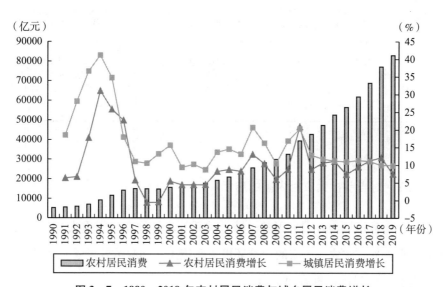

图 3-7 1990~2019 年农村居民消费与城乡居民消费增长

资料来源：国家统计局官网。

表 3 - 3　　　　　　　　　有关家电下乡实施效果评价的文献

文献	主要观点
郑筱婷等 （2012）	2008 年，"家电下乡"并未使试点县户均消费增长高于非试点县。限定期限补贴某一种产品使家电产品未来价格相对当前上升，并使农民的家电消费提前，信贷约束下的农户必须减少其他产品的当期消费。同时，对家电的补贴也使非补贴产品的相对价格上升，从而减少非补贴产品的当期消费
于文超、 殷华 （2015）	采用政策评估中的反事实分析方法，以山东、河南两个试点省份为样本，研究了"家电下乡"政策对农村居民消费的影响。结果表明，家电下乡政策使山东、河南两试点省份农村居民人均消费支出增长率分别提高了 2.21% 和 3.41%。进一步发现，这种促进效应源于农村居民提前了家电产品的购买，但当前消费的增加只是将未来总消费提前的结果，长期而言，家电下乡未必能提高总消费
黄振华 （2010）	根据全国 205 个村庄所获得的 2953 份问卷作为研究基础，分析表明政策对拉动农民家电消费的效果并不理想
林光华等 （2013）	研究"家电下乡"等农村耐用品消费刺激政策对农村家庭支出结构及总需求的影响，结果表明，耐用品消费存在挤出效应，通过补贴等政策刺激农村耐用品消费或许能短期激发特定行业的消费，但无法显著扩大农村总体内需并且持续维系其效果
郭振宗 （2009）	在农民收入水平及积蓄较低的情况下不能盲目推动农村消费，否则无疑是在最大限度地挖掘和"压榨"农民的消费能力。消费能力和生产能力是此消彼长的，农民消费的增加必然会削弱其生产能力，生产能力的削弱显然会制约农民增收，进而削弱长期消费能力。以削弱长期消费为代价换取短期消费扩大，是极为短视的
贺雪峰 （2009）	"家电下乡"意义不应被高估，其实质是消化家电业过剩产能，更多的是指望农民在"中国制造"遭遇外销不足的危难时刻拯救企业而非真正的工业反哺农业。也不应对"家电下乡"寄予太高的期望，其根本原因在于农民收入低、公共产品不足、社会保障不健全。即使给农民 13% 的补贴也不足以刺激其对该类产品的消费

资料来源：笔者整理。

（二）对当前扩大农村内需的启示

当前，我国国内外发展形势、城乡关系等环境均发生了重大变化，总结与比较前两次扩大农村内需的政策环境、政策工具和政策效果（见表 3 - 4），对本轮扩大农村内需具有如下启示。

表 3-4　　　　　　　　两次扩大农村内需政策的归纳比较

类别	相同点	不同点
政策背景	①都遭遇城市工业产能过剩；②外需是当时经济发展重要动力；③农业农村具备解决城市产品过剩的广阔空间（如农业农村基础设施短板突出等）	①农民收入水平与消费能力：1997年时，农民收入水平较低，耐用消费品购买能力差；2008年时，农民收入水平增长快，具备了较强购买耐用消费品能力；②中国经济与海外市场关系：1997年时，我国还未加入WTO，与国际市场联系相对不紧密；2008年时，我国已加入WTO，国际市场对我国经济发展影响力增强
政策目标	主要目标均是熨平因外部冲击导致的经济波动	①第一次扩大农村内需政策目标主要以扩大农村政府投资拉动经济增长为主；②第二次扩大农村内需政策目标多元：一是挽救制造业海外市场萎缩危机，解决城市工业品滞销问题；二是解决城镇就业问题，即激活农村消费市场，带动城镇企业发展、促进就业
政策工具	加大对农业农村基础设施投入	①第一次扩大农村内需主要以增加农业基础设施投入为主；②第二次扩大农村内需开展了家电下乡补贴，以此刺激农村消费；同时，加大了对农机具购置补贴力度
政策效果	①短期内均起到了扩大内需、刺激经济发展作用；②对农村消费潜能释放的长期效果并不明显	第二次扩大农村内需，特别是家电下乡补贴，促进了制造业发展，创造了许多就业岗位，满足了群众就业需要

资料来源：笔者整理。

　　一是过去短期冲击转为当前长期冲击，要求扩大农村内需从"短期应对"向"短期应对与中长期战略并重"转变。

　　前两次扩大农村内需是短期应对危机所采取的策略，主要目的是弥补外需不足、保持经济增长；但是，危机过后，随着经济全球化持续推进，外部需求逐步回升，推动经济发展的重心发生变化，进而使扩大内需成为一个阶段性应对危机的措施。与前两轮扩大农村内需面临的外部环境相比，在此次疫情冲击下，我国不仅面临世界经济衰退、国际贸易和投资大幅收缩、国际金融市场动荡等经济层面的负面影响，而且也面临着经济全球化进程受阻等问题。这使我国经济发展面临前所未有的风险与挑战，要求新一轮扩大农村内需不仅要更好应对外需下滑的挑战，也要更好地激发强大国内市场潜能，最大限度维护我国经济稳定发展。因此，此次扩大内需的任务更重，要求扩大内需从"短期应对"向"短期应对与中长期战略并重"转变，充分发挥农村巨大空间优势、激发内需潜力。

二是乡土中国向城乡中国加速转型，要求扩大农村内需从"需求侧管理"向"需求侧管理与供给侧改革并重"转变。

在不同的经济发展阶段，经济基础、经济结构，以及技术水平存在差异，潜在的农村需求增长空间也会不同。因此，扩大农村内需要充分考虑经济发展所处的阶段，根据不同阶段的特征采取相应的扩大内需措施。2008年实施扩大农村内需战略时，我国乡村总体实力相对较弱，乡村人口占比达到54.3%，农村居民人均纯收入为4761元，按2008年农村贫困标准1196元测算，年末农村贫困人口达4007万人，农业农村基础设施整体水平相对落后，冰箱、洗衣机、空调等耐用消费品拥有量还较小。因此，通过采取增加基础设施投资、鼓励家电下乡消费等需求侧管理措施，在短期内能有效发挥稳定经济增长的作用。当前新一轮扩大内需与以往扩大内需的最根本区别在于：我国经济已由高速增长阶段转向高质量发展阶段，常住人口城镇化率超过60%，农村居民人均可支配收入达到17131元，农业农村基础设施逐渐完善，农村家庭耐用消费品拥有量接近城镇水平（见表3-1），若再将扩大农村内需侧重于需求侧管理，强调短期政策效应，不仅可能导致扩大农村内需效果不彰，而且还有可能加剧产能过剩。因此，此次扩大农村内需在采取短期的财政和货币政策刺激投资需求或消费需求的同时，应着重通过深化供给侧结构性改革，做大内需市场容量，形成需求与供给相匹配、投资与消费相协调的更高水平、更高层次、更多样性的内需市场。

三是坚持以人民为中心的发展思想，要求扩大农村内需从围绕化解城市过剩产品的"工具理性"向立足满足农民对美好生活向往的"价值理性"转变。

前两次扩大内需战略实施中，农村较好扮演了化解经济危机"蓄水池"

的作用，但是，在具体政策实施过程中，由于存在将农村地区视为化解城市过剩产品重要"工具"的误区，导致农村地区沦为了城市过剩产品的"宣泄场"。特别是2008年家电下乡政策实施之际，大量的残次品涌入农村市场。据中国消费者协会调查，由于部分家电下乡企业违规销售过剩库存货，家电下乡产品质量良莠不齐，农民使用的家电产品中，每八件就有一件在使用后出现质量问题①。习近平总书记在党的十二届全国人大一次会议闭幕会上的讲话中强调，始终要把人民放在心中最高的位置，就要坚持以人民为中心的发展思想，把增进人民福祉、促进人的全面发展作为发展的出发点和落脚点。当前，扩大农村内需，要避免再次将农村作为化解城市经济危机的"工具"，避免再次将农村作为城市过剩产品的集中倾销地，避免再次忽视农业农村自身对发展的内在诉求。要立足农村居民对美好生活的向往，着力解决农业高质量发展、农民高品质生活、农村高效能治理面临的突出问题，大力缩小城乡发展差距，推动农村继全面建成小康社会后，迈入城乡共同富裕的发展新阶段。

四是消费成为当前中国经济增长主要动力，要求扩大农村内需从"以扩大投资为主"向"扩大投资与扩大消费并重"转变。

扩大农村内需包括扩大投资需求和消费需求。投资是中间需求，消费是最终需求。尽管以往扩大农村内需都采取了扩大投资和扩大消费的举措，但由于扩大消费往往需要一个长期的过程，短期内无法通过扩大消费达到扩大内需的效果，扩大投资成为以往扩大农村内需的主要着力点，基本都采取了偏重投资、兼顾消费的政策措施。与前两次扩大农村内需相比，当前，农村地区消费增长较快，消费升级趋势加快，扩大农村消费的条件更加完备，此次扩大农村内需不应再把主要着力点放在扩大投资上，而应坚持扩大投资和

---

① 中国消费者协会.2009 年家电下乡产品使用及售后服务状况调查报告［R/OL］.（2009 - 12 - 3）［2021 - 5 - 3］. https：//www.cca.cn/jmxf/detail/23818.htm.

扩大消费并重，并着力促进消费升级。从扩大投资角度来看，重点要加大消费型投资，针对当前农村耐用消费品拥有量接近饱和的现状，应并重物质消费和精神消费，围绕现实消费需求和潜在消费需求，推动以消费升级为导向的基础设施投资和产业链投资，形成投资与消费相互促进的发展格局。

五是县城是畅通国内大循环、全面促进农村消费的重要载体，要求扩大农村内需从"以农村为主"向"农村、县城并重"转变。

县城一头连城市、一头连乡村，对畅通国民经济循环具有重要战略地位。前两次扩大农村内需时，由于我国城乡二元社会形态明显，人口城乡流动相对较缓，政策着力点对县城地位重视不够，县城促进农村内需潜力释放作用发挥还不充分。当前，我国约1.6亿农民工在县域内就业，5亿多农村常住人口以县城为主要消费地，县城已是促进农村消费、拉动内需、支持乡村振兴的重要载体，对于发挥我国超大规模市场优势和内需潜力具有重要意义。此次扩大农村内需，不仅要强化农业农村建设，更要解决县域发展短板，着力改善县城消费环境，加强商业体系建设，发挥好县城促进农村消费、拉动内需的作用，将县城打造成新发展阶段的战略纵深空间。

二、现实逻辑：我国农村内需现状特征与主要问题

伴随我国城乡工农关系发展演变，当前我国农村内需呈现出了许多新变化，农村消费、投资、流通呈现总量快增、层次升级等特征，但亦存在许多短板短项。

（一）现状特征

1. 农民消费增速快于收入增速，负债型消费显现

2004年以来，叠加减税、降费、补贴等"多予少取"惠农政策的实施，我国农民收入增长加快，推动农村居民消费提速、转型，呈现许多新变化。

一是消费支出增速高于收入增速。过去很长一段时期，受制于收入水平较低，我国农村居民消费支出增速总体上长期低于收入增长速度（见图3-8），近年来，由于收入增长较快、农民消费观念转变，农民消费支出增速大幅高于收入增长速度，如2013年农民消费支出增速高出收入增长速度14个百分点，2013~2019年，农民消费支出增速普遍高于收入增长速度。二是农民超前消费、负债消费现象已较为普遍。农村居民观念从以前的审慎"量入为出"向现在的适度"超前消费"转变，通过关系借贷、信贷等方式消费现象开始在农村升温，据农业农村部固定观察点调查数据显示，2017年全国农村家庭年内累计借入款32410.12元，其中，生活借款占比超过70%。

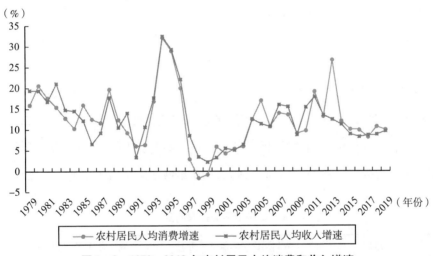

图3-8 1979~2019年农村居民人均消费和收入增速

资料来源：国家统计局官网和历年《中国统计摘要》，其中，1978~2000年农民收入数据为农村居民家庭平均每人纯收入；2000年后，农民收入数据为农村居民家庭人均可支配收入，增速数据未剔除价格因素。受疫情因素影响，2020年农村居民收入、消费数据变化特征较大，不具备可比性，在图形中不反映。

2. 农村居民边际消费倾向前低后高，商品消费向服务消费转型

随着我国农民收入水平提升、消费能力增加，农村居民消费意愿仍在不断增强，消费对象也同步发生了变化。一是中长期内农村居民消费倾向正在

逐渐提升。经济学理论指出，边际消费倾向与收入呈倒"U"形关系，当前我国农村居民收入逐年上升，居民消费倾向还处于上升阶段。据测算，2011～2020年间农村居民边际消费倾向为0.8363，分别比1991～2000年、2001～2010年高0.9030、0.1564；相反，城镇居民边际消费倾向却逐步下降（见表3-5）。这表明，扩大内需、促进国民经济循环，当下农村地区大有可为。二是教育、医疗、文娱等服务型消费占比增加。随着物质生活水平的提高和居民休闲时间的增多，农村居民对教育、文化、娱乐等发展享受型消费的投入不断加大，2020年农村居民用于交通通信和文教娱乐类消费的比重增加到18.4%，分别比1997年、2008年增加9.8个百分点、3.8个百分点；课题组问卷调查发现，教育支出已成为当前农村消费的主要科目，近70%的镇村干部认为农村居民主要消费支出是教育（见图3-9）。此外，随着医疗保健消费水平提高，农民不再是大病小治、小病不治，2020年农村居民人均医疗保健消费支出1418元，占全年农村居民人均消费支出的10.3%，比1997年、2008年分别增加6.5个百分点、3.6个百分点。国家统计局数据显示[①]，2014～2019年农村居民服务性消费比消费支出年均增长快2.7个百分点，推动2019年农村居民服务性消费占消费支出的比重比2013年提高了5.4个百分点，达到39.7%，达到2010年城镇居民服务性消费占比水平。

表3-5　　　　　　　　　　　城乡居民边际消费倾向变化

时间	农村居民边际消费倾向	城镇居民边际消费倾向
1981～1990年	0.8508	0.8141
1991～2000年	0.6799	0.7780
2001～2010年	0.7433	0.6828
2011～2020年	0.8363	0.5287

资料来源：国家统计局官网，其中，边际消费倾向＝消费增加量/收入增加量。

---

① 国家统计局所指的服务性消费是各种生活服务的消费支出，包括餐饮服务、衣着鞋类加工服务、居住服务、家庭服务、交通通信服务、教育文化娱乐服务、医疗服务和其他服务等。

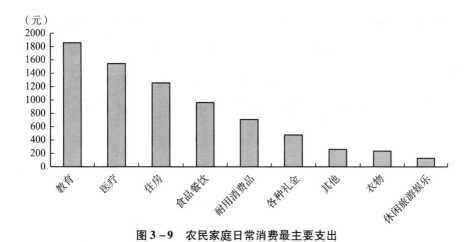

图 3 - 9　农民家庭日常消费最主要支出

资料来源：基于课题组对全国 2686 名镇村干部的问卷调查，问题设置为"根据您掌握的情况，本辖区或本村农民家庭日常消费最主要的支出是"，多项选择题但最多选择三项。

3. 农民进城、市民下乡等跨域消费越发普遍，网络化消费渐成新亮点

随着城乡消费设施改善及信息技术的广泛应用，城乡消费的场景、渠道发生了较大变化。一是城乡居民消费呈现跨域、集聚特征。一方面，因城乡交通基础设施改善，乡村特色产业发展加快，近年来城镇居民下乡消费增多，课题组对 1060 名城市居民进行的问卷调查发现，89.3% 的城市居民有过下乡购买产品经历，92.2% 的城市居民到过农村休闲旅游，下乡市民在农村年均消费达 2923 元，全国城镇居民下乡消费常年保持两位数增长①；另一方面，县域成为了农民消费主场地，据统计，当前我国约 1.6 亿农民工在县域内就业，5 亿多农村常住人口以县域为主要消费地，县域已是促进农村消费、拉动内需、支持乡村振兴的重要载体，对于发挥我国超大规模市场优势和内需潜力具有重要意义。二是农村网上消费上升。商务部统计数据显

① 商务部统计数据显示，2020 年全国农村网络零售额达 1.79 万亿元，同比增长 8.9%，已成为全国线上消费新的增长点。另据农业农村部统计数据显示，2019 年我国乡村休闲旅游业接待游客 33 亿人次，营业收入超过 8500 亿元，未来 2~3 年乡村休闲旅游业将发展成为营业收入万亿元的大产业。

示，2020 年全国农村网络零售额达 1.79 万亿元，同比增长 8.9%①（见图 3 - 10），全国快递业务量中发往农村地区占比达到三成，农村地区已成为线上消费新的增长源；同时，大量农产品通过线上进城消费，2020 年全国农产品网络零售额达 4158.9 亿元，同比增长 26.2%，"十三五"时期农产品网络零售额年均增长高达 22.6%。

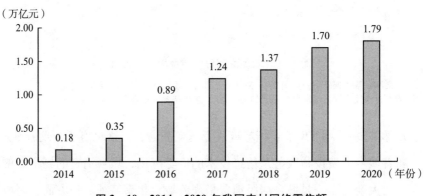

图 3 - 10　2014 ~ 2020 年我国农村网络零售额

资料来源：商务部、中商产业研究院。

4. 第一产业固定资产投资拐点性下滑，社会资本成为农村产业投资主力军

长期以来，我国农业基础设施薄弱，第一产业固定资产投资规模大、增长快，是全国固定资产投资的重要领域（见图 3 - 11）。近年来，随着农业基础设施日益完善，农业投资总量规模和主体结构发生了重大变化。从总量规模看，第一产业固定资产投资增速大幅下降。"十三五"时期，第一产业固定资产投资完成额年均增速 - 3.1%，而"十二五"时期的平均增速为 31.4%。从主体结构看，社会资本已经成为农村产业投资中最重要的力量。近年来，受城乡资本边际生产率变化、惠农政策实施，以及农业农村功能转

①　人民日报海外版. 农村地区成为线上消费新增长点［EB/OL］.（2021 - 2 - 8）［2021 - 6 - 2］. http://www.gov.cn/xinwen/2021 - 02/08/content_5585806. htm.

型影响，越来越多的社会资本投资农业农村。在农业固定资产投资中，社会资本占比超过八成，投资领域从农业产业化领域向具有一定外部性的领域拓展，如从农产品加工业、休闲农业乡村旅游、农业废弃物资源化利用、农村电商、农业特色小镇等向农村资产盘活、生态修复、农业废弃物资源化利用、基础设施建设等领域延伸。

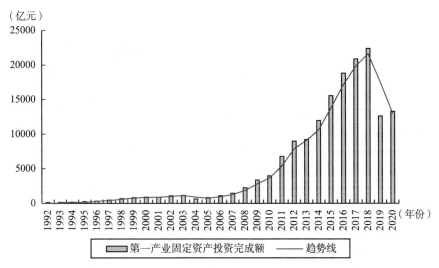

图 3－11   1992～2020 年第一产业固定资产投资完成额

资料来源：Wind 数据库。

5. 农村建房热潮已过，农民涉农投资陷入"徘徊期"

过去很长一段时期内，农民有钱就盖房子，严重影响了乡村产业投资。近年来，农民的投资对象发生了重大变化。一方面，农户大规模建房现象发生逆转。2014 年前，农户竣工房屋投资额呈现逐年快增趋势；2014 年后，农户竣工房屋投资规模逐年下降，"十三五"时期农户竣工房屋投资额年均增速降至－8.2%，而"十二五"时期年均增速为6.4%，农户竣工房屋投资额占农户固定资产投资额比重，也从1992 年的92.3%的峰值降至2020 年的55.8%（见图 3－12）。另一方面，农户固定资产投资并没有借机转向农业。近 20 年来，农户对农林牧渔业固定资产投资波动较大。经历 2011 年的陡降后，农户对农林牧渔业固定资产投资总量增长缓慢，占农户固定资产额的比重变化也不大（见图 3 - 13），其中，2017 年占比相比 2012 年仅变化了 1 个百分点。

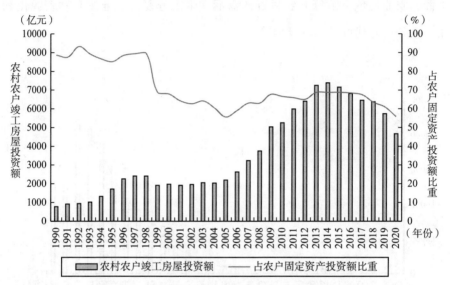

图 3 - 12　1990 ~ 2020 年农村农户竣工房屋投资额

资料来源：国家统计局。

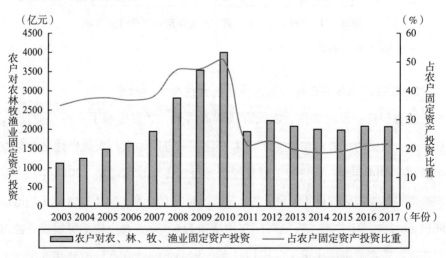

图 3 - 13　2003 ~ 2017 年农户对农、林、牧、渔业固定资产投资

资料来源：国家统计局。

（二）主要问题

农村消费、投资空间大，现代物流畅通城乡经济循环潜力足，充分释放农村内需市场，还需识别与清楚抑制消费、限制投资、制约流通的堵点和难点。

1. 从消费看，限制农村消费释放主要有"三大障碍"

我国脱贫攻坚战取得了全面胜利，解决了区域性整体贫困的目标任务，农村5亿多人口蕴藏着巨大的消费市场空间，但是农村人口整体消费水平偏低，2020年农村居民人均消费支出仅为城镇人口的50%，消费潜力被抑制主要受如下因素影响。一是农民增收机制不健全，农民"没钱"消费。根据持久收入消费理论，消费取决于能够预计到的、较为固定的持久收入，但是农民持续增收缺乏长效机制。受农业生产成本上升和进口低价农产品冲击影响，农民经营性收入增长放缓，占农民收入比重持续下降；工资性收入一直是农民收入的主要来源，但受宏观经济增速放缓的影响，持续稳定增长面临瓶颈；财政性收入虽然近年增长较快，但仅占可支配收入的15%。据农业农村部测算，我国农村集体账面资产达6.5万亿元，村均资产超过816万元，但受农村产权制度改革缓慢影响，许多资产不能成为农民增收来源。课题组的问卷调查数据对此进一步证实，近70%的镇村干部认为，扩大农民消费支出的最突出问题是农民收入不高（见表3-6）。二是农村社会保障制度不健全，农民"不敢"消费。近些年，我国农村医疗保险、养老保险基本实现了全覆盖，但是整体保障水平有待提升。比如，农村居民基本养老保险为每人每月120元，而城镇职工平均2300元。大量农民基于避险考虑，更倾向于储蓄而不是即期消费。课题组对2686名镇村干部的调查结果显示，因上学和医疗负担重、家庭债务、社会保障制度不健全等因素导致农民不敢消费的，分别占62.7%、33.7%和27.0%（见表3-6）。三是农村消费基础设施与消费环境短板突出，农民和下乡群体"不便"消费。农村基础设施规划建设长期游离于城镇建设之外，导致农村道路基础设施不健全，抑制了汽车等大宗工业品消费需求；农村便利店、商贸综合体等商业网点建设滞后，农民还不能便利地买到质优价廉的工业品，消费成本比较高；随着农村物流体系不断健全，工业品下乡愈发便利，但是围绕产品安装、使用、维护等相关"服务下乡"不协同，抑制了部分工业产品下乡消费；农村市场监管机制不健全也导致"山寨货"横行问题突出，消费环境堪忧；农村绿色优质农产品供给能力不足，不能很好地满足城镇居民个性化、品质化、多样化消费需求，同时，乡村服务业品质化和精细化程度不高，对城市居民下乡消费的吸引力也不强。

表 3-6   当前扩大农民消费支出面临的主要困难

选项	小计（人）	比例（%）
农民收入不高	1865	69.43
上学和医疗负担重不敢消费	1684	62.70
不少农户家庭有负债	906	33.73
社会保障不健全	725	26.99
农民有节俭、爱存钱的习惯	717	26.69
农民文化娱乐需求得不到满足	423	15.75
农民购物不方便	309	11.5
缺少物美价廉的商品	251	9.34
其他	184	6.85

资料来源：基于课题组对全国 2686 名镇村干部的问卷调查，问题设置为"您认为当前扩大农民消费支出面临的主要困难有什么？"多项选择题但最多选择三项。

2. 从投资看，扩大社会资本投资农业农村有"三项制约"

社会资本是投资农业农村的主力军，但是近年来社会资本在农业农村的投入波动性较大。2018 年以来，农林牧渔业民间固定资产投资累计增速快速波动下降，特别是 2019 年 4 月以来，连续 7 个月出现负增长（见图 3-14），

2017~2020 年农林牧渔业民间固定资产投资累计增速变异系数分别是
0.1310、0.2778、5.6098 和 26.2438，即使剔除 2020 年新冠肺炎疫情影响，
社会资本投资农业的不稳定情况近年来正在成倍增加，这主要来源于三个方
面的影响。一是政策的不稳定性。农业政策直接影响着农业农村资本投入，
但是我国部分产业政策导向变动大，对社会资本投资农业造成了困扰，如基
于保护生态环境需要，叠加应对非洲猪瘟，2018 年我国南方水网地区大面
积禁止或限制生猪养殖，导致 2018 年全国农业固定资产投资快速下降；受
猪价快涨、猪肉供应短缺的影响，2019 年 9 月国家转而大力鼓励生猪养殖，
恢复南方地区生猪生产，农业固定资产投资随之恢复性增长，产业政策
"过山车"式的变化既不利于稳定投资，也不利于乡村产业发展。二是投资
缺乏产权保护。我国农村产权保护制度还不健全，部分地区存在企业投资产
权受侵害的问题，导致企业投资现代农业积极性受挫，抑制了农村投资扩
张。如拆"大棚房"就是典型事例，由于最初国家对设施农用地的使用范
围、规划安排、选址要求、使用周期等未作明确规定，地方政府在执行过程
中放宽标准或打擦边球，导致许多地方出现了"大棚房"，不少农业企业建
设的"大棚房"均有合法的手续及相应的产权证明，在"大棚房"整治过
程中，不仅没有给企业留出适当缓冲期，也没有给予企业投资的合理补偿，
既拆掉了企业"违规"的"房"，又挫伤了企业投资的"心"。再如在某地
调研发现，一家工商企业流转农民土地办休闲农业，投入了大量的基础设
施，效益也不错，许多农民"眼红"强行要求回收土地，当地政府为了防
止农民闹事，只好协调企业退还土地经营权，企业大量投入化为乌有。三是
农村要素市场不健全。社会资本下乡一般投资规模较大，领域较为广泛，要
素需求结构具有明显的数量密集性、种类多样性与层次高位性等特征。当
前，我国农村要素市场体系建设比较滞后，社会资本下乡投资普遍面临"用
地难"问题，课题组的调查显示，45% 的民营企业受制于"用地难"问题。
从设施农用地看，为严格保护耕地，流转基本农田发展设施农业的企业根本

无法获得设施农用地，一般农田可用于设施农用地的指标也难用于产业项目；从建设用地看，一些宅基地和农房长期闲置、空置，却无法成为农村产业发展用地来源；"融资难"问题也较突出，民营企业大量投入凝结在农业生产设施与生物资产上，但农村产权制度改革、金融产品创新滞后，导致其无法抵押融资，只能抱着死资产"讨饭吃"。农村要素供给难以满足社会资本发展需求，成为了社会资本下乡投资、扩大农村内需的障碍之一。

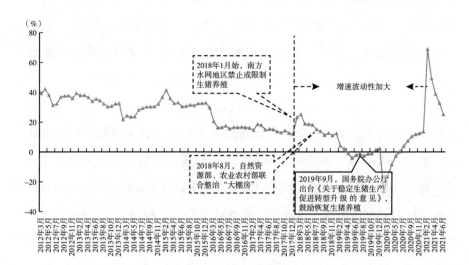

图 3 – 14　2012 ～ 2021 年农林牧渔业民间固定资产投资累计增长

资料来源：国家统计局官网。

3. 从流通看，农村物流加速生产与消费循环存在"三块短板"

流通是连接生产和消费，畅通经济循环的重要环节，当前农村物流加速生产、消费循环的作用还不强，我国城乡生产和消费对接不畅，主要表现为：部分地区存在物流下行"最后一公里"问题，特别是农产品上行困难，许多地区普遍存在工业品下行和农产品上行不衔接问题，即"满车下乡、空载返城"，这些问题的形成主要受如下因素制约。一是农村物流基础能力不强。课题组对全国部分镇村干部的调查发现，约 60.8% 的镇村干部认为设施不足是农村物流最大短板，其中，认为农产品出村进城困难、农村交通不便利的分别占52.8%和36.2%，这些充分反映了农村物流基础设施短板问题（见图3－15）。此外，还存在农产品品牌不足、上行缺乏标准等问题（见表3－7）。二是数字化平台建设滞后。数字化平台是构建农村物流的关键支撑，也是串联上行和下行通道、加速生产和消费的组织中心。由于我国农业小规模、细碎化、非标准化的状态没有发生根本性改变，数字化平台向农业生产端延伸成本较高，因此已有的涉农数字化平台业务或集中工业品下乡，或者集中于农产品城市配送，如京东、淘宝、拼多多等现有电商平台向农村拓展消费以产品下行为主，而盒马生鲜、每日优鲜等电商平台以生鲜农产品在城市上行为主，导致工业品下行和农产品上行分属两条不同路线，即还没有数字化平台从时间、数量、规格等方面集中整合和串联上行与下行物流资源及线路，不利于农村物流成本降低，城乡居民消费积极性受到较大影

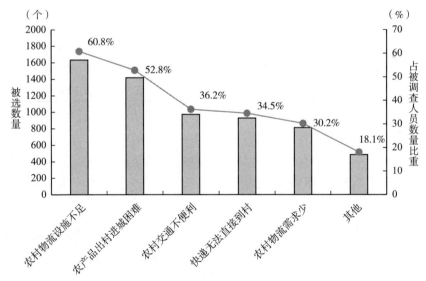

图3－15 当前农村物流发展面临的主要困难

资料来源：基于课题组对全国2686名镇村干部的问卷调查，问题设置为"您认为当前农村流通发展面临哪些主要困难？"多项选择题但最多选择三项。

响。三是缺乏推动农产品跨时空消费的供应链链主企业。促进农产品消费，需要供应链链主企业支撑，通过这些企业的作用，既要实现农产品远距离运输、反季节消费，又要实现用消费信息重塑农业生产，促进供给结构适应消费需求的变化。近年来，农村地区虽然出现了一些规模种养殖、农产品加工、电商及旅游等领域的企业，但行业龙头企业发育不足，能够发挥供应链链主企业作用的市场主体更是凤毛麟角。即便有阿里巴巴、京东、顺丰等供应链链主企业在农村地区持续进驻，但其主要业务方向还是将更多工业品推向农村，其供应链服务没有前置布局到农业生产环节，依据消费信息反向整合生产的实践还较少。

表 3 – 7　　　　　　　　　农产品电商存在的主要问题

选项	小计（个）	比例（%）
缺乏品牌	1467	54.62
农产品标准化水平低	1384	51.53
农产品规模化供给不足	1357	50.52
电商从业人员缺乏专业培训	1227	45.68
电商物流设施不完备	1047	38.98
其他	302	11.24

资料来源：基于课题组对全国 2686 名镇村干部的问卷调查，问题设置为"您所在村农产品电商存在哪些主要问题?"多项选择题但最多选择三项。

三、扩大农村内需新空间找寻

扩大农村内需，要找寻惠民生、促发展的新空间，特别是要紧扣当前发展形势和主要问题，结合好前两次扩大农村内需的经验教训。

（一）判断依据

农村内需内涵丰富、领域广阔，围绕人民群众对美好生活向往的需要，基于短期扩大内需与中长期战略需要、需求侧管理与供给侧改革、增加投资和扩大消费"三个并重"的原则，本章确立总量提升、结构优化、效率改善"三项准则"，作为找寻农村内需新空间的依据。

1. 立足总量提升，重点关注薄弱地区和薄弱领域

即"总量提升"旨在解决"有没有"的问题。当前，我国乡村建设任务重，围绕农村人口生产、生活的需求较多，相关产品和服务供给存在较大缺口，这些供需缺口即为总量提升的重要着力点。从区域看，我国幅员辽阔、区域发展差别大，部分地区围绕生产、生活、生态的基础设施建设及公共服务供给等供需缺口较大，应是扩大农村内需的重要方向。从领域看，随着农村居民收入水平及上一轮消费品补贴政策刺激，我国农村耐用消费品需要总体得到满足，城乡耐用消费品拥有量差距较小，但是仍有部分领域的消费需求大、供给水平低，识别出的这些领域即为扩大农村内需的新空间。

2. 立足结构优化，重点关注农村产品与服务供给的优化升级

即"结构优化"旨在解决"好不好"的问题。近些年，在国家大量投入下，我国乡村面貌焕然一新，农村基础设施建设和公共服务供给加快改善，在数量上达到了一定水平。但是，基础设施建设、公共服务供给等层次还不高，特别是与城镇地区、与经济发达地区相比存在较大差距。基于满足农村居民对美好生活向往的需要，以及实现共同富裕目标，农村产品和服务供给的优化升级蕴含着充足的内需空间。因此，开辟农村内需新空间，既要在弥补总量不足上下功夫，更要在优化结构升级上做文章。

3. 立足效率改善，重点关注农村消费和投资的堵点和难点

即"效率改善"旨在解决消费、投资、流通效率"高不高"的问题。近年来，我国农村消费总额、投资规模总体都在快速增加，但是基于加速经济循环尺度审视，存在些许运行效率不高的问题。例如，农村物流体系建设相对滞后，工业品下乡、农产品进城还存在梗阻，运行效率也不高，制约了农村消费；再如，农村要素市场化程度不高，社会资本下乡遭遇土地、资金

等要素瓶颈，不利于吸引社会资本下乡、扩大农村投资。打通这些堵点和难点问题，能加快畅通农村经济循环、扩大内需，识别出的堵点、难点问题，亦是扩大农村内需的重要新空间（见图3–16）。

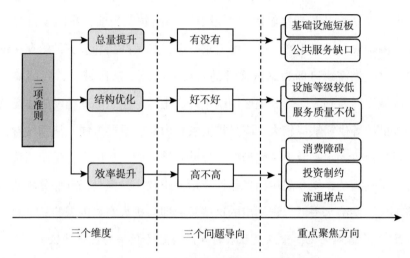

图3–16　扩大农村内需新空间判断依据

资料来源：笔者绘制。

（二）空间识别

基于总量提升、结构优化、效率改善"三项准则"，结合课题组的实地调查及相关文献资料梳理，确立如下农村内需新空间。

1. 围绕总量提升，重点区域瞄准中西部地区，重点领域锚定"三大领域"

从区域看，我国中西部地区乡村建设蕴含充足内需空间。近几年，在国家大力投入特别是决胜脱贫攻坚作用下，中西部地区乡村建设成效显著。但是，与东部地区相比，农村道路交通、生活能源、通信设施、环境卫生、文化教育、医疗卫生、商品市场、住房条件、生活用水、卫生厕所等方面差距较大（见表3–8）。推进中西部地区农村上述内容建设，补齐农村生活条件的区域差异，应是当前扩大农村投资的重点方向。考虑到我国人口城镇化仍在持续，未来还将有大量人口涌入城镇，部分村庄将收缩发展，建议以差异化原则，补齐中西部农村地区生活条件设施短板，即对城郊型等重点村庄加大建设投入，提高相关设施建设标准，对那些人口数量较少、规模收缩型村庄适度补齐设施差距，达到保障基本生产生活标准。

表 3-8　　　　　　　　我国不同区域镇、村基础设施　　　　　　单位：%

类型	指标	全国	东部	中部	西部	东北
道路交通设施	通公路的村	99.3	99.9	99.5	98.3	99.7
	按通村主要道路路面类型分的村					
	#水泥路面	76.4	76.4	86.1	70.2	59.3
	柏油路面	20.2	22.2	12.3	22.5	35.1
	沙石路面	2.3	0.6	1.0	5.3	3.5
	按村内主要道路路面类型分的村					
	#水泥路面	80.9	84.0	89.7	72.7	60.0
	柏油路面	8.6	11.1	3.4	9.0	15.9
	沙石路面	6.7	2.4	4.7	11.7	18.9
	村内主要道路有路灯的村	61.9	85.9	59.8	35.5	54.1
能源通信设施	安装了有线电视的村	82.8	94.7	82.9	65.5	95.7
	通宽带互联网的村	89.9	97.1	92.7	77.3	96.5
	有电子商务配送站点的村	25.1	29.4	22.9	21.9	24.1
主要生活能源构成	柴草	44.2	27.4	40.1	58.6	84.5
	煤	23.9	29.4	16.3	24.8	27.4
	煤气、天然气、液化石油气	49.3	69.5	58.2	24.5	20.3
	沼气	0.7	0.3	0.7	1.2	0.1
	电	58.6	57.2	59.3	59.5	58.7
	太阳能	0.2	0.2	0.3	0.3	0.1
	其他	0.5	0.2	0.2	1.3	0.1

续表

类型	指标	全国	东部	中部	西部	东北
环境卫生	集中或部分集中供水的乡镇	91.3	96.1	93.1	87.1	93.6
	生活垃圾集中处理或部分集中处理的乡镇	90.8	94.6	92.8	89.0	82.3
	生活垃圾集中处理或部分集中处理的村	73.9	90.9	69.7	60.3	53.1
	生活污水集中处理或部分集中处理的村	17.4	27.1	12.5	11.6	7.8
	完成或部分完成改厕的村	53.5	64.5	49.1	49.1	23.7
文化教育	有剧场、影剧院的乡镇	11.9	18.5	14.4	7.9	5.9
	有体育场馆的乡镇	16.6	20.5	19.4	13.5	12.1
	有公园及休闲健身广场的乡镇	70.6	83.2	73.9	59.4	84.0
	有幼儿园、托儿所的村	32.3	29.6	36.5	33.0	25.8
	有体育健身场所的村	59.2	72.2	55.5	46.0	62.8
	有农民业余文化组织的村	41.3	44.4	40.8	36.7	47.1
医疗养老卫生	有社会福利收养性单位的乡镇	66.8	71.7	87.7	53.3	57.0
	有本级政府创办的敬老院的乡镇	56.4	61.9	78.0	43.3	40.8
	有卫生室的村	81.9	71.9	89.3	86.9	86.2
	有执业（助理）医师的村	54.9	49.4	66.7	49.9	60.6
商品市场	有商品交易市场的乡镇	68.1	75.5	72.3	62.0	65.1
	有粮油、蔬菜、水果为主专业市场的乡镇	39.4	40.2	43.8	36.2	40.7
	有50平方米以上的综合商店或超市的村	47.5	50.2	54.8	34.0	65.6
住房结构	钢筋混凝土	12.5	15.7	13.5	9.5	5.3
	砖混	57.2	57.9	65.3	50.6	47.8
	砖（石）木	26.0	25.1	18.9	30.9	42.5
	竹草土坯	2.8	0.9	1.5	5.9	3.6
	其他	1.4	0.5	0.8	3.1	0.9
饮用水来源	经过净化处理的自来水	47.7	62.3	43.9	38.2	36.1
	受保护的井水和泉水	41.6	33.5	42.8	45.8	58.5
	不受保护的井水和泉水	8.7	3.5	11.9	11.8	5.3
	江河湖泊水	0.6	0.1	0.4	1.3	0.0
	收集雨水	0.7	0.0	0.4	1.7	0.0
	桶装水	0.3	0.2	0.4	0.4	0.0
	其他水源	0.4	0.3	0.3	0.8	0.1

资料来源：国家统计局官网《第三次全国农业普查主要数据公报》。

　　从领域看，农村生产基础设施、应急基础设施和服务消费既是当前主要短板、也是扩大内需潜力所在。①农村生产基础设施。经过多年的投入建设，我国农村生活基础设施建设效果明显，但是生产基础设施相对落后。特别是农业生产基础支撑还不牢固，低产田还有0.27亿公顷、占到耕地面积的22%[①]；农产品分拣、仓储、烘干、保鲜、包装等设施明显不足，水果、蔬菜等产后损耗率高达20%[②]；乡村旅游配套设施和公共服务短板突出；仓储物流短板尤其严重，目前只有大概41.7%的农产品批发市场建有冷库，11.1%配备了冷藏车，12.9%有陈列冷柜[③]。这些生产基础设施短板问题严重制约了乡村产业发展，抑制了城乡内需有效释放，应成为扩大农村内需投资的重点。②农村应急基础设施。应急基础设施对切实维护人民群众生命财产安全和社会稳定具有重大战略意义。我国农村防疫、防洪、抗旱、火灾防救等抗灾、减灾、救灾设施建设薄弱，尤其是在新冠肺炎疫情期间暴露出了乡村医疗服务供给不足、防控物资缺乏等明显短板，以及2021年河南省局部暴雨灾害中显现出的防洪救灾设施短缺等问题，多次表明强化农村应急基础设施建设刻不容缓。③农村服务消费。我国农村商品消费发展较快，城乡差距相对较小，但是服务消费供给水平还较落后，教育、医疗、健康管理、文化、养老、家电维修等服务供给不能满足当前农村居民消费需求。课题组的问卷调查显示，当前农村居民对教育、医疗、社会保险等消费需求旺盛，分别占问卷调查总人数的57.78%、39.76%和36.45%（见表3-9）。扩大农村内需，要紧扣农村居民教育、医疗、健康管理、养老、家电维修、文化、休闲娱乐、餐饮等服务消费领域。

---

①② 农业农村部网站．中央农办、农业农村部负责人就扩大农业农村有效投资答记者问［N/OL］．（2020-7-13）［2020-7-30］．http：//www.gov.cn/zhengce/2020-07/13/content_5526493.htm.

③ 马晓河，刘振中．"软硬兼施"补齐农村基础设施短板［N］．大众日报，2020-03-31（10）.

表 3 - 9   收入提高后农民改善消费的主要方向

选项	数量（人）	比例（%）
教育	1552	57.78
住房	1344	50.04
医疗	1068	39.76
各类社会保险	979	36.45
家电、汽车等耐用消费品	858	31.94
休闲、旅游、娱乐	782	29.11
食品、餐饮	472	17.57
衣物	138	5.14
其他	137	5.1
各种礼金	101	3.76

资料来源：基于课题组对全国 2686 名镇村干部的问卷调查，问题设置为"如果收入提高了，您觉得农民将主要改善哪些方面的消费？"多项选择题但最多选择三项。

2. 围绕结构优化，环境美化、设施升级、产品优化蕴含广阔空间

立足解决"好不好"的问题，农村消费和投资结构优化升级的重点方向要围绕村庄环境、基础设施和产品服务三个方面。

（1）村庄环境美化亮化。

虽然我国村庄环境建设改观很大，但是亦有较大的改进空间。如我国农村卫生厕所普及率超过 68%，生活垃圾收运处置体系覆盖 90% 以上的行政村[①]，但是垃圾收集、转运、处理能力还不高，脏乱差的面貌并没有完全得到治理；乡村绿化美化发展还很不平衡，一些地区还存在乡村绿化总量不足、质量不高的问题，与农民群众期盼的优美生态环境还有较大差距，仍然是乡村生态建设的突出短板。课题组的调查显示，位列农村最需要建设投资

---

① 为 2020 年数据，来自国务院新闻办公室网站. 国新办举行落实五中全会精神全面推进乡村振兴发布会图文实录［N/OL］.（2021 - 1 - 13）［2021 - 6 - 30］. http：//www. scio. gov. cn/xwfbh/xwbfbh/wqfbh/44687/44736/wz44738/Document/1696846/1696846. htm.

的前三项中，前两项均涉及农村美化亮化（见表3-10），其中，垃圾、污水收集处理设施占50.48%，村容村貌占46.24%，是当前农村地区需求最为迫切的建设内容。为此，要着力提升农村垃圾、污水收集处理能力，提升农村绿化美化水平，改善农村村容村貌。

（2）农村基础设施升级。

我国农村基础设施数量增长较快，但总体等级不高，如我国具备条件的建制村全部通硬化路，但是乡村公路等级普遍较低，部分乡村旅游热门地区、特色产业集聚区等道路不适应产业发展需要；农村自来水普及率达到83%[①]，但是自来水水质并不高，第三次农业普查结果显示，仅有47.7%的农户能饮用经过净化处理的自来水；行政村光纤和4G网络通达比例均已超过98%[②]，但是网络接入能力不高，适应农业物联网、乡村产业园生产需要的高速专用网络供给严重不足。课题组调研发现，当前农村地区对基础设施升级改造需求强烈，通村入户的道路升级维护位列农村最需要建设投资的前三项（见表3-10），其中，43.34%的镇村干部希望加强通村入户的道路升级和维护，村庄交通物流网点、自来水或饮用水设施、天然气等能源设施、村医务室升级改造，以及网络通信设施分别占22.67%、18.80%、17.16%、16.16%和9.12%。立足农民高品质生活和乡村产业高质量发展要求，在本轮扩大农村内需中，要将农村水、电、路、气、网等基础设施升级建设列为重点建设内容，考虑到农村人口城镇化仍在持续、部分村庄在收缩发展，建议重点在人口规模较大的城郊融合型村庄、中心村庄，以及特色产业集聚区，推进基础设施的改造升级。

---

①② 为2020年数据，来自国务院新闻办公室网站. 国新办举行落实五中全会精神全面推进乡村振兴发布会图文实录［N/OL］.（2021-1-13）［2021-6-30］. http：//www. scio. gov. cn/xwf-bh/xwbfbh/wqfbh/44687/44736/wz44738/Document/1696846/1696846. htm.

表 3 – 10   农村地区或本村最需要投资建设的领域

选项	数量（人）	比例（%）
垃圾、污水收集处理设施	1356	50.48
村容村貌	1242	46.24
通村入户的道路升级和维护	1164	43.34
公共活动场所和文体设施	984	36.63
村庄交通、物流网点	609	22.67
村级幼儿园、小学	509	18.95
自来水或饮用水设施	505	18.80
天然气等能源设施	461	17.16
村医务室升级改造	434	16.16
网络通信设施	245	9.12
其他	72	2.68

资料来源：基于课题组对全国 2686 名镇村干部的问卷调查，问题设置为"本辖区农村地区或本村最需要投资建设的领域有哪些？"多项选择题但最多选择三项。

（3）优质产品服务供给。

长期以来，农村地区多被定位为低端消费市场，消费品类少、质量差、退换慢等老大难问题持续存在。相比城镇，优质商品和服务供给存在较大差距，难以满足农村居民逐渐升级的消费需求，制约了农村消费潜力的释放。如"六个土核桃""Cole 可乐""康帅傅"等"李鬼"产品横行，农村成假货山寨食品的主要销售集散地，在小超市、小卖部、集市等地方，山寨食品泛滥，有的山寨食品在农村卖得不错，有的甚至销售火爆，并且不少农村孩子长期食用山寨食品（崔国强，2019）。课题组调研过程中，不少农村居民表达了对优质产品和服务的强烈诉求，如湖北省某市某全国农机合作社示范社理事长谈到，"希望乡镇上能有个咖啡馆，这样可以在咖啡馆谈生意；镇上有健身房，有好的健身设施就更好了；还有，现在县城里服务配套不行，合作社想做个宣传海报，跑遍整个县城也找不到能做的人。"由此可见，增加农村优质消费品供应和生活服务供给，既有广阔的市场空间，又是实现人民美好生活向往的迫切需要，是扩大农村内需的重点方向之一。考虑到优质产品和服务供给的特点，即贴近终端市场、具备一定消费规模，建议以扩大县域消费为抓手，加快推进县域补短板，加强县域乡镇商贸设施和到村物流站点建设，支持食品、日化、金融、保险等相关企业开发适合农村消费的产品和服务，把县域建成服务农民的中心，增加农村优质产品和服务供给，带动农村消费。

3. 围绕效率改善，重点做好畅通城乡经济循环的"四篇文章"

由于我国新型城乡关系还没有完全定型，农村消费、投资、流通等还存在许多堵点、障碍，抑制了农村内需潜能有效释放，扩大农村内需，要做好打通堵点、清扫障碍的大文章。

（1）农村要素市场化建设。

我国城乡要素不平等交换和要素单向流出农村的局面已经大为改观，但城乡要素合理流动的体制机制障碍还没有被完全破除，农村要素市场化配置机制不健全，农村要素资源无法得到有效盘活，抑制了社会资本下乡投资。扩大农村投资，重点是扩大社会资本投入，关键是破除农村要素市场化配置障碍。建议重点围绕"人、地、钱、技"等要素，着力打破阻断、妨碍城乡要素自由流动和优化配置的瓶颈制约，健全要素市场体系，完善市场交易功能，畅通城乡要素流动渠道，加快改变资源要素向城市单向流动的格局，促进城乡要素高效对流。其中，推进农村土地要素市场化配置具有关键性意义，土地要素不能充分流转，其他要素就很难实现高效组合，要加快建设城乡统一的建设用地市场，稳慎推进农村宅基地制度改革，探索农民土地承包权、宅基地使用权、集体收益分配权的退出和流转机制，盘活利用农村存量建设用地，提高土地资源配置效率（涂圣伟，2021）。此外，要加强农村投资产权保护，加快推进农业设施确权颁证，着力做好产权权益保障与农村信用体系建设，解决社会资本下乡投资产权保护不足的问题。

（2）城乡商品服务流通网络建设。

流通是畅通城乡经济循环、扩大农村内需的重要基础，承担着引导生产和促进消费的双重职能。针对当前我国城乡生产和消费对接不畅、供需结构性错配及流通障碍等问题，扩大农村消费要在以下方面下力气：①要加快完善县乡村三级农村物流配送体系，健全农村物流基础能力；②打造农村数字化平台，促进工业品下乡和农产品进城有效衔接；③大力培育农产品供应链链主企业，依托链主企业重塑农业生产，促进农产品出村进城；④注重农村消费环境建设，依法打击假冒伪劣、虚假宣传、价格欺诈等违法行为，规范农村市场秩序。

（3）县域联动城乡经济功能强化。

发展县域经济是实现城乡互促、扩大农村内需的重要切入点。当前，我国县域功能还不健全，县域缺乏承接适宜产业转移和服务带动乡村的能力，特别是社会资本下乡投资大多普遍面临产业配套设施不足，城市物流、金融、信息等专业服务向农村拓展渗透不顺畅，导致社会资本下乡投资和农村消费提升"两个效率"不高。加快城乡经济循环、扩大农村内需，要牢牢抓住县域这个重要载体，增强县域综合服务功能，重点方向是加快以县域为载体的城镇化建设，推进县域基础设施提档升级和产业培育设施提质增效，提升县域承载产业发展和就业创业能力，搭建县域面向乡村产业发展和消费服务平台，强化对城市要素入乡发展、城市人口入乡消费的服务保障。

（4）农村资产运营管理强化。

我国农村拥有大量的资源资产，特别是近些年在国家大力投入下，积累了大量的基础设施资产，但是这些资产的运营管理制度还不健全。如农村大量的土地、房屋资产闲置，无法转化为社会资本下乡投资的资源要素来源；农村基础设施管护机制不健全，"重建设、轻管理"的现象普遍存在，工程长期效益尚未得到很好发挥，不仅侵蚀了基础设施投资效率，而且因基础设施缺乏有效管护限制了设施功能发挥，抑制了农村消费和投资。促进农村消费和投资潜能有效释放，要强化农村资产运营管理，既要建、更要管。一方面，要盘活农村资产，提高农民资产性收入，提升农民消费能力；另一方面，要强化既有资产对投资和消费的服务功能，围绕产业发展，配套基础设施建设和运营维护，围绕农村消费便利化环境建设，要提升农村道路、电力、通信等设施服务消费的合力（见表3-11）。

表3-11　　　　　　　扩大农村内需新空间问题梳理

类型	领域	重点方向
总量提升	重点区域：中西部地区基础设施和公共服务	①补齐农村道路交通、生活能源、通信设施、环境卫生、文化教育、医疗卫生、商品市场、住房条件、生活用水、卫生厕所等；②对城郊型等重点村庄加大建设投入，提高相关设施建设标准，对那些人口数量较少、规模收缩型村庄适度补齐设施差距，达到保障基本生产生活标准
	重点领域：生产设施、应急设施和消费服务	①农村生产基础设施：高标准农田、仓储物流、冷链设施、旅游设施等；②农村应急基础设施：农村防疫、防洪、抗旱、火灾防救等设施；③农村服务消费：农村居民教育、医疗、健康管理、养老、家电维修、文化、休闲娱乐、餐饮等
结构优化	村庄环境美化亮化	①提升垃圾转运收集、转运、处理能力；②提高乡村美化绿化水平；③增强农村污水设施和收集能力；④改善农村容村貌
	农村基础设施升级	①将农村水、电、路、气、网等基础设施升级建设列为重点建设内容；②重点在人口规模较大的城郊融合型村庄、中心村庄，以及特色产业集聚区，推进基础设施的改造升级
	优质产品服务供给	围绕优质生活产品及餐饮、教育、文化等生活服务，建议以扩大县域消费为抓手，加快推进县域补短板，加强县域乡镇商贸设施和到村物流站点建设，支持食品、日化、金融、保险等相关企业开发适合农村消费的产品和服务，把县域建成服务农民的中心，增加农村优质产品和服务供给，带动农村消费
效率提升	农村要素市场化建设	①重点围绕"人、地、钱、技"等要素，着力打破阻断、妨碍城乡要素自由流动和优化配置的瓶颈制约，完善市场交易功能；其中，推进农村土地要素市场化配置具有关键性意义；②加强农村投资产权保护，加快推进农业设施确权颁证，着力做好产权权益保障与农村信用体系建设

类型	领域	重点方向
效率提升	城乡商品服务流通网络建设	①完善县乡村三级农村物流配送体系，健全农村物流基础能力； ②打造农村数字化平台，促进工业品下乡和农产品进城有效衔接； ③大力培育农产品供应链链主企业，依托链主企业重塑农业生产，促进农产品出村进城； ④注重农村消费环境建设，依法打击假冒伪劣、虚假宣传、价格欺诈等违法行为
	县域联动城乡经济功能强化	①加快以县城为载体的城镇化建设，推进县域基础设施提档升级和产业培育设施提质增效； ②搭建县域面向乡村产业发展和消费服务平台，强化对城市要素入乡发展、城市人口入乡消费的服务保障
	农村资产运营管理强化	①盘活农村资产，提高农民资产性收入，提升农民消费能力； ②强化既有资产对投资和消费的服务功能，围绕产业发展，配套基础设施建设和运营维护，围绕农村消费便利化环境建设，要提升农村道路、电力、通信等设施服务消费的合力

资料来源：笔者整理。

（三）优先序

扩大农村内需是一项长期战略，不是应对当前国内外经济形势的短期行为，既不能搞"一刀切"，更不能搞"齐步走"，要循序渐进、抓住重点，找准突破口，排出优先序，突出重点区域和关键群体工作。

1. 从区域看，优先聚焦832个脱贫县和易地扶贫搬迁集中安置区

我国脱贫攻坚战取得了全面胜利，832个贫困县全部摘帽。"十三五"时期，960多万人口的易地扶贫搬迁任务全面完成。基于巩固拓展脱贫攻坚成果同乡村振兴有效衔接要求，实现脱贫基础更加稳固、成效更可持续，扩大农村内需要优先保障这些地区产业高质量发展和人民高品质生活。

围绕总量提升，要强化"三类设施"投资建设。过去一段时期，在国家全力支持与大力投入下，这些地区水、电、路、气、房、网等生活基础设施建设取得了显著成效，能满足脱贫人口后续生产生活，但是生产基础设施、应急基础设施和服务消费设施短板突出，这是投资建设的重点。特别是

生产基础设施缺口较大，围绕扶贫产业的道路、物流、仓储、销售等设施严重不足，要加大投入建设，补充产业发展配套设施，提升产业富民能力。此外，要着力强化易地扶贫搬迁集中安置区文化服务类设施建设，满足搬迁人口文化生活需要，促进社会融入。

围绕结构优化，重点是强化优质产品服务供给。长期以来，脱贫县及部分易地扶贫搬迁集中安置区是我国优质产品和服务供给的末端，广大农村居民对优质产品和服务需求较大，要以县域建设为抓手，优化消费服务设施。

围绕效率改善，重点是强化县域功能。这些地区农村要素市场化、城乡商品服务流通网络、农村资产运营管理虽然也存在着较大短板和不足，但是，县域联动城乡发展功能不足是制约这些地区投资扩大、消费升级的重要问题。因此，改善这类地区农村经济循环效率，要抓住县域这个"牛鼻子"，深入推进县域补短板，以县域带动农村内需释放。

2. 从人群看，优先聚焦农村中低收入群体

按照世界银行中低收入人群标准衡量，即人均每天收入在 10 美元以下。2019 年，我国农村还有 60% 的人口即 33096 万人，其中，还有每人每天收入不足 3 美元的低收入人群 11032 万人（马晓河，2021）。这部分群体基数大、边际消费倾向高，是扩大农村内需的重点群体。

提升农村中低收入群体消费水平、实现这部分群体对美好生活向往夙愿，关键是要解决"没钱消费""不敢消费"这两个突出问题。释放农民消费潜力、扩大内需的重要基础是提高收入水平，建议从"十四五"时期开始，着力实施农村中低收入群体"十年收入倍增计划"，具体从三个方面发力：一是对农村居民实施就业专项工程，增加对农民的技能培训补助支持，对农民经营高附加值农业建立无息贷款专项基金，为农民工资性、经营性增收强化支撑。二是落实土地财产权抵押担保权能，推进闲置房屋出租、合作、入股、联营，落实农村宅基地"三权分置"，完善农村集体产权权能，

健全农村集体产权交易市场，围绕集体"三资"开发利用和管理，引导村集体按照股份制、租赁制、合作制、混合制等方式，发展壮大新型农村集体经济，增加农民财产性收入。三是健全社会保障制度，大幅增加农村公共服务投入，提高农民大病医疗补助标准，建议农民基本养老金补助标准提升至200元以上，降低农村人群生存成本。

四、结论

扩大农村内需，畅通城乡经济循环，对加快培育完整内需体系，构建新发展格局具有重大意义。本章通过为应对1997年亚洲金融危机、2008年世界金融危机，两次扩大农村内需政策的比较分析，对当前农村消费、投资、流通等内需的发展形势和主要问题进行分析，立足满足农村居民对美化生活的向往和实现城乡居民共同服务的目标，确定了本次扩大农村内需的新空间和主攻方向，具体有如下结论。

第一，与前两次扩大农村内需相比，本次扩大农村内需要实现"五个转变"。即从"短期应对"向"短期应对与中长期战略并重"转变，从"需求侧管理"向"需求侧管理与供给侧改革并重"转变，从"围绕化解城市过剩产品的'工具理性'"向"立足满足农民对美好生活向往的'价值理性'"转变，从"以扩大投资为主"向"扩大投资与扩大消费并重"转变，从"以农村为主"向"农村、县域并重"转变。

第二，农村消费、投资、流通蕴含着大量内需空间，但也存在许多堵点和制约。从消费看，"农村居民消费加快"向"发展享受型消费"转变，消费倾向呈现农村高于城镇、当前高于过去、消费支出增速高于收入增速、中西部地区高于东部地区的"四个高于"特征，但存在农民增收机制不健全、农村社会保障制度不健全、农村消费环境不健全"三个不健全"的关键障碍；从投资看，社会资本成为农业农村投资最活跃的力量且投资领域越来越宽阔，但存在投资政策不稳定、产权保护不有力、要素市场不健全的"三项制约"；从流通看，农村电商正在蓬勃发展，现代物流服务农民、重塑农业、加速城乡经济循环的作用逐渐凸显，但存在物流基础能力不强、数字化平台建设滞后、供应链链主企业缺乏等突出短板。

第三，找寻农村内需新空间要立足总量提升、结构优化、效率改善"三项准则"，聚焦特殊地区和特殊群体。围绕总量提升，重点聚焦中西部地区基础设施建设和公共服务供给，强化农村生产基础设施、应急基础设施建设和服务消费供给；围绕结构优化，要在村庄环境美化亮化、农村基础设施升级、优质产品服务供给上下功夫；围绕效率提升，要突出抓好农村要素市场化建设、城乡商品服务流通网络建设、县域联动城乡经济功能强化、农村资产运营管理等工作。此外，从区域看，要优先促进832个脱贫县和易地扶贫搬迁集中安置区的农村内需释放；从人群看，着力提升农村中低收入群体消费水平。

（执笔人：周振）

本章参考文献

［1］崔国强. 山寨食品横行农村成"健康杀手"［J］. 农家参谋, 2019（8）.

［2］郭振宗. 对"家电下乡"成效的思考［J］. 管理观察, 2009（14）：17 – 18.

［3］贺雪峰. 从家电下乡谈理性扩大农村消费［J］. 中国金融, 2009（6）：81 – 84.

［4］林光华, 沈卫平, 钱鑫. 耐用品消费的内需扩大效应——基于农村家庭支出结构的视角［J］. 江苏社会科学, 2013（6）：53 – 58.

［5］马洪, 陆百甫. 中国宏观经济政策报告［M］. 北京：中国财政经济出版社, 1999.

［6］马晓河. 要高度重视农村中低收入者问题［J］. 全球化, 2021（3）：5 – 12.

［7］孙明春. 2008：中国产能过剩继续显现［J］. 中国发展观察, 2008（2）：17.

［8］涂圣伟．激发"三农"潜力要畅通城乡经济循环［N］．经济日报，2021 – 03 – 19.

［9］于文超，殷华．财政补贴对农村居民消费的影响研究——基于"家电下乡"政策的反事实分析［J］．农业技术经济，2015（3）：63 – 72.

［10］郑筱婷，蒋奕，林暾．公共财政补贴特定消费品促进消费了吗？——来自"家电下乡"试点县的证据［J］．经济学（季刊），2012（4）：157 – 178.

第四章
农村低收入群体消费的主要特征、存在问题及政策建议

内容提要： 在新发展格局中消费的基础作用将进一步凸显，农村居民、低收入群体的消费是"双循环"的重中之重，也是乡村振兴的重要内容。通过对微观调查数据的分析发现，近年来农村低收入群体消费增速更高、不同群体之间消费差距缩小，但收不抵支现象更加严重；低收入人群的恩格尔系数显著下降，但仍有25%以上的低收入群体该系数高于40%；低收入家庭的教育支出明显增加，人力资本投资意愿增强，但与此同时医疗支出占比也有所增加，医疗负担有所加重。当前限制农村低收入群体消费的主要原因包括：一是收入增长缓慢，导致低收入群体的消费能力不足；二是债务负担过重，显著挤出消费；三是各类社会支持和外部保障不足，如医疗保险、社会保障等，社会兜底政策不足导致低收入群体的消费意愿不强。扩大农村低收入群体的消费，要加强对整个农村经济的系统性支持，使他们不仅有能力消费，而且有意愿消费。

在国内经济增长新旧动能转换和构建国内国际"双循环"新发展格局的关键时期，消费成为拉动国内经济增长的第一大引擎。随着国内疫情防控取得明显成效，我国消费虽整体持续稳步向好，但农村消费恢复缓慢。目

前，我国仍有 6 亿人口月收入不足 1000 元，且大部分分布在农村，提高农村低收入人群的收入水平，增强这部分群体的消费能力、消费意愿，以及消费便利度，是未来扩大内需这一战略基点的重点之一。

一、扩大低收入人群消费的重大意义

在新发展格局中消费的基础作用将进一步凸显，扩大农村居民消费是"双循环"的重中之重，也是乡村振兴的重要内容。消费是一切经济活动的起点和落脚点，是加快释放内需潜力、增强经济持续健康增长动力的主要着力点。在推动形成以国内大循环为主体、国内国际双循环相互促进的新发展格局中，打通制约经济增长的消费堵点，以消费升级引领供给创新、以供给提升创造消费新增长点，更好发挥消费在双循环新发展格局中的基础性和引领性作用，具有重要而深远的意义。新时代脱贫攻坚目标任务完成以后，"三农"工作重心将历史性地转向全面推进乡村振兴，充分激活和释放农村消费潜力就有着特殊而重要的意义。农村市场是我国国内消费市场的重要组成部分，我国农村人口占全国总人口的比重约 40%，庞大的消费群体基数使农村地区仍成为不可忽视的消费增量援军，多元化、高水平的新兴消费需求在农村地区正在不断加快积累和形成。近年来，农村消费保持较快增速，在整个消费市场中的地位越发凸显。根据统计局数据，2014 年以来，我国农村消费市场的平均增速快于城镇近 1.2 个百分点。

低收入阶层的消费潜力巨大，但受制于多种因素未能释放。根据 CHIPs 数据测算，2019 年我国家庭人均月收入在 500 元以下的约有 1 亿人，家庭人均月收入在 1000 元以下的约 3.1 亿人，家庭人均月收入在 2000 元以下的约 7.1 亿人。如果按照国家统计局使用的中等收入群体标准，目前我国大概有 9.1 亿低收入人口。在低收入群体中，5 亿~6 亿人的收入只能满足基本生活需要，在农村中收入最低的 20% 人群，消费率接近 100%，个别年份甚至超过100%，这导致这部分群体"想消费但没钱"；3亿~4亿人刚性储蓄较多，例如，为建房、治病、子女教育等事项进行储蓄。此外，部分低收入群体的债务负担过重，也拖累消费。

二、居民消费问题的理论基础

学术界对消费理论的研究由来已久，这些消费理论大多是在探索新问题过程中逐渐形成的，在对多种理论进行回顾后，我们发现，生命周期—持久收入假说有较强的解释力，本章也将基于生命周期—持久收入假说的基本思想，从收入群体的视角出发，对农民低收入群体的消费总量和消费结构进行研究分析，主要理论如下。

（一）绝对收入和相对收入消费理论

凯恩斯在《就业、利息和货币通论》一书中对消费函数进行了深入探讨，具体函数形式为：

$$C_t = \alpha + \beta I_t, \quad \alpha > 0, \ 0 < \beta < 1$$

其中，C_t 为消费支出，I_t 为可支配收入，α 为基本生活消费，β 为边际消费倾向。凯恩斯认为，消费支出与收入之间存在稳定函数关系，利息、政策等其余因素短期内比较稳定或对消费支出的影响很小。同时，随着收入增加，消费支出必然会随之增长，然而消费支出占收入的比率却在不断减少，即消费倾向递减规律。然而，库兹涅茨（1942）基于美国1869~1938年国民收入与个体消费数据，发现消费支出与可支配收入的比例较为稳定，也就是说长期消费函数中平均消费倾向并不呈现递减趋势，否定了凯恩斯的绝对收入假说消费倾向递减。随后，有学者提出新的消费函数理论。

杜森贝里（1949）在《收入、储蓄和消费者行为理论》一书中提出相对收入假说，具体函数形式如下：

$$C_t = \beta_0 + \beta_1 I_t + \beta_2 I_{t-1} + \varepsilon_t$$

其中，C_t 为当期消费支出，I_t 为当期收入，I_{t-1} 为滞后一期的收入，ε_t 为随机扰动项。杜森贝里认为，短期内消费函数受到经济周期波动的影响，当期收入和过去的消费水平决定当期消费。从长期看，个体或家庭的消费行为受到示范效应和棘轮效应的影响，"示范效应"是指个人消费会受到别人的影响；"棘轮效应"是指人们容易随着收入的增长而增加消费，反之收入减少却很难降低消费。因此，"示范效应"和"棘轮效应"能缓和长期消费函数和短期消费函数之间的矛盾。

（二）生命周期—持久收入消费理论

莫迪利安尼和布朗伯格（1954）提出生命周期假说，具体函数形式如下：

$$C_t = \alpha W_t + \beta I_t$$

其中，α 表示财富的边际消费倾向，W_t 表示实际财富，β 表示收入的边际消费倾向，该理论强调即期消费支出与消费者终生全部预期收入相关，通过合理安排一生的消费与储蓄，确保效用最大化。

随着生命周期理论的提出，弗里德曼（1957）提出持久收入假说，以持久消费和持久收入之间的长期稳定关系为基础，具体函数形式如下：

$$C_P = K I_P$$

其中，C_P 为持久消费，I_P 为永久收入，K 为长期边际消费倾向。多数经济学家认为生命周期假说与持久收入假说的理论本质上没有差异，两者基本假设和主要结论差异不明显，仅在叙述上存在差别，所以把这种动态最优化的分析框架称为生命周期—持久收入假说（LC – PIH）。

（三）随机消费理论

根据 LCH 和 PIH 消费函数的消费理论分析，为了使其在本质上具有前瞻性，霍尔（1978）提出了理性预期生命周期假说，也被称为随机游走假说，具体函数形式如下：

$$C_t = C_{t-1} + \varepsilon_t$$

其中，C_t 表示 t 期消费支出，C_{t-1} 表示 $t-1$ 期消费，ε_t 为随机变量。霍尔将理性预期理论与 LCH 和 PIH 相融合，认为消费支出在长期呈现随机游走特征，但是不能根据收入的变化来预测消费变化，当期消费与之后消费有关，然而与过去收入无关。

然而，弗莱文（1981）发现，当随机游走假说中的效应函数为二次型时，通过在 $C_t = C_{t-1} + \varepsilon_t$ 中加入多项滞后，所得到的检验结果均被拒绝，说明第 t 期以前的收入变化显著影响未来消费变化的预测，称为"过度敏感性"。坎贝尔和迪肯（1989）从另一个角度验证随机游走假说，消费的波动比收入的波动大，把这种消费的实际变动小于理论估计值的现象称为"过度平滑性"。这两种结论均说明了霍尔的随机游走假说的不合理，不能完全解释消费者的消费行为。

（四）发展经济学的消费理论

发展经济学在集合新古典学派理论观点、分析方法基础上，分析欠发达国家经济社会的发展规律和发展路径，并进一步研究贫困落后的农业国家或发展中国家如何实现增长和发展的目标，形成了部分代表性的消费理论，包括罗斯托的消费理论、钱纳里的消费理论、乔根森的消费理论。

罗斯托在 1960 年出版的《经济成长的阶段》和 1971 年出版的《政治与增长阶段》中将各国经济分为传统社会阶段、准备起飞阶段、起飞阶段、走向成熟阶段、高额群众消费阶段和追求生活质量阶段六个层级不断递进的发展阶段。其中，从高额群众消费阶段向追求生活质量阶段的过度体现了居民生活质的提升。高额群众消费阶段具有三个明显标志：一是高档耐用消费品的普及化，二是工作日的缩短及闲暇消费的崛起，三是高等教育的普及化和新白领阶层的形成。在此阶段，产业结构逐步从"以制造业为主"向"以服务业为主"转变，居民对奢侈品、休闲娱乐、医疗保健等消费品的需求明显增强，社会逐步从高额群众消费阶段过渡到了追求生活质量阶段，一些长期困扰社会的问题有望逐步得到解决。

钱纳里通过对世界上 101 个国家 1950～1970 年的数据回归分析发现，不同国家的收入水平高低不同，从而表现出不同的消费和投资关系，收入水平较低的国家维持着相对较高的消费率和较低的投资率，收入水平较高的国家维持着较低的消费率和较高的投资率。同时，储蓄随时间的动态变化在不同的国家演化趋势并不一致，尽管研究中所有国家的资本积累率都呈现出明显的递增趋势，但高收入国家的涨幅更为明显。

乔根森的二元结构理论则强调消费结构对经济发展的根本性驱动作用，消费需求结构升级使农业劳动力不断向非农产业部门流动和转移，带动了第二产业的发展。

三、农村低收入群体消费行为的主要特征和问题

我国是农业大国，农村人口占全国总人口近 40%，但 2018 年农村居民最终消费仅占全国总消费的 21.4%，农村居民消费对总消费的拉动情况并不理想。为了更加深入了解农村低收入群体的消费情况，本章使用了中国家庭收入调查数据（Chinese Household Income Project，CHIP），该数据来源于中国家庭收入项目，该项目自 1989 年开始，对全国 28 个省（区、市）开展入户调查，至今已完成了 6 轮调查工作，收集了家庭详细的收支信息。CHIP 数据调查是在国家统计局（NBS）全国家庭入户调查的样本基础上的抽样，具有全国代表性。本章选取 CHIP 2013 年、2018 年调查数据进行分析，其中，农村家庭样本数分别为 9973 户和 9076 户。

（一）低收入群体消费增速更高、不同群体之间消费差距缩小，但收不抵支现象更加严重

近年来，农村消费显著提升，特别是低收入群体的消费增长更加明显，人均消费增速从 2013 年的 5187 元均值上升到 2018 年的 8909 元，年均增速高达 11.4%，高于中低收入组、中高收入组和高收入组的 8.2%、7.5% 和 4.6%（见图 4 – 1）。不同群体之间的消费差距有所缩小，衡量消费差距的比值（高收入组人均消费/低收入组人均消费）从 2013 年的 2.8 下降到 2018 年的 2。同时，低收入群体的消费率（消费/收入）也明显增加，从 2013 年的 122.6% 上升到 2018 年的 148.6%；中低收入组的消费率略有提升，从 2013 年的 86.3% 提升至 2018 年的 92.1%；而中高收入组和高收入组的消费率有所下降，分别从 2013 年的 72.4%、59.0% 下降到 2018 年的 70.9% 和 53.4%（见图 4 – 2）。这些数据说明，脱贫攻坚以来，低收入农民的生活明显改善、消费水平显著提升，与高收入农民的消费差距正在缩小，但与此同时，由于收入增长未能与消费增加相同步，导致收不抵支的现象更为严重。

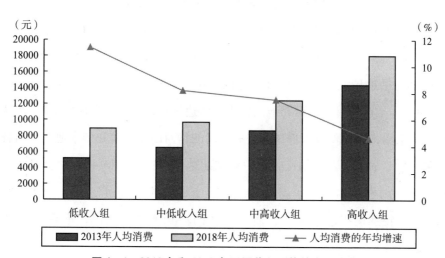

图 4 – 1 2013 年和 2018 年不同收入群体的人均消费

资料来源：中国家庭收入调查数据。

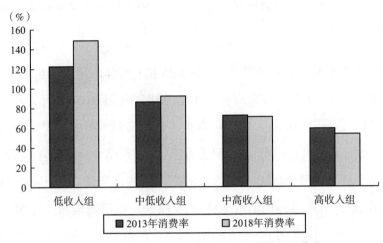

图 4 - 2　2013 年和 2018 年不同收入群体的消费率

资料来源：中国家庭收入调查数据。

（二）华北、华东、西南等地区低收入群体的人均消费增速更加突出，西南、华南等地区的消费率上升更快

低收入群体的人均消费变化呈现区域不平衡的特征。从人均消费绝对水平来看，当前低收入群体人均消费水平最高的是华北、华东和西南地区，最低的是西北和华南地区，华中和东北地区居中，2013～2018 年人均消费提升最快的也是华北、华东和西南地区，年均增速达到 12.4%、11.52% 和 11.48%，增速最慢的是西北地区，年均增速仅有 5.7%（见图 4 - 3）。而从消费率来看，当前低收入群体消费率最高的是西南、华南和华东地区，消费率最低的是华北和西北地区，华中和东北地区居中，2013～2018 年消费率提升最快的也是西南、华南和东北地区，分别上涨了 47.7%、39.8% 和 32.8%，特别值得注意的是，西北地区的消费率不升反降，下降了 12%（见图 4 - 4）。

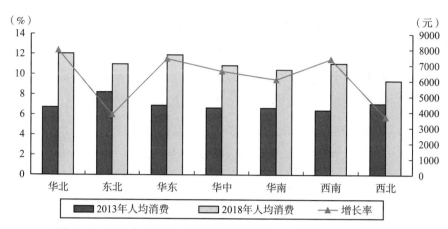

图 4 - 3　2013 年和 2018 年不同区域的低收入群体人均消费及增速

资料来源：中国家庭收入调查数据。

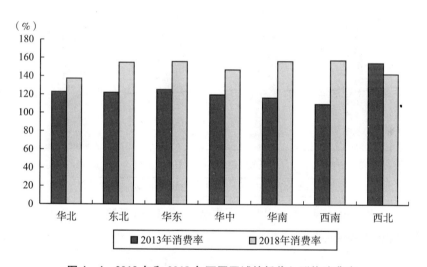

图 4 - 4　2013 年和 2018 年不同区域的低收入群体消费率

资料来源：中国家庭收入调查数据。

（三）低收入人群的恩格尔系数显著下降，但仍有 25％以上的低收入群体该系数高于 40％

随着家庭和个人收入的增加，收入中用于食品方面的支出比例将逐渐减小，低收入群体的恩格尔系数从 2013 年的 42.9% 下降至 2018 年的 34.8%（见图 4-5），下降趋势最为明显，低收入组与高收入组恩格尔系数的比值从 2013 年的 1.27 下降至 2018 年的 1.08。从区域分布来看，目前仅有华南地区的低收入群体恩格尔系数高于 40%，其他地区都低于 40%，但是从低收入群体恩格尔系数的 75% 分位数来看，所有区域都高于 40%，华南地区和西南地区甚至高达 52.10% 和 47.98%（见表 4-1），这说明在低收入群体中。

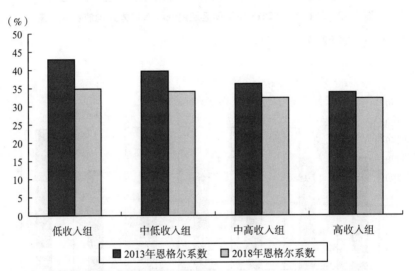

图 4-5　2013 年和 2018 年不同收入组的恩格尔系数（中位数）

资料来源：中国家庭收入调查数据。

表 4-1　　2013 年和 2018 年低收入群体、不同区域的恩格尔系数

区域	2013 年恩格尔系数		2018 年恩格尔系数	
	中位数	75% 分位数	中位数	75% 分位数
华北	43.38	58.02	32.97	44.90
东北	36.87	48.76	31.97	42.80
华东	39.45	49.69	31.48	40.10

区域	2013 年恩格尔系数		2018 年恩格尔系数	
	中位数	75% 分位数	中位数	75% 分位数
华中	40.93	51.64	31.69	41.27
华南	47.21	56.74	44.13	52.10
西南	47.54	59.52	38.79	47.98
西北	41.26	51.41	33.38	44.75

资料来源：中国家庭收入调查数据。

（四）非生存性消费占比有所提升，不同收入群体的消费结构特征不同

根据国家统计局标准，在 CHIPs 调查中，消费支出项目主要包括食品烟酒支出、衣着支出、家庭设备用品及服务支出、医疗保健支出、交通通信支出、教育文化娱乐及服务支出、居住支出、杂项商品和服务支出，以及其他支出八大类。我们将这八类消费分为两类，一类是基本消费，也就是衣食住行方面的消费，包括食品烟酒支出、衣着支出、家庭设备用品及服务支出、居住支出；另一类是非基本支出，包括医疗保健支出、教育文化娱乐及服务支出、交通通信支出、杂项商品和服务支出。

从消费结构来看，尽管与城镇居民相比，农村家庭消费依然主要以衣着、食品、居住、设备和日用品这些生存消费为主，交通通信、文教娱乐和医疗保健这些非生存消费占比不高。但近年来非生存消费占比已经明显提升，特别是低收入群体的非生存性消费从 2013 年的 12.50% 提升至 2018 年的 17.37%（见表 4-2），这表明低收入群体的生活得到显著改善，农村家庭消费从以初级的衣食住行为主正在不断向更高级的交通、教育、医疗消费转变。

表 4 - 2　　　　　　2013 年和 2018 年低收入群体的消费结构　　　单位：%

各项消费	2013 年	2018 年	消费类型	2013 年	2018 年
食品烟酒	42.90	34.81	生存性消费	69.05	63.32
衣着	4.06	3.54			
居住	18.52	21.17			
家庭设备用品及服务	3.57	3.80			
交通通信	6.01	7.32	非生存性消费	12.50	17.37
教育文化	2.19	3.78			
医疗保健	3.62	5.59			
杂项商品和服务	0.68	0.68			

资料来源：中国家庭收入调查数据。

此外，值得注意的是，不同群体间的消费构成变化也呈现不同特征，低收入家庭的教育支出明显增加，可能表明人力资本投资意愿增强，但与此同时医疗支出占比也有所增加，表明医疗负担有所加重。2013～2018 年，各收入组的食品烟酒支出和衣着支出份额都在不断下降；交通通信支出占比不断增加，高收入组的增幅比低收入组的增幅大。教育文化娱乐及服务支出占比不断增加，尤其是低收入组和中低收入组的增幅比例更大，意味着低收入家庭可能更希望通过教育人力资本的投资，提高下一代的福利水平；而高收入组的教育文化支持占比反而有所下降。医疗保健支出占比不断提高，对于高收入组家庭，或许可以解释为生活得到极大改善，更加关心健康保健；对于低收入组家庭，则意味着家庭医疗负担较重（见表 4 - 3）。

表 4 - 3　　　　　　2013 年和 2018 年不同收入组的消费结构　　　单位：%

收入分组	食品烟酒		衣着		居住		家庭设备用品及服务	
	2013 年	2018 年	2013 年	2018 年	2013 年	2018 年	2013 年	2018 年
低收入	42.90	34.81	4.06	3.54	18.52	21.17	3.57	3.80

续表

收入分组	食品烟酒		衣着		居住		家庭设备用品及服务	
	2013 年	2018 年	2013 年	2018 年	2013 年	2018 年	2013 年	2018 年
中低收入	39.65	34.05	5.12	3.93	17.48	19.98	4.03	3.88
中高收入	36.13	32.26	5.36	4.25	18.10	20.22	3.89	3.90
高收入	33.75	32.12	6.20	4.81	19.12	19.46	4.06	4.23

收入分组	交通通信		教育文化		医疗保健		杂项商品和服务	
	2013 年	2018 年	2013 年	2018 年	2013 年	2018 年	2013 年	2018 年
低收入	6.01	7.32	2.19	3.78	3.62	5.59	0.68	0.68
中低收入	6.58	7.77	3.08	4.53	3.68	5.56	0.69	0.69
中高收入	7.41	8.58	3.57	3.92	3.27	4.97	0.81	0.81
高收入	8.78	10.26	4.10	3.87	2.56	3.90	0.91	0.91

资料来源：中国家庭收入调查数据。

四、农村低收入群体消费的主要影响因素

在生命周期—持久收入理论的基础上，我们从收入、财富、外部保障三方面构建新的消费模型，我们发现，当前限制农村低收入群体消费的主要原因包括：一是收入增长缓慢，导致低收入群体的消费能力不足；二是债务负担过重，显著挤出消费；三是各类社会支持和外部保障不足，如医疗保险、社会保障等，社会兜底政策不足导致低收入群体的消费意愿不强。

（一）收入增长缓慢、收入增长的内源动力不足，导致消费能力不足

农村低收入人群收入低、增速慢，与高收入组的收入差距有所扩大。2013 年以来，我国农村居民收入增幅大于城镇居民，但是城乡居民收入绝对值差距持续扩大，特别是农村低收入居民收入水平与其他居民的收入差距更加明显。2013 年，农村居民人均可支配收入为 9429.6 元，其中，低收入

组（底层20%）人均可支配收入仅为2877.9元。2020年，农村居民人均可支配收入增长到17131元，其中，低收入组人均仅为4681元，农村家庭不同收入阶层之间差距较大，高收入家庭人均可支配收入是低收入家庭的9倍左右。

近年来，农村低收入群体受国家政策性补贴和帮扶资金增收带动作用明显，但收入增长的内生动力严重不足，特别是贫困地区的低收入群体收入增长主要来自于转移性收入增长。2018年，农村最低收入25%组家庭的转移净收入占总收入的比重达到29.6%，较2013年增加4个百分点，比农村最高收入25%组家庭高出14.8个百分点。而且，农村低收入群体就业能力弱、家庭经营水平不高、财产性增收无门，更容易受到疫情和农产品价格波动等外部因素冲击。2018年，农村最低收入25%组的非收入所得占比高达27.94%，最具活力的经营性收入和财产净收入在收入结构中占比仅有12.24%和1.77%（见表4-4）。农村低收入群体过于倚重外部输血的事实，决定了其收入增速乏力。2013～2018年，农村收入最低25%组的平均收入仅增长了29.2%，比收入最高25%组低10个百分点。此外，根据统计局的调查数据，贫困地区的低收入群体收入结构变动更为显著。由于结构特殊，其增收贡献主要来自于转移性收入增长，从2014年的22.1%上升到2019年的34%；经营净收入比例大幅度下降，结构占比从2014年的40.7%下降到2019年的24.5%，而且绝对值增长停滞，在经营净收入构成中，第一产业（主要是农业）比例渐趋下降，第三产业比例稳步上升。

表4-4　　　　　　　2018年不同收入农村家庭的收入结构

收入分组	工资性收入		经营性收入		财产净收入		转移净收入		非收入所得	
	水平（元）	占比（%）	水平（元）	占比（%）	水平（元）	占比（%）	水平（元）	占比（%）	水平（元）	占比（%）
低收入	6431	28.50	2762	12.24	399	1.77	6670	29.55	6306	27.94

收入分组	工资性收入		经营性收入		财产净收入		转移净收入		非收入所得	
	水平（元）	占比（%）	水平（元）	占比（%）	水平（元）	占比（%）	水平（元）	占比（%）	水平（元）	占比（%）
中低收入	14655	35.79	10483	25.60	702	1.71	10458	25.54	4647	11.35
中高收入	25921	44.43	15981	27.39	1227	2.10	10390	17.81	4825	8.27
高收入	40064	38.54	37464	36.04	3618	3.48	15348	14.76	7467	7.18
平均	21768	38.56	16674	29.53	1487	2.63	10717	18.98	5811	10.29

资料来源：中国家庭收入调查数据。

如果能够提升低收入人群的收入水平，农村蕴含的巨大消费潜力将逐步释放。农村是一个成长中的消费大市场。自2010年以来，农村居民的边际消费倾向普遍高于城镇居民，农村居民愿意把更多的新增收入用于消费支出。目前，农村居民的边际消费倾向为0.79，城镇居民的边际消费倾向为0.52。随着农村居民人均可支配收入快速增长，农村蕴含的巨大消费潜力将逐步得到有效释放。按照2019年的基准水平，如果农村人均消费水平能够提升至城镇居民人均消费水平的50%，则农村消费规模将增加3883亿元；若提升至城镇居民人均消费水平的55%，则农村消费规模将增加11623亿元；若提升至城镇居民人均消费水平的60%，则农村消费规模将增加19363亿元；若提升至城镇居民人均消费水平的65%，则农村消费规模将增加27103亿元。

（二）债务负担过重尤其是非经营性债务增长过快，挤出消费空间

农村低收入群体负债快速上升，呈现"两个快于"特征。以偿债收入比（待偿还债务余额与可支配收入的比值）来衡量负债水平，收入最低25%组家庭的偿债收入比从2013年的79.6%上升至2018年的148.9%（见表4-5），平均每年上升13.9个百分点，不仅比农村中高收入组家庭的平均增速快了 9.8 个百分点，也比城镇居民的平均增速快 9.3 个百分点。

表 4 – 5　2013 年和 2018 年不同收入组家庭的平均收入和偿债收入比

收入分组	收入中位数（元）			债务收入比均值（%）			债务收入比标准差	
	2013 年	2018 年	增长(%)	2013 年	2018 年	增长	2013 年	2018 年
低收入	3452	4461	29.23	79.6	148.9	69.3	658.1	1084.4
中低收入	6687	8944	33.75	52.5	68.5	16	177.4	199.4
中高收入	10562	14457	36.88	28.8	50.4	21.6	99.7	163.7
高收入	18873	26283	39.26	22.6	46.2	23.6	90.9	215.2
平均	—	—	—	45.9	78.5	32.6	350	568.9

资料来源：中国家庭收入调查数据。

农村低收入群体非经营性债务增长过快，家庭再生产循环不畅。从债务结构来看，房贷在农村家庭总债务中的占比最高，平均达到 43.7%。收入最低 25% 组的房贷收入比从 2013 年的 50% 上涨到了 2018 年的 69.7%，房贷参与率则从 2013 年的 6.9% 上升至 2018 年的 11.4%。农村低收入群体房贷的快速上升，不仅是因为收入增加带来的住房改善需求，更重要的原因是在结婚要求、子女教育等因素的共同推动下，农民进城买房渐成一种"潮流"。但是，与偿债能力强的家庭相比，农村低收入群体购房的杠杆率更高，能接受住房价格波动的能力更弱，在国内住房市场日趋分化的背景下，更容易导致家庭财务状况恶化。同时，医疗、婚丧等非经营性债务会严重占据当期家庭现金流，而且不会在将来新增现金流。2018 年，农村收入最低的 25% 组家庭，因病所欠债务、婚丧嫁娶债务，以及其他家庭事件所欠债务负担突出，高达 37%（见表 4 – 6）。经实地调研发现，湖北省监利市农村家庭娶亲需要购置 100 平方米以上的城市住房、不少于 20 万元的轿车和给予不低于 8 万元的彩礼，结婚支出合计高达 100 万元左右，而 2020 年监利市农村常住居民人均可支配收入仅为 18317 元，导致一些农村家庭因为结婚而债台高筑。

表 4 – 6　　　　　　　2018 年不同收入农村家庭的债务结构

收入分组	购（建）房贷款		购车贷款		教育贷款		治病所欠债务		生产经营性债务		婚丧嫁娶债务		其他生活欠款	
	规模（元）	占比（%）	规模（元）	占比（%）	规模（元）	占比（%）	规模（元）	占比（%）	规模（元）	占比（%）	规模（元）	占比（%）	规模（元）	占比（%）
低收入	12231	34	1619	7	437	5	1738	13	4598	16	1633	8	4415	16
中低收入	14585	34	1608	7	475	6	1532	11	2887	14	1586	8	2385	18
中高收入	16806	40	1965	8	284	4	1557	12	4912	17	1089	6	1114	10
高收入	25658	72	2302	12	205	3	824	5	12568	22	999	6	1653	8
平均	17324	44	1874	8	350	5	1413	11	6243	17	1327	7	2391	13

资料来源：中国家庭收入调查数据。

　　农村低收入家庭债务区域分化明显，东部地区低收入群体债务问题更加突出。分区域来看，东部、中部和西部地区的农村居民债务收入比分别为70%、69%和103%，其中，甘肃省、云南省的农村家庭债务收入比最高，分别为186%和117%，西部地区的农村居民债务负担整体偏重。但是，聚焦农村低收入群体，农村居民平均债务水平较低的东部地区问题反而更严重。2018 年东部收入最低的25%组家庭的债务收入比高达201.5%，且东部地区不同收入组家庭的债务负担差异最大，最低收入组的债务收入比是最高收入组的6.1倍。分省份看，广东省、山东省两个东部省份的农村收入最低25%组家庭债务收入比最高，分别达到410%和272%。东部地区较低的农村平均债务水平，掩盖了农村低收入群体债务更加严峻的现实。

　　不少农村低收入家庭资不抵债，盘活资产可显著改善农村低收入群体家庭资产负债状况。如果仅考虑金融资产和经营性资产，农村低收入家庭普遍资不抵债。2018 年，收入最低25%组家庭的资产负债率高达345.8%。长期以来，农村地区都有"家财万贯，带毛的不算"的传统，如果能将畜牧价值计入家庭资产，收入最低25%组家庭的资产负债率将下降85.8个百分点，至260%。农村最重要的资产是土地，如果能够计入土地估值，收入最低25%的农村家庭资产负债率将能进一步降至48.1%（见图4-6），在各收入组中下降最明显。因此，增强农村土地、生物资产等物权价值功能，将能极大地改善低收入家庭资产状况，提高低收入农户的负债能力。

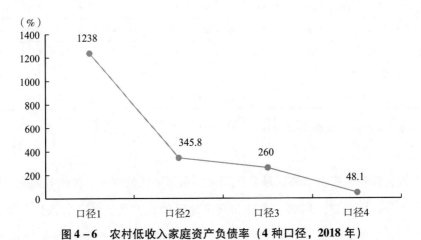

图4-6 农村低收入家庭资产负债率（4种口径，2018年）

注：口径1：金融资产余额/总负债；口径2：（金融资产余额＋经营性资产)/总负债；口径3：（金融资产余额＋经营性资产＋畜牧价值)/总负债；口径4：（金融资产余额＋经营性资产＋畜牧价值＋土地估值)/总负债。

资料来源：中国家庭收入调查数据。

农村普惠金融渗透不够，低收入家庭存在大规模隐性"关系类"债务。农村地区仍然以向亲戚朋友借钱的民间借贷为主，农村家庭的信贷参与率只有10%左右，大量家庭借钱首选是亲戚朋友，其次才是银行等其他融资渠道。这会显著降低整个家庭抵御风险或外部冲击的能力，从而加剧资产负债表的脆弱性。同时，随着近年来消费金融公司、电商平台、互联网分期平台和小额贷款公司等在农村地区快速扩张，在超前消费、攀比消费的刺激下，一些偿债能力弱的青少年群体进入信贷市场，也加剧了农村低收入家庭的债务风险。

此外，社会兜底和外部支持仍然不足，例如，医疗保障体系不健全导致低收入群体的医疗负担过重，普惠金融不健全导致这部分群体的金融支持薄弱，使低收入群体消费意愿不足，也制约了其消费增长。

五、扩大低收入群体消费的政策建议

支持农村低收入群体消费，挖掘这部分群体的消费潜力，要加强对整个农村经济的系统性支持，让他们不仅有能力消费，而且有意愿消费。

（一）构建农村低收入人群收入稳定较快增长的长效机制

一是构建包容性就业促进和支持机制，促进小农户、就近就业农村劳动力、外出农民工三类重点人群的收入增加。坚持包容性就业支持和促进机制，将其纳入就业优先战略，为各类非充分就业和隐性失业群体创造就业机会，实施就业促进政策。第一，促进小农户收入增加，在乡村产业振兴中促进市场和流通，以及新型农业经营主体发展，带动小农户融入大市场，实现市场化带动增收效应；对于小农户保持历史耐心，尊重小农户自主选择，建立支持小规模农业发展的技术、金融、市场、品种资源等政策体系；为小农户中的劳动力提供定向支持的农业技术及经营管理培训、健康服务等人力资本投资，增强小农户自我发展能力；在土地流转、合村并居、农业基础设施建设等方面深化有利于保护农民利益和资源利用的农村改革。第二，促进就地就近就业农村劳动力收入增加，利用好扶贫车间资产，增加农村本地农业和非农就业机会；根据乡村振兴需要继续开发必要的公益性岗位和实施以工代赈工程，提供政策性就业岗位；提供定向支持的技能培训、健康服务等人力资本投资政策，增强就业能力；为农村非正规就业提供适宜的社会保障。第三，促进低收入外出农民工收入增加，进一步加强岗位创造，提高非正规就业劳动者社会保护程度，与此同时也要注重提升其人力资本水平。

二是进一步完善欠发达地区发展支持机制。科学选择指标，评估地区发展差距，重新认定相对贫困地区（县）或欠发达地区（县）。在此基础上，建立对相对贫困地区的发展支持机制，通过促进区域发展改善普通农户增收的外部条件。中央财政和省级财政对其转移支付力度与区域发展指标挂钩，主要用于培育代表区域发展能力的重要基础设施和基本公共服务设施。将东西部地区扶贫协作机制转化为发展协作机制，建立对东部地区的激励机制，优化协作结对方式，提升市场化协作水平。

三是深化收入分配体制改革，把更多中低收入者转化为中等收入群体。利用税收和转移支付等机制调节财富在社会中的二次分配，以及三次分配，改善低收入群体的收入，不断健全灵活就业者保护制度。

（二）多措并举防范化解农村低收入群体债务风险

一是将解决农村低收入群体债务问题作为巩固脱贫攻坚与乡村振兴有效衔接的首要任务之一。依托低收入人口动态监测信息库，加强农村低收入群体债务风险识别，做好农村低收入群体债务摸底调查和动态评估，支持有条件的地区依托农村信用体系建设成果，开展低收入家庭债务大数据监测预警，关注农村低收入家庭债务参与率、偿债收入比变化趋势及异常变动原因。引导农户增强对网贷产品、高利贷等的风险防范意识，人民银行、农业农村部等相关部门尽快出台农村低收入群体债务风险防范与处置预案。

二是千方百计提高农村低收入群体偿债能力。低收入家庭借债生产或消费难以避免，防范农村低收入家庭债务风险不能一刀切地限制借贷，而应保持负债和收入的平衡，关键还是提高偿债能力。因此，除了持续加大对农村低收入群体的兜底保障和社会救助之外，还要充分调动低收入群体增收的主动性，通过公益性岗位开发、以工代赈、转移就业、针对性技能培训等，推动低收入劳动力就业创业增收。借助培育乡村特色产业、引导新型农业经营主体帮扶带动、农业社会化服务等，促进低收入农户家庭经营收益增加。依靠农村集体经济发展、紧密型利益联结机制构建，活化农村耕地、宅基地和集体经营性建设用地用益物权，实现低收入家庭持股增收和合理分享土地增值收益。

三是规范和引导农村低收入群体非经营性负债行为。针对农村低收入群体的房贷快速上升问题，一方面，要抑制投机性购房，要求银行加强个人住房首付款资金流向合规性审查，禁止个人综合消费贷款及个人经营贷款资金流向房地产行业，避免农村低收入家庭不合理过度负债。另一方面，要增加低收入家庭保障性住房供给，集中建设向农民工出租的集体宿舍，推动各地落实进城低收入农户享受城镇公租房、廉租房、经济适用住房政策，提高保障性住房配建比例，支持符合条件的进城农村低收入家庭购置共有产权住房，给予低收入农民工住房公积金贷款贴息支持。同时，全面普及低收入群体大病医疗保险，做好低收入家庭重大灾害、疾病的临时救助，持续强力推进乡村移风易俗，坚决遏制天价婚丧、攀比性超前消费等陋俗，有效减轻低收入家庭非经营性债务压力。

四是加强东部地区低收入群体债务化解。推动广东、山东等东部省区重视低收入群体的高负债现象，发挥自身财力雄厚、市场机制灵活等优势，广泛开展实行"一户一策一干部""万企兴万村"等帮扶机制，创新推广农村土地、农业设施、生物资产等抵押融资，探索应用大数据工具和乡村治理成果等优化普及农村普惠金融，争当农村低收入家庭债务化解典范。

（三）加强对低收入群体的社会兜底和政策支持

一是进一步完善对低收入群体的社会保障制度。构建优质高效的医疗卫生体系。推动基层医疗机构标准化建设，在房屋建设、设备购置、配套设施等方面给予资金支持。加强乡村全科医生人才的培养和引进工作，建立基本药物长效补偿机制，提高医药报销范围和比例，巩固城乡居民医保全国异地就医联网直接结算。完善农村低收入人群的医疗救助制度，提高重大疾病保障水平和大病保险能力。完善城乡一体化的基本养老保障体系，建立城乡居民基本养老保险待遇确定和基础养老金标准正常调整机制，对于农村地区低收入群体，要求地方政府和集体经济组织代缴部分或全部基本养老保险费，实现基本养老保险的全覆盖。健全多层次的社会救助兜底保障体系，落实阶梯式救助政策，对低收入群体的疾病、教育、重残、突发事故等，给予兜底救助、专项救助、急难救助和综合救助。

二是做好低收入群体的住房安全保障工作。住房支出是低收入群体最主要的支出，住房保障工作至关重要。要健全完善农村低收入群体等重点对象住房安全动态监测机制；加强乡村建设工匠等技术力量培训，加强施工现场巡查与指导监督，确保改造后的房屋符合安全要求；提升农房建设品质，完善农房使用功能。鼓励北方地区继续在改造中同步实施建筑节能改造，在保障住房安全性的同时降低能耗和农户采暖支出，提高农房节能水平，鼓励有条件的地区推广绿色建材应用和新型建造方式。

三是进一步加强对低收入群体的普惠金融支持。鼓励农村金融机构要从满足农民消费需求为根本出发点，推动消费信贷产品创新。商业银行要完善消费贷款担保机制，积极探索授信贷款，借助运用互联网等技术手段开展远程客户授权，实现消费贷款线上申请、审批、放贷和还贷。探索使用数字货币进行低收入群体的财政补贴及救助资金发放，提高发放效率和资金使用效率。

（四）大力拓展农村居民消费渠道

农村居民是多元化消费主体的重要组成部分，应着力构建和完善现代服务业体系，引导现代化服务向农村地区延伸，促进农村现代化服务消费健康发展，提升农村现代化服务水平，因此，需要重点打通农村消费的堵点，充分发挥我国村村通公路、村村通客车等农村交通运输基础设施快速发展的优势，充分利用中国邮政网点，利用互联网技术和电子信息化发展对其进行技术支持，加快完善农村电子商务和物流业基础配套设施建设的步伐，进而通过不断夯实电商、快递进农村的供给和交通基础，为健全县、乡、村三级电子商务服务体系和快递物流配送体系创造坚实的技术基础。

（执笔人：曹玉瑾）

本章参考文献

［1］陈燕凤，夏庆杰，李实．中国农村家庭消费贫困变迁（1995～2018）［J］．社会科学战线，2021（6）：108-118．

［2］何剑，张梦婷，许丽萍，郑智勇．收入分配视角下中国"扩内需"的政策协同研究［J］．财经研究，2021，47（7）：78-92．

［3］齐晓亮，石靖．低收入群体消费支出影响因素的统计分析［J］．统计与决策，2018，34（22）：104-107．

［4］檀学文，吴国宝，杨穗．构建农村低收入人口收入稳定较快增长的长效机制［J］．中国发展观察，2021（8）：45-48．

［5］唐勇，吕太升，侯敬媛．数字普惠金融与农村居民消费升级［J］．武汉金融，2021（7）：18-26．

［6］沈兆林．家庭债务与居民消费质量——基于收入不平等的调节效应［J］．宏观质量研究，2021，9（3）：114-128．

［7］王朝才，童鑫，查梓琰，李天舒，周子超，李淑一．运用积极财政政策改善农村低收入人群的生产生活条件助力解决相对贫困问题［J］．当代农村财经，2020（12）：2-5．

［8］张雅淋，姚玲珍．家庭负债与消费相对剥夺——基于住房负债与非住房负债的视角［J］．财经研究，2020，46（8）：64-79．

第五章

扩大下乡返乡群体消费和投资的难点及对策研究

    内容提要：本章总结了新发展阶段下乡返乡群体消费和投资基本情况，通过梳理分析从中央到地方各级政府的相关政策，认为我国下乡返乡群体的政策体系已经比较成熟。同时，中央政策落地迟缓，城市居民下乡购买农房使用权需求无法满足，下乡返乡群体消费不能充分满足，防止耕地"非粮化"隐忧多。为此，要建立下乡返乡群体消费和投资政策"最后一百米"落地机制，探索创新城市居民有序下乡购买农房使用权体制机制，改善下乡返乡群体消费环境，完善防止耕地"非粮化"长效机制。

    目前，我国进入新发展阶段。在 2020 年底的中央农村工作会议上，习近平总书记强调，构建新发展格局，把战略基点放在扩大内需上，农村有巨大空间，可以大有作为①。在扩大农村内需方面，下乡返乡群体能够发挥重要作用。农村内需包括农村消费、农村投资，以及用于农村的财政支出。农

---

① 新华社. 习近平：民族要复兴，乡村必振兴 [N/OL]. (2020 – 12 – 30) [2022 – 1 – 2]. http：//www. xinhuanet. com/mrdx/2020 – 12/30/c_139628945. htm.

村财政支出主要表现为用于农村的公共投资①，因此为了简化研究，将农村财政支出划入农村投资予以研究。本书所称的下乡返乡群体主要包括下乡城市居民、工商资本下乡的企业家等下乡群体和返乡农民工、大学生、退役军人等返乡群体②，本章主要围绕下乡返乡群体在消费和投资领域面临的困难问题与对策展开研究。从下乡返乡群体的投资文献看，返乡的农民工、大学生、军人创业的现状、问题或困境、意愿、家庭资本禀赋等影响因素、路径、对策等文献相当丰富③，另有许多文献对工商资本下乡返乡情况、动因或意愿、问题及政策建议，以及参与乡村振兴、民宿与社区共生、土地流转、非粮化等问题进行了专门研究④；从下乡返乡群体的消费文献看，一部分文献揭示了回流农民工的消费作用、住房消费及农民工"两栖"消费性特征等⑤，另一部分侧重研究市民的乡村旅游消费升级、新市民炫耀性文化消费等内容⑥。总体看，对下乡返乡群体的投资研究充分，而对消费的研究相对单薄⑦，除了个别文献是从全国角度综述性研究外，大多是从地方、部分人群、某领域和环节角度开展定性研究，综合性和定量性研究不足，对部

---

① 农村财政支出还包括用于人员支出的三农事业费等，因"农村"概念缺乏严格清晰的界定，县市财政中的公职人员的人头费哪些是服务于农村，哪些是服务于城镇，无法区分。因此，只将范围和对象比较明确的用于农村基础设施和公共服务设施的公共投资纳入农村投资领域进行研究。

② 下乡科技人员负责提供技术服务，不直接增加农村投资和消费，故不作为下乡返乡的消费和投资群体予以研究。虽然个别科技人员也可能下乡投资，但可纳入返乡大中专学生群体考虑；其个人在农村的零星消费对农村消费的贡献微乎其微，没有作为独立群体的研究意义。新乡贤主要包括在职或离退休的科技、教育、医疗、文化等领域的专业技术人员、公务员，以及在外发展的企业家等，目前，返乡新乡贤数量极少，调研中没有涉及。该群体主要在乡村治理、村级经济决策、专业技术服务和城乡资源对接的沟通中发挥作用，对农村消费和投资的贡献微不足道。尽管个别新乡贤也会下乡投资，但可以归入工商资本下乡、返乡群体投资予以研究，本章对新乡贤群体不单独研究。

③ 相关资料详见本章参考文献彭文武等（2021）、张富富（2021）、闫强（2021）、徐宪红（2021）、陈静和蒋甲济（2019）、邵雪亚和邵前程等（2010）、杨永（2020）、刘洪银（2021）。

④ 相关资料详见本章参考文献林枫（2019）、李建民和李丹（2021）、肖焰和谢雅鸿（2021）、涂圣伟和周振及张义博（2020）、张馨元和童茜等（2021）、胡凌啸和舒文等（2021）、王小燕和杜金向（2021）。

⑤ 相关资料详见本章参考文献华中炜（2017）、楼振锋和夏根凤等（2020）、王张民（2015）。

⑥ 相关资料详见本章参考文献郑世卿（2015）、李光明和沈琴（2018）。

⑦ 这符合公共政策重心在供给侧，需求侧政策较少的一般逻辑。

分公共政策问题的深度挖掘和政策建议的可操作性研究还有待提高。下乡返乡群体是本专题视角，目前没有官方统计数据支撑，主要依据 2021 年 4 ~ 6 月先后到浙江省嘉兴市及其桐乡市、重庆市铜梁区、湖北省监利市和贵州省铜仁市及其石阡县的调研进行案例性的定性研究。另外，本章从必要性和可行性角度，针对全国城市居民的下乡消费设计了问卷调查表，通过问卷星向全国各地城市居民随机发放回收了有效问卷 1060 份，以弥补全国城市居民下乡消费面上数据缺失带来的不足。通过分析下乡返乡群体消费和投资的基本情况，破解下乡返乡群体的消费和投资中面临的突出难题，对扩大农村内需，支撑构建新发展格局具有重要意义。

一、新发展格局下扩大下乡返乡群体消费和投资的意义

下乡返乡群体是农村先进生产力的代表，随着这些群体的资金、管理经验和文化知识不断注入乡村，将对扩大农村内需发挥重要作用。

（一）扩大下乡返乡群体消费和投资，有利于直接扩大农村内需

在农村内需的系统构成中，下乡返乡群体的内需是子系统。根据已有文献的研究成果和课题组调研数据看，下乡返乡群体的消费贡献基本由城市居民下乡消费提供，而返乡农民工、大学生、退役军人及工商资本投资者的人口数量极少，这些群体的消费规模对农村消费的数量贡献很小。下乡返乡群体的投资贡献基本由工商资本下乡投资和返乡农民工、大学生投资提供，除了个别城市居民的工商资本外，普通城市居民不会下乡去投资。返乡退役军人的投资者数量很少，投资贡献也很少。因此，通过政府引导和支持，一手抓好扩大城市居民下乡消费，另一手抓好推动工商资本下乡投资和返乡农民工及大学生投资，这样就抓住了下乡返乡群体扩大内需的主要矛盾和矛盾的主要方面，就能够直接有效扩大农村内需。

（二）扩大下乡返乡群体消费和投资，有利于示范引领广大农民增加消费和投资

城市居民是现代城市文明的承担者，返乡农民工、大学生和退役军人一般都长期居住生活在城市，也属于城市居民的一部分。普通市民和返乡群体的文化知识水平和收入水平一般都高于普通农村居民，消费能力强于农民，消费理念新、消费方式先进。随着城市居民的频繁下乡消费，返乡群体在村民身边消费，这些城市群体的消费理念和消费方式就会发生示范引领效应，潜移默化地改变普通农民的消费理念和方式，从而引导农民增加消费，提升消费品质。据调研，重庆市铜梁区巴川街道玉皇村的一位村民说，返乡农民工喜欢网上购物，他周边的农民也逐渐学会了网购；另外一位原村干部说，返乡农民工崇尚有品质的消费，示范引领农民也追求品质性消费，表明返乡农民工将城市的先进消费理念和方式传播给了家乡的村民。此外，返乡下乡创业者是城市先进技术和管理知识的传播者，又是现代文明的传播者，他们引导着广大农民对教育和文化追求的提升①。返乡下乡群体对农民扩大投资同样具有示范引领作用。工商资本下乡和返乡农民工、大学生回家种地、搞养殖、经营民宿，一些经营主体采取"企业＋合作社＋农户"等方式，带动农户开发家乡资源，投资搞种养业和民宿经济。据调研，重庆市铜梁区土桥镇河水村的荷和原乡项目，就是大足区的一位外来投资者带头搞民宿经济，示范带动本村有条件的农民也开始投资搞民宿。因此，下乡返乡群体的消费和投资的示范引领效应，有利于引导农民扩大消费和投资。

---

① 杜华赋. 返乡下乡创业正当时 ［N］. 广元日报，2020－12－22（A01）.

（三）扩大下乡返乡群体消费和投资，有利于倒逼农村消费和投资环境改善

从消费看，城市居民大多注重消费品质和消费环境，下乡购买农产品、手工艺品等农村商品，去农村休闲旅游、餐饮住宿，会对农村商品品质及餐饮住宿、停车游玩等环境提出较高要求。目前，农村消费市场属于买方市场，城市居民处于主导地位，各地乡村争夺城市居民下乡消费的竞争激烈。只有那些能够满足城市下乡消费群体高品质需求的乡村，才能持续吸引城市居民下乡消费。这就会倒逼农村居民、村集体经济组织和基层政府不断提高产品和服务质量，改善购物游玩等消费环境，努力吸引市民下乡消费。据调研，浙江省桐乡市和重庆市铜梁区都在投资打造景区乡村，通过建设优美乡村环境，吸引城市消费者下乡旅游住宿购物。从投资看，地方政府为了发展经济，许多部门都有招商引资和增加本地投资的任务，吸引工商资本下乡和返乡群体投资存在地方政府之间的竞争，村集体经济组织也有增加经济收入的压力，农民也希望家门口就业增收。因此，地方基层政府、村集体经济组织和农民，为了吸引工商资本下乡投资种养业、农产品加工和休闲农业及乡村旅游等行业，就会努力筑巢引凤，完善基础设施和公共服务，优化支持政策，改善农村投资环境。总之，为了吸引下乡返乡群体增加消费和投资，会促使农村基层政府、村集体和农民努力改善本地消费和投资环境，也有助于促进美丽乡村建设。

二、目前我国下乡返乡群体消费和投资的初步情况

近几年来，除了2020年新冠肺炎疫情之外，随着国民经济的不断发展，我国下乡返乡群体的消费和投资规模逐步扩大。下乡群体以城市居民为主，主要提供农村消费需求；下乡的工商资本和返乡群体，主要

提供农村投资需求。

（一）城市居民下乡消费构成下乡返乡群体消费主力，返乡群体消费规模小、可示范引领农民增加消费作用有限

据第七次全国人口普查数据，截至 2020 年 11 月，我国城市居民有 9.02 亿人，占全国人口的 63.89%①。现阶段，我国城市居民利用法定假日、周末、休假等时间下乡消费比较常见。在下乡返乡群体中，下乡的普通市民占比较大，其下乡消费是绝对主力。返乡农民工、大学生、退役军人等返乡群体和下乡的工商资本投资者虽然大多常年在农村消费，但与下乡市民的数量相比，人口规模较小，对下乡返乡的消费规模贡献有限。

1. 目前城市居民下乡消费基本特点

本部分主要利用 2021 年 6 月问卷星平台发放的 1060 份有效的"城市居民下乡消费情况问卷调查"，总结现阶段城市居民下乡消费的基本特点，个别环节也运用调研案例予以补充分析。此次问卷调查采取随机抽样方式，覆盖全国 29 个省市区，男性样本占 46.3%、女性占 53.7%。以企业职员（70.8%）和事业单位人员（14.2%）为主，个体户（4.3%）、公务员（3.4%）和离退休人员（0.7%）少。参加问卷调查人员的年可支配收入以 5 万 ~ 20 万元为主（71.3%），5 万元以下（17.9%）和 20 万元以上（10.8%）占比较低。不同问题回答的市民数量有差异，有的问题只让有过经历的市民回答。样本中离退休人员和欠发达地区人员因不善于在网上填问卷，因此分布较少。总体看，样本代表性较强，能够基本反映我国城市居民下乡消费情况。

---

① 国家统计局. 第七次全国人口普查公报（第七号）［EB/OL］.（2021 – 5 – 11）［2021 – 7 – 10］. http：//www. stats. gov. cn/tjsj/tjgb/rkpcgb/qgrkpcgb/202106/t20210628_1818826. html.

（1）城市居民下乡消费以购物和休闲旅游为主，康养消费还处在起步阶段。

据问卷数据反映，去农村购买过商品的市民占 89.3%，去农村休闲旅游过的市民占 92.2%，而在乡镇或村庄租住农家房屋或精品民宿康养生活 1 个月以上的市民只有 16.9%。可见，现阶段市民下乡消费主要是购物和休闲旅游，康养消费较少。

（2）大部分城市居民人均年度下乡消费支出不超过 4000 元，大多数市民每年下乡消费 1~3 次。

正常年景（不含新冠肺炎疫情年份）下，一年内去农村人均花费 2001~4000 元的下乡市民占 42.8%，人均花费 2000 元以下占 38.6%（见图 5-1），花费 4000 元以内的市民合计占 81.4%，说明大部分市民人均年度下乡消费在 4000 元以内。一年平均去农村消费 1 次的市民占 17.8%（见图 5-2），消费 2~3 次的市民占 58.9%，消费 1~3 次的市民合计占 76.7%，说明一般市民一年内下乡消费在 1~3 次。

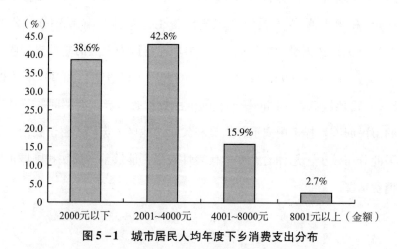

图 5-1　城市居民人均年度下乡消费支出分布

资料来源：据 2021 年 6 月问卷调查表 1060 位市民回答结果计算而得。

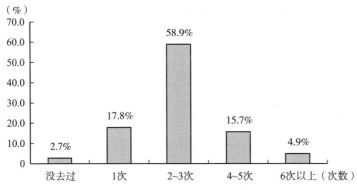

图5-2　城市居民人均年度下乡消费次数分布

资料来源：据2021年6月问卷调查表1060位市民回答结果计算而得。

（3）城市居民下乡主要购买乡村土特产和当地新鲜农产品，民间手工艺品也备受关注。

在下乡购过物的市民中，94.9%的市民购买过土鸡蛋、杂粮、土法加工食品、干果等乡村土特产，89.8%的市民购买过当地新鲜瓜果、蔬菜或水产等新鲜农产品。据重庆市铜梁区一花卉基地负责人反映，下乡市民参观完三角梅基地后，经常有人顺便买上几盆盛开的三角梅花，放入自驾车后备箱带回家。可见，乡村土特产和当地新鲜农产品是市民下乡购买的最主要商品。此外，不到一半（41.9%）的市民还购买过民间手工艺品，表明承载乡村文化的民间手工艺品也受到一些市民的青睐。乡民特色服装（10.4%）和儿童戏水等玩具（5.4%）是特殊人群购买的小众商品（见图5-3），购买的市民很少。

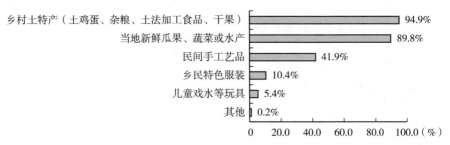

图5-3　城市居民下乡购买产品的类型分布

资料来源：据2021年6月问卷调查表有下乡购物经历的947位市民回答结果计算而得。

（4）市民下乡游玩消费主要是住宿吃饭观赏采摘，参与体验性消费少。

据湖北省监利市的干部反映，当地市民下乡体验的休闲农业和乡村旅游以餐饮、民宿和在乡村自然环境中休闲旅游为主。在下乡游玩过的市民中，吃农家饭的市民占87.8%、住农家屋或民宿的市民占66.1%、去休闲农业或特色小镇景点观赏的市民占66.6%、付费采摘瓜果和蔬菜等的市民占77.4%。这四种休闲旅游消费方式比例相近，基本分布在66%～90%，是当前大部分市民下乡游玩消费的主要形态。参加农事体验或农产品初加工活动（12.8%）和体验乡村民俗文化活动（16.5%）的市民占比较低，特别是租种小菜园（8.0%）和参加乡村保健养生活动（6.4%）的市民数量更少（见表5－1），表明目前城市居民下乡与农民互动的参与体验式消费活动少，市民下乡游玩消费还处在吃住和自娱自乐的初级阶段，今后休闲农业和乡村旅游消费升级空间较大。

表5－1 **城市居民下乡游玩的消费方式占比**

选项	小计（人）	比例（%）
A. 吃农家饭	858	87.82
B. 住农家屋或民宿	646	66.12
C. 去休闲农业或特色小镇景点观赏	651	66.63
D. 付费采摘瓜果、蔬菜等	756	77.38
E. 租种小菜园	78	7.98
F. 参加付费的农事体验（种地、喂养等）或农产品初加工活动	125	12.79
G. 参加付费的乡村民俗文化体验活动	161	16.48
H. 参加乡村保健养生活动（如，中医理疗、药浴、吃养生食品等）	62	6.35
I. 其他	1	0.1
本题有效填写人次	977	

资料来源：据2021年6月问卷调查表结果计算而得。

（5）下乡康养消费的城市居民每年一般不超过 3 个月，年度人均康养消费一般在 10000 元以内。

正常年景，每年在乡下居住生活 1 个月以内的市民占比最高，为 55.9%；其次是居住生活 1~3 个月的市民，占 31.8%（见图 5-4）；两类合计，市民下乡康养居住生活 3 个月以内的高达 87.7%。同时，每年在农村吃、住、娱乐、养生等消费 5001~10000 元的市民占比最高，为 48.0%；其次是 5000 元及以下的市民，占 34.1%（见图 5-5）；两者合计，每年下乡康养消费 10000 元以内的市民占比 82.1%，说明下乡康养消费的市民年度支出一般不超 10000 元。

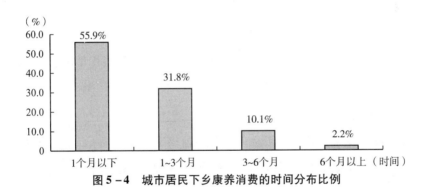

图 5-4 城市居民下乡康养消费的时间分布比例

资料来源：据 2021 年 6 月问卷调查表有康养消费经历的 179 位市民回答结果计算而得。

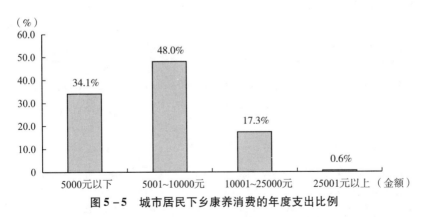

图 5-5 城市居民下乡康养消费的年度支出比例

资料来源：据 2021 年 6 月问卷调查表有康养消费经历的 179 位市民回答结果计算而得。

（6）城市居民下乡购物和游玩消费需求基本得到满足，部分消费需求仍有扩展空间。

在1060位参与调查的市民中，去农村购物需求得到满足的市民占94.2%，在乡村休闲旅游的需求得到满足的市民占91.0%①，说明现阶段城市居民下乡购物和游玩消费的需求基本得到满足。这与我国多年来的强农惠农富农政策有关，农产品质量不断提升，满足下乡市民消费的地方特色农产品和土特产发展迅速，休闲农业和乡村旅游网点快速增加，游玩产品质量不断提高。因此，下乡市民的购物和游玩消费需求满足程度高。同时，也还有部分市民的消费需求没能得到满足，这就为新发展格局下扩大城市居民下乡消费留下了一定的拓展空间。在62位（占5.9%）去农村购物需求没有得到满足的市民中，认为以下农村商品供给不足，需要满足的程度由高到低分别为，品质一样的优质原味土特产占56.5%，农家田园种植的品质比较稳定的优质新鲜瓜果、蔬菜占46.8%，新奇特农产品占40.3%，地方文化特色鲜明的手工艺品占27.4%。在95位（占9.0%）去乡村休闲旅游却没有得到满足的市民中，认为以下休闲旅游项目供给不足，需要满足的程度由高到低分别为，自采食用农产品且能野炊的农家院或民宿占45.3%，外貌像农家、内设简约现代、性价比高的精品民宿占39.0%，在环境优美且交通便利的村庄购买能转让继承的农村房屋占38.9%，吃标明使用"本地农产品"烹饪的特色农家饭菜占34.7%，能够体验传统农事和土法食品制作的休闲农业占19.0%（见表5－2）。总之，体现品质化、精细化、差异化的品质优良、新颖独特、参与体验的农村商品和游玩项目是今后部分城市居民

---

① 城市居民下乡购物与游玩消费满足人数占比超过90%以上，可能存在高估成分。一个重要原因可能是部分市民对回答不能满足后的问卷问题嫌麻烦，而策略性地选择了"能"满足。即使扣除这部分"水分"样本，城市居民下乡消费需求的满足度比较高是成立的，这与十几年来政府鼓励支持农村生产力提升有关。

下乡消费的新增需求空间①。

表 5 − 2　　　　　扩大城市居民下乡消费的新需求空间及排序

类型	需求内容	有需求的市民占比（%）
待满足的市民下乡购物需求	品质一样的优质原味土特产	56. 5
	农家田园种植的品质比较稳定的优质新鲜瓜果、蔬菜	46. 8
	新奇特农产品	40. 3
	地方文化特色鲜明的手工艺品	27. 4
待满足的市民下乡休闲旅游需求	自采食用农产品且能野炊的农家院或民宿	45. 3
	外貌像农家、内设简约现代、性价比高的精品民宿	39. 0
	在环境优美且交通便利的村庄购买能转让继承的农村房屋	38. 9
	标明使用"本地农产品"烹饪的特色农家饭菜	34. 7
	能够体验传统农事和土法食品制作的休闲农业	19. 0

注：下乡购物需求没有满足的市民有 62 人，占 1060 位有下乡购物经历市民的 5.9%；下乡休闲旅游需求没有满足的市民有 95 人，占 1060 位市民样本的 9.0%。

资料来源：据 2021 年 6 月问卷调查表整理计算而得。

2. 返乡群体的农村消费简况

与广大农民和下乡市民的农村消费规模相比，返乡群体的消费规模很有限，对扩大农村内需的规模贡献小②。重庆市铜梁区政府一位干部认为，返乡人员主要是农民工，返乡大学生和退役军人很少，返乡群体虽然对农民有消费示范带动作用，但作用很有限，整个返乡群体对农村消费几乎没有支撑作用。据湖北省监利市黄歇口镇领导反映，返乡农民工的消费虽然对当地农

---

①　在环境优美的乡村开展康养消费，是高收入、有空闲市民的下乡消费方式。虽然上海市、北京市、广州市、深圳市等部分发达地区的城市居民下乡康养消费有较大增长空间，但从全国范围看，因我国城市居民的收入水平还不够高，市民下乡康养消费还处在起步阶段。问卷调查数据反映，1060 位市民中有过康养消费经历的只占 16.9%。因此，在未来若干年，特别是"十四五"期间，市民下乡康养消费虽然会有一定增长，但因空间有限，在此不列入表中。

②　因缺乏相关统计数据，通过问卷星调查的抽样对象选择难度大，因此，对返乡群体，主要根据调研案例，辅之以现有文献，进行定性分析。

民有些示范带头作用，但总体与其他农民相似，不需要公共政策单独关注。因此，本章对返乡群体的消费只做必要的补充分析。

（1）返乡群体的农村消费行为具有"两栖性"。

返乡农民工、大学生和退役军人等群体既保留了原住城市居民的部分消费特点[1]，又回归当地农民消费的行为方式[2]。例如，有文献指出，农民工城乡"两栖"消费行为普遍，农民工在城市保持生存性消费的同时，节假日回农村进行"面子"与"人情"等炫耀性消费。返乡群体大多保留网上购物的习惯，会在乡下继续开展网购活动。但因农村网购不如城市便利，返乡群体又像当地农民一样，到乡村便利店、小超市、流动售卖点等处去购物。

（2）返乡农民工回家盖房买车的消费比较突出。

据重庆市铜梁区农委反映，返乡农民工回家盖房需求旺盛。湖北省监利市的干部反映，近年来，不少返乡农民工回到家乡，都愿意盖房和买车。贵州省石阡县干部反映，当地一些返乡农民工边盖房、边打工，盖房资金不够，去城里打工挣钱，再回家建房，分阶段盖好房屋。

（3）返乡群体把城市休闲文化带入乡村。

据湖北省监利市黄歇口镇内荆河村干部反映，从城里返乡的女老板喜欢唱歌跳舞，示范带动了农民跳广场舞。此外，农民也追求城里的文化生活，返乡人员把城里的卡拉OK带到乡村，村里就有了露天卡拉OK。

总之，下乡返乡群体的消费需求虽有一定相似性，都有城市生活消费经历，对产品品质和消费环境要求较高，但差异性更大。下乡群体是指暂时到农村的城市居民，下乡消费具有间断性、集中性特点，购物与游玩相伴。返乡群体是指根脉在农村、客居城市一段时间后又返回家乡的人群，消费具有

---

[1] 王张明. 农民工消费的城乡二元性消费研究 [D]. 西安：陕西师范大学，2015.

[2] 与广大农民和下乡市民的农村消费规模相比，返乡群体的消费规模很有限。因缺乏相关统计数据，通过问卷星调查的抽样对象选择难度大，因此，对返乡群体，主要根据调研案例，辅之以现有文献，进行定性分析。

城乡"两栖性"特点，在农村消费长期持续，购物与游玩分离，追求消费品质。经过1998年亚洲金融危机和2008年国际金融危机后，国家长期实施刺激城乡居民消费的系列政策，现阶段城市居民下乡消费需求大部分得到满足，只有少部分消费需求有待挖掘。扩大下乡返乡群体的消费需求，主要靠这些群体收入水平提高后，依托市场供需匹配力量自然扩张。政府通过完善公共政策，扩大下乡返乡群体消费规模的空间虽然还有一些，但边际增长空间递减，新增空间并不大。

（二）下乡返乡群体在农村投资的基本状况

下乡返乡群体的投资主体基本由工商资本下乡投资和返乡农民工、大学生和退役军人等组成。关于工商资本下乡和返乡农民工、大学生、退役军人的投资研究文献十分丰富，本章结合课题组调研和相关文献资料，简要总结工商资本下乡和返乡群体投资基本情况。

1. 返乡群体主要从事种养、电子商务、农业生产性服务及乡村休闲旅游等行业，投资规模大多在10万元至千万元之间

目前，返乡群体主要是返乡农民工，返乡大学生和退役军人少。在返乡人员中，投资创业人员很少。2019年1月农业农村部发布数据显示，我国返乡下乡创业创新人员达780万人，其中，农民工540万人，占总体的70%；其他返乡下乡人员240万人，占总体的30%。平均年龄45岁左右，高中和大中专以上学历的占到40%。这些人员创办的实体中82%都是农产品加工流通、休闲旅游、电子商务和新产业新业态，广泛涵盖农村一二三产业融合领域[①]。到2020年，全国各类返乡入乡创业创新人员已升至1010万人[②]，与2018年

---

① 孙喜保. 农业农村部：返乡下乡创业者中农民工占比70%、达540万人［N］. 工人日报，2019－1－17.

② 佚名，农民工、大学生、退役军人返乡入乡规模扩大 激发乡村活力［N］. 人民日报，2021－4－1.

相比①，年均增长 13.8%。据河南清丰县统计，截至 2020 年底，该县返乡创业人员共计 17677 人，其中，返乡创业农民工 15925 人②，占返乡创业人员的 90.1%。据调研，重庆市铜梁区人力资源社会保障局的干部说，当地返乡创业人员只占返乡人员的 1% 强，以返乡农民工为主，他们大多从事种植业和养殖业。重庆市铜梁区巴川街道玉皇村负责人说，该村没有返乡大学生和返乡退役军人创业，只有返乡农民工创业。湖北省监利市干部反映，该市返乡人员超过几万人，返乡人员创业很少，其中，1% 强的人员创业，返乡人员主要去养虾。该市人社局干部说，监利市返乡创业的退役军人占返乡创业人员的 10%；该市内荆河村干部也反映，村中返乡退役军人 30 多人，创业的有 7~8 人，主要搞农业生产性服务业。据浙江省桐乡市某村干部反映，该村有 4 位返乡大学生，都从事村委会的管理和服务工作，不搞创业投资。

从返乡农民工投资规模看，大多在 10 万元到百万元之间，个别只有几万元，属于小规模投资人。因为返乡农民工主要靠打工收入和亲友借债来筹集投资资金，资金规模一般都比较小。例如，重庆市铜梁区玉皇村返乡农民工创业，开了 3 家公司，第一家公司是搞雕塑的，第二家是养殖泥鳅的，第三家是园林设计和苗木种植的。投资都在 50 万元以内。另外，还有 2 家返乡农民工开个体户商店，投资额在 10 万元以内。另有一家返乡创业的农民工开的公司倒闭，投资人又回到城市就业打工，说明返乡农民工创业不容易，倒闭时有发生，返乡农民工又会变为进城农民工，这是返乡农民工城乡就业的"两栖性"决定的。返乡大学生投资规模比返乡农民工投资规模大，基本在 10 万~1000 万元之间，少数会超过 1000 万元。例如，四川省沐川县海云乡大学生叶建春投资 10 余万元，流转 25 公顷土地，种植李子和猕

---

① 农业农村部 2019 年 1 月发布的返乡下乡创业创新人员达 780 万人，可作为 2018 年的数据进行对比分析。

② 马红超. 清丰县返乡下乡创业工作调研分析 [J]. 人才资源开发，2021 (7)：52.

猴桃①。江西赣州返乡大学生通过短视频 + 直播带货的方式，2 个月销售 200 万元赣南脐橙并吸引合作伙伴投资 100 万元②。这些返乡大学生投资资金大多是向亲友借来的，资金规模都在百万元以内。也有投资规模超过百万元，甚至超过千万元的。例如，海南省澄迈县大丰镇返乡创业大学生投资逾千万元建起美丽乡村休闲游基地，其资金主要通过自筹、银行借贷、申请政府投入等方式解决③。同样，返乡大学生投资，因不懂技术和市场营销等原因，倒闭的案例也不少。如广西大学生投资 20 万元养鱼和某地大学生投资 80 万元种灵芝，都因技术出问题，血本无归。广西一位农村大学生投资过百万元种砂糖橘，因市场价格暴跌而血本无归。说明返乡大学生虽然学历较高，但涉农创业投资复杂，市场风险和自然风险高，投资失败并不罕见。返乡退役军人投资主要搞种养业，投资规模大多在 10 万元 ~ 1000 万元之间。例如，广西壮族自治区桂林市兴安县退役军人刘小龙投资养殖地方特色土鸡——鳞甲鸡④，成都市金堂县土桥镇退役军人王志松投资 20 万元养牛⑤，浙江青田县退役军人养猪多年后投资 500 多万元创办现代生态养猪场⑥。这些退役军人投资创业时发挥部队历练的不怕吃苦和永不言败的精神，潜心钻研种养技术，返乡投资创业取得了可喜回报。

---

① 杨宝，叶建春：返乡创业大学生致富奔康"排头兵"［EB/OL］.（2019 - 08 - 28）［2022 - 06 - 21］. http：//mc. leshau. cn/ltem/20725. aspx.

② 高颖，陈燕华. 22 岁大学生三农直播 2 个月销售额突破 200 万［N/OL］.（2020 - 11 - 19）［2021 - 1 - 20］. https：//www. 163. com/dy/article/FRPCPQFM0512PDOF. html.

③ 陈卓斌，吴清文，王家专. 返乡大学生建美丽乡村休闲游基地年营业额近 200 万［N/OL］.（2018 - 10 - 10）［2021 - 1 - 20］. https：//baijiahao. baidu. com/s?id = 1613900108065767432&wfr = spider&for = pc.

④ 陈静，蒋甲济. 退伍军人返乡养"战斗鸡"［J］. 农家之友，2019（12）：15.

⑤ 张璐，王志松. 军人变"牛人"，返乡创业当尖兵［J］. 四川劳动保障，2017（8）：61.

⑥ 葛羽哲，王建华. 战场与市场的交响——全省退伍军人返乡创业纪实［J］. 今日浙江，2019（14）：45.

2. 工商资本下乡主要搞种养、农产品加工、乡村休闲旅游等产业，投资规模大多在百万元至亿元之间

据吉林省图们市 2019 年 6 月的调研显示，当地有 3 家工商资本下乡企业，1 家搞养殖场和设施农业大棚基地，1 家搞有机大米加工，1 家搞生态园，这 3 家工商资本下乡企业主要从事种养业、农产品加工和乡村休闲旅游业。其中，图们市日新农牧有限公司投资 1400 万元搞种养业[①]。山东省淄博市 2019 年以来的工商资本下乡项目 100 个、总投资 72.08 亿元[②]，平均每个工商资本下乡项目达到 7200 万元。据重庆市铜梁区巴川街道玉皇村反映，该村引进 11 家工商资本企业，主要进行花卉苗木、精品水果、淡水鱼和鸭嘴鱼等现代种养业。重庆市铜梁区干部反映，当地有工商资本投资的企业通过租房经营精品民宿，因客流量断续、季节闲置等成本高而亏损，目前主要是农户自有劳动力兼业型经营农家乐，下乡企业经营民宿的较少。湖北省监利市发展和改革局反映，该市 80% 的新型农业经营主体都是工商资本开办的，工商资本对农村养老机构的投入开始增多。

总之，在下乡返乡群体的投资中，工商资本下乡投资规模大、领域比较集中，主要投向规模效益显著的现代种养业和农产品加工业，少数工商资本也投向乡村休闲旅游业，以田园综合体形式居多。返乡群体投资规模较小、投资领域较宽，主要投向以轻资产的特色种养业、农产品电商、农家乐或民宿为主的乡村休闲旅游业。

三、推动下乡返乡群体扩大消费和投资的主要做法

现阶段我国促进下乡返乡群体消费的政策工具和项目活动很少，而促进

---

① 佚名. 图们市工商资本下乡调研汇报 [EB/OL]. (2019 - 6 - 1) [2021 - 1 - 20]. http：// www. haoword. com/gongzuozongjie/diaoyanbaogao/447019. htm.

② 山东省淄博市农业农村局. 探路五种有效模式　撬动工商资本下乡 [N]. 农民日报，2020 - 6 - 20 (3).

下乡返乡群体投资的政策工具和项目活动比较丰富①。

（一）支持下乡返乡群体消费的主要做法

目前，中央和地方政府没有围绕促进下乡返乡群体增加消费出台专门文件。只有在促进消费的综合性文件中，部分工作任务和政策工具会覆盖下乡返乡群体。中央政府不直接举办促进城市居民下乡和返乡群体消费的项目活动，由一些地方政府举办相关项目活动。

1. 中央政府出台覆盖下乡返乡群体消费的综合政策文件，没有发布专项政策文件

在促消费的综合政策文件中，《国务院办公厅关于加快发展流通促进商业消费的意见》是一份促进商品流通和商业消费的综合性政策文件，其中，涉及农村消费的相关内容，会促进下乡的城市居民、工商资本投资人，以及返乡的农民工、大学生和退役军人等返乡群体在农村增加消费。例如，该文件的"加快发展农村流通体系"和"扩大农产品流通"等相关政策（见专栏 5-1），是通过增强农村流通和农产品流通能力等来促进农村消费的，虽然没有明确针对下乡返乡群体，但农村流通和消费包括下乡返乡群体产品的流通和消费。因此，只要这些工作任务及其配套的资金、土地、人才等细化政策落实，就会刺激下乡返乡群体增加消费。《国务院办公厅关于进一步扩大旅游文化体育健康养老教育培训等领域消费的意见》中提出，"实施乡村旅游后备箱行动"，这是综合性消费文件中专门鼓励市民下乡购物的政策导向。在涉农类政策文件中，只检索到 2021 年中央"一号文件"涉及下乡群体消费。该文件提出"吸引城市居民下乡消费"，指导各级政府结合本地实

---

① 政府推动经济发展的做法主要包括政策工具影响和项目活动影响两种方式，项目活动背后往往依靠财政资金等公共政策资源做支撑。在政府推动经济发展的实施对象中，消费者属于自然人，具有数量庞大、原子分布、行为随意的特点，企业属于法人机构，数量有限、组织性强、行为易调。政府对供给侧的企业施加影响的手段多，而对需求侧的消费者施加影响的手段少，政府多调节供给主体的企业，而少调节消费者。

际出台具体吸引市民下乡消费的政策措施。

专栏5-1 《国务院办公厅关于加快发展流通促进商业消费的意见》中促进农村流通以增加农村消费的具体内容

加快发展农村流通体系。改造提升农村流通基础设施，促进形成以乡镇为中心的农村流通服务网络。扩大电子商务进农村覆盖面，优化快递服务和互联网接入，培训农村电商人才，提高农村电商发展水平，扩大农村消费。改善提升乡村旅游商品和服务供给，鼓励有条件的地区培育特色农村休闲、旅游、观光等消费市场。

扩大农产品流通。加快农产品产地市场体系建设，实施"互联网+"农产品出村进城工程，加快发展农产品冷链物流，完善农产品流通体系，加大农产品分拣、加工、包装、预冷等一体化集配设施建设支持力度，加强特色农产品优势区生产基地现代流通基础设施建设。拓宽绿色、生态产品线上线下销售渠道，丰富城乡市场供给，扩大鲜活农产品消费。

优化市场流通环境。涉及农村消费的内容包括"强化消费信用体系建设，加快建设覆盖线上线下的重要产品追溯体系。严厉打击线上线下销售侵权假冒商品、发布虚假广告等违法行为，针对食品、药品、汽车配件、小家电等消费品，加大农村和城乡接合部市场治理力度。"

资料来源：国务院办公厅. 国务院办公厅关于加快发展流通促进商业消费的意见[EB/OL]. (2019-8-27) [2021-5-8]. http：//www. gov. cn/zhengce/content/2019-08/27/content_5424989. htm.

---

2. 地方政府出台促进市民下乡旅游、住房政策，开展"乡村旅游后备箱活动"

为了促进城市居民下乡旅游消费，帮助贫困户脱贫致富，一些地方政府出台了支持政策，并举办相关活动。例如，2021 年 3 月，南京市政府发放乡村旅游直通车电子消费券和乡村民宿电子消费券，举办"金陵乡村踏春行"活动（见专栏 5 - 2）；2017 年，武汉市出台《促进"市民下乡"与"脱贫攻坚"相结合、推进新农村建设的支持措施（暂行）》文件，其中规定："以租赁、合作方式利用贫困户空闲农房休闲养老、协议期在 10 年以上的，对改善房屋居住环境投资，市、区对租赁方分别按每户不超过 0.5 万元给予奖补"，促进了市民下乡养老消费。山东省烟台市、陕西省大荔县等地举办"乡村旅游后备箱活动"项目①，安徽淮南市开展了"乡村旅游后备箱工程"示范基地创建工作②，促进了市民下乡采摘购物等消费。

+·+

专栏 5 - 2　江苏南京市发放"市民下乡"乡村旅游消费券

为了应对新冠肺炎疫情对农村消费的冲击，增强市民下乡旅游消费信心，2020 年 3 月 17 日，南京市启动"金陵乡村踏春行"乡村旅游消费券发放工作。此次发放总额为 1300 万元，包括 300 万元的乡村旅游直通车电子消费券和 1000 万元的乡村民宿电子消费券。消费券每张面额为 100 元，可抵用乡村旅游直通车消费及乡村民宿住宿消费。南京乡村旅游大数据服务平

---

① 大众网. 烟台：助力乡村旅游振兴　农产品"乘自驾后备箱"走出去［N/OL］.（2020 - 9 - 27）［2021 - 1 - 20］. http：//yantai. dzwww. com/xinwen/ytxw/ytsh/202009/t20200927_6702410. htm；佚名."山花工程·后备箱行动"大荔乡村旅游活动正式启动［N/OL］.（2019 - 5 - 25）［2021 - 1 - 20］. http：//www. sanqin. com/2019 - 05/25/content_421492. html.

② 中安在线. 寿县 6 家公司入选首批市"乡村旅游后备箱工程"示范基地［N/OL］.（2020 - 10 - 26）［2021 - 1 - 20］. https：//www. 163. com/dy/article/FPSPHLU30544AULT. html.

台数据显示，3 月 21 日全天，南京市 52 个乡村旅游观测点共计迎来游客 8.21 万人次，已达到 2019 年同期的 70%，"金陵乡村踏春行"活动对乡村游复苏助力明显。

资料来源：李子俊. 消费券激活乡村旅游市场南京 52 个观测点游客量昨日已达去年同期七成〔N〕. 南京日报，2020 – 3 – 23.

+-

（二）支持下乡返乡群体投资的主要做法

国家支持下乡返乡群体投资的做法主要由两部分政策体系构成，一部分是关于工商资本下乡的政策，另一部分是关于返乡群体创业投资的政策。国家对返乡农民工、大学生、退役军人等返乡群体创业投资很支持，出台的相关综合文件和专项文件较多，对工商资本下乡投资从积极推动转向稳健发展，出台的相关支持政策文件较少。

1. 支持返乡群体创业投资的做法

从 2007 年中央"一号文件"开始提出支持返乡农民工和大中专学生等返乡群体创业投资以来，国家已经形成了以中央国务院综合文件为指引，以国务院办公厅专项文件为骨干，以中央部门专项文件为抓手，以地方各级政府专项文件为支撑的一套比较完善的政策系统[1]，其中包括总体要求、发展目标、工作任务、政策措施、项目活动等。据初步整理分析，15 个中央"一号文件"（见专栏 5 – 3）和 2 个国务院文件提出了支持返乡群体创业投资的要求，不同年份和主题的综合文件根据形势变化的要求，支持的对象范围、具体环节、任务措施的详略各有侧重。国务院办公厅于 2015 年和 2016年连续两年先后发布了 2 个以返乡入乡群体为题目的专项文件，是前后相

---

[1] 中央部门出台的综合文件或其他专门文件也有覆盖下乡返乡群体的内容，因这类文件数量较多，不在此一一赘述。

继、深化配套的姊妹篇文件，构成了支持返乡群体创业投资的骨干政策内容（见表5-3）。原农业部、国家发展和改革委、人社部等中央部门为执行国务院办公厅文件又出台了至少5项专门文件（见表5-4），是中央部门结合自身职责分工落实国办文件的抓手。为落实党中央国务院支持返乡群体创业投资的政策要求，省市县各级党委政府高度重视，吉林省、贵州省，以及广西壮族自治区的南宁市、海南海口市，河南省开封市等一些地方政府结合本地实际（见表5-5），也相应出台了抓落实的专项文件。此外，江苏省①、四川省南充市②也都出台了促进返乡群体投资的政策。据调研，湖北省监利市属于第三批国家农民工返乡创业示范县，建立了返乡创业示范园。

+-+

专栏5-3　2007年以来，15个中央一号文件支持返乡群体创业投资的政策导向

1982~1986年，中央发布了"三农"方面的5个中央一号文件，时隔18年后的2004年，又启动了第二轮"三农"中央一号文件，两轮"三农"中央一号文件共23个。2004~2021年，围绕"三农"的中央一号文件共发布了18个，从2007年开始，涉及支持返乡群体创业投资的中央一号文件共15个。除了2011年水利专项中央一号文件外，2014年和2018年的中央一号文件没有涉及返乡群体创业投资，其他15个均涉及。

2007年中央一号文件提出，采取各类支持政策，鼓励外出务工农民带技术、带资金回乡创业，成为建设现代农业的带头人。支持工商企业、大专院校和中等职业学校毕业生、乡土人才创办现代农业企业。2008年中央一号

---

① 姜华，刘俊逸. 江苏返乡下乡人员超25万人农村创业创新如火如荼 [J]. 江苏农村经济，2019 (8): 14.

② 曹代都. 南充市返乡下乡创业情况调研报告 [J]. 四川劳动保障，2020 (1): 28.

文件提出，改善农民工进城就业和返乡创业环境。2009 年中央一号文件提出，落实农民工返乡创业扶持政策，在贷款发放、税费减免、工商登记、信息咨询等方面提供支持。2010 年中央一号文件提出，将农民工返乡创业和农民就地就近创业纳入政策扶持范围。2012 年中央一号文件提出，对符合条件的农村青年务农创业和农民工返乡创业项目给予补助和贷款支持。2013 年中央一号文件提出，对符合条件的中高等学校毕业生、退役军人、返乡农民工务农创业给予补助和贷款支持。2015 年中央一号文件提出引导有技能、资金和管理经验的农民工返乡创业，落实定向减税和普遍性降费政策，降低创业成本和企业负担。2016 年中央一号文件提出，支持农民工返乡创业。2017 年中央一号文件提出，支持进城农民工返乡创业，鼓励高校毕业生、企业主、农业科技人员、留学归国人员等各类人才回乡下乡创业创新，整合落实支持农村创业创新的市场准入、财政税收、金融服务、用地用电、创业培训、社会保障等方面优惠政策。鼓励各地建立返乡创业园、创业孵化基地、创客服务平台，开设开放式服务窗口，提供一站式服务。2019 年中央一号文件提出，鼓励外出农民工、高校毕业生、退伍军人、城市各类人才返乡下乡创新创业，支持建立多种形式的创业支撑服务平台，完善乡村创新创业支持服务体系。落实好减税降费政策，鼓励地方设立乡村就业创业引导基金，加快解决用地、信贷等困难，支持创建一批返乡创业园。2020 年中央一号文件提出，深入实施农村创新创业带头人培育行动，将符合条件的返乡创业农民工纳入一次性创业补贴范围。支持大学生、退役军人、企业家等到农村干事创业。2021 年中央一号文件提出，鼓励地方建设返乡入乡创业园和孵化实训基地。

资料来源：笔者根据 2007～2021 年的中央一号文件整理。各年中央一号文件参见中国政府网站。

表 5 – 3　　　　　　　国务院支持返乡群体创业投资的政策概览

政策类型	文件名称	核心内容概要
国务院及国务院办公厅综合文件	《国务院关于进一步做好新形势下就业创业工作的意见》	支持农民工返乡创业，落实定向减税和普遍性降费政策；整合创建一批农民工返乡创业园，强化财政扶持和金融服
	《国务院关于促进乡村产业振兴的指导意见》	引导农民工、大中专毕业生、退役军人、科技人员等返乡入乡人员和"田秀才""土专家""乡创客"创新创业。创建农村创新创业和孵化实训基地，加强乡村工匠、文化能人、手工艺人和经营管理人才等创新创业主体培训
	《国务院办公厅关于推进农村一二三产业融合发展的指导意见》	引导大中专毕业生、新型职业农民、务工经商返乡人员领办农民合作社、兴办家庭农场、开展乡村旅游等经营活动。加大政策扶持力度，引导各类科技人员、大中专毕业生等到农村创业，实施鼓励农民工等人员返乡创业 3 年行动计划和现代青年农场主计划
国务院办公厅专门文件	《国务院办公厅关于支持农民工等人员返乡创业的意见》	健全基础设施和创业服务体系：加强基层服务平台和互联网创业线上线下基础设施建设，依托存量资源整合发展农民工返乡创业园，强化返乡农民工等人员创业培训工作，完善农民工等人员返乡创业公共服务，引导返乡创业与万众创新对，改善返乡创业市场中介服务 政策措施：降低返乡创业门槛，落实定向减税和普遍性降费政策，加大财政支持力度，强化返乡创业金融服务，完善返乡创业园支持政策 三年行动计划：提升基层创业服务能力行动计划，整合发展农民工返乡创业园行动计划，开发农业农村资源支持返乡创业行动计划，完善基础设施支持返乡创业行动计划，电子商务进农村综合示范行动计划，创业培训专项行动计划，返乡创业与万众创新有序对接行动计划
	《国务院办公厅关于支持返乡下乡人员创业创新促进农村一二三产业融合发展的意见》	政策措施：简化市场准入，改善金融服务，加大财政支持力度，落实用地用电支持措施，开展创业培训，完善社会保障政策，强化信息技术支撑，创建创业园区（基地）

资料来源：笔者根据国务院及办公厅发布相关文件整理，各文件详见中国政府网站。

表5－4　　　　　中央部门支持返乡群体创业投资的专门文件政策概览

序号	文件名称	核心内容概要
1	《农业部、国家发展改革委、国家民委、民政部、国家林业局、国务院扶贫办关于实施开发农业农村资源支持农民工等人员返乡创业行动计划的通知》	抓政策落地：落实定向减税和普遍性降费政策，落实农业农村产业扶持政策，加强新政策创设。合力搭建返乡创业平台，建设返乡创业园，认定返乡创业见习基地，搭建网上创业平台
2	《关于依托现有各类园区加强返乡入乡创业园建设的意见》	发挥财政资金撬动作用，发挥金融支持作用，发挥社会资本补充作用，构建完善银担合作机制，提供土地、培训等配套支持
3	《人力资源社会保障部、财政部、农业农村部关于进一步推动返乡入乡创业工作的意见》	落实创业扶持政策，落实创业担保贷款政策，落实培训补贴，强化载体服务，健全社会保险和社会救助机制
4	《农业部办公厅、共青团中央办公厅、人力资源社会保障部办公厅关于开展农村青年创业富民行动的通知》	落实好创业担保贷款、定向减税、普遍性降费、"三证合一"、创业投资引导基金、就业创业服务补贴、农民工技能提升培训等扶持政策，推动强农惠农富农政策和项目涵盖农村青年创业领域，农产品产地初加工补助政策向农村青年创业重点倾斜
5	《农业部、国家发展改革委、国家民委、民政部、国家林业局国务院扶贫办关于实施开发农业农村资源支持农民工等人员返乡创业行动计划的通知》	抓政策落地：落实定向减税和普遍性降费政策，落实农业农村产业扶持政策，加强新政策创设。合力搭建返乡创业平台，建设返乡创业园，认定返乡创业见习基地，搭建网上创业平台

资料来源：笔者根据中央部门相关文件整理，各中央部门文件详见中国政府网站。

表5－5　　　　部分地方政府支持返乡群体创业投资的相关政策概览

项目名称	核心内容
贵州省出台《省人力资源社会保障厅等六部门关于切实加强就业帮扶巩固拓展脱贫攻坚成果助力乡村振兴的实施意见》	持续实施"雁归兴贵"促进农民工返乡创业就业行动计划。开展返乡农民工创业之星评选活动，组织评选一批省级返乡创业示范县。入驻返乡入乡创业载体给予场地租金、经营费用等优惠，奖补返乡入乡创业载体
《吉林省人民政府关于进一步做好新形势下就业创业工作推动大众创业万众创新的实施意见》	返乡创业者按规定享受创业担保贷款和社会保险补贴政策，依托现有园区建设一批农民工返乡创业基地，扶持有技能、资金和经营能力的农民工返乡创业，落实定向减税和普遍性降费政策，鼓励中高等职业院校毕业生回乡创业，对聘为农民技术指导员的人员给予补贴，扶持农民网上创业

续表

项目名称	核心内容
海口市秀英区发布《关于鼓励支持返乡大学生创业创新的实施方案》	一次性给予10万元创业项目资金。给予政府贴息贷款。组建"返乡大学生创业联盟"
南宁市邕宁区发放2021年返乡入乡创业人员一次性扶持补贴	南宁市邕宁区落实广西人社厅、财政厅、农业农村厅关于进一步推动返乡入乡创业工作的通知精神，给三位返乡入乡创业人员每人发放5000元奖励
河南开封市支持农民工等人员返乡下乡创业的政策措施	创业补贴类，金融、资金支持类，保险补贴类，税费减免类，场地支持类，奖补政策类，创业保障类，共有七大类具体支持政策

资料来源：吉林省人民政府. 吉林省人民政府关于进一步做好新形势下就业创业工作推动大众创业万众创新的实施意见［EB/OL］. （2015 – 7 – 21）［2021 – 1 – 20］. http：//www. gov. cn：8080/zhengce/2015 – 07/21/content_5046651. htm.

贵阳网. 贵州出台实施意见：鼓励支持返乡入乡创业 符合条件可获100万元一次性补助［N/OL］. （2021 – 7 – 15）［2021 – 10 – 15］. http：//www. gywb. cn/system/2021/07/14/031411909. shtml.

邕宁区人社局. 南宁市邕宁区支付2021年返乡入乡创业人员 一次性创业扶持补贴的公示［EB/OL］. （2021 – 7 – 9）［2021 – 10 – 15］. http：//www. yongning. gov. cn/yw/gssg/2021ngsgg/rsj/t4802462. html.

陈丽园，陈创淼. 返乡大学生可获10万元创业资金［N］. 海口日报，2020 – 10 – 28（04）.

王予杰. 支持返乡创业 发展"归雁经济"——返乡下乡创业政策解读［N］. 开封日报，2019 – 12 – 6（003）.

2. 引导工商资本下乡投资的做法

近些年来，对工商资本下乡的社会争议大，既有持鼓励支持立场的，也有持批评反对立场的。国家对工商资本下乡的政策立场也从积极推动支持转为有序引导发展。从中央层面看，关于工商资本下乡的政策，在综合文件中最集中体现在2013年以来的中央一号文件中。在2013~2021年的9年中，除了2019年和2021年这2年之外，其他7年的中央一号文件都提到了工商资本（见专栏5 – 4）。此外，《国务院关于促进乡村产业振兴的指导意见》中提出，有序引导工商资本下乡；《国务院办公厅关于推进农村一二三产业融合发展的指导意见》中提出，规范工商资本租赁农地行为（见专栏5 – 5）。中央层面以工商资本为题目的专门文件为农业部牵头的3部门联合发布的《农业部 中央农办 国土资源部 国家工商总局关于加强对工商资本租赁农地监管和风险防范的意见》中提出，引导工商资本到农村发展适合企业化经营的现代种养业，加强工商资本租赁农地规范管理，健全工商资本租赁农地风险防范机制，强化工商资本租赁农地事中事后监管。地方政府落实中央文件精神，很少出台专门推动工商资本下乡的政策文件。从网上检索看①，只有山东省潍坊市在严格遵守中央文件精神的前提下，结合本地实际，出台了《中共潍坊市委办公室、潍坊市政府办公室鼓励引导城市工商资本下乡推进乡村振兴的指导意见》。该文件指出鼓励工商资本进入的重点领域包括现代规模化种养业、农产品加工业、乡村旅游业、现代农业服务业、农村电子商务和农村社会事业。采取下列支持政策，建立改革促进机制，实行财政扶持，加大融资支持，落实用地用电政策，完善支持服务体系。总体看，中央层面对工商资本下乡的政策在规范监管基础上适度发展，地方政府基本贯彻中央文件精神，并与中央立场保持一致，只有极少数地方持谨慎支持态度。

+-+

专栏 5 – 4　2013 年以来，中央一号文件中的工商资本政策导向

在 2013~2021 年的 9 个中央一号文件中，除了 2019 年和 2021 年之外，其他 7 年的中央一号文件都提到工商资本。2013 年中央一号文件提出鼓励和引导城市工商资本到农村发展适合企业化经营的种养业。2014 年中央一号文件提出探索建立工商企业流转农业用地风险保障金制度，严禁农用地非农化。2015 年中央一号文件提出鼓励工商资本发展适合企业化经营的现代种养业、农产品加工流通和农业社会化服务，严禁擅自改变农业用途。2016 年中央一号文件提出完善工商资本租赁农地准入、监管和风险防范机制。

---

① 各地究竟出台的关于工商资本的文件，很多不在网上公布，因此无法检索出来。本章论及地方政府关于工商资本文件的情况，只限于网上可检索到的，并不能反映各地实际出台相关文件情况。

2017 年中央一号文件提出研究制定引导和规范工商资本投资农业农村的具体意见。2018 年中央一号文件提出加快制定鼓励引导工商资本参与乡村振兴的指导意见。2020 年中央一号文件提出引导和鼓励工商资本下乡，切实保护好企业家合法权益。

资料来源：徐田华. 工商资本下乡困境的经济学分析［J］. 安徽农业科学，2019，47（3）：239.

人民出版社. 中共中央国务院关于抓好"三农"领域重点工作确保如期实现全面小康的意见［M］. 北京：人民出版社，2020.

专栏 5 - 5　中央政府综合文件中关于工商资本下乡的政策概览

《国务院关于促进乡村产业振兴的指导意见》中提出，有序引导工商资本下乡。坚持互惠互利，优化营商环境，引导工商资本到乡村投资兴办农民参与度高、受益面广的乡村产业，支持发展适合规模化集约化经营的种养业。支持企业到贫困地区和其他经济欠发达地区吸纳农民就业、开展职业培训和就业服务等。工商资本进入乡村，要依法依规开发利用农业农村资源，不得违规占用耕地从事非农产业，不能侵害农民财产权益。

《国务院办公厅关于推进农村一二三产业融合发展的指导意见》中提出，规范工商资本租赁农地行为。

资料来源：中国政府网站。

四、目前扩大下乡返乡群体消费和投资面临的突出困难和问题

近十几年以来，中央到地方各级党委政府出台和实施了一系列促进下乡

返乡群体消费和投资的政策措施，取得了显著成效。当今世界正经历百年未有之大变局，我国发展进入新阶段，构建新发展格局对扩大下乡返乡群体的消费和投资提出了更高要求。长期以来，我国"三农"领域困难问题多，可用政策资源有限，下乡返乡群体既面临缺地、缺钱、缺技术①和缺基础设施及公共服务②、农村营商环境不佳③等长期难以解决的"老大难"问题，又遇到"变异"的老问题④和一些新矛盾新问题，促消费政策问题少，扩投资政策问题多，需要今后逐步予以解决。

（一）相关政策落地迟缓，下乡返乡群体享受优惠政策获得感不强

关于扩大返乡入乡群体消费和投资的各种现有政策既多又具体，但一些政策落地的"最后一公里"问题始终难以解决，许多支持对象得不到政策惠顾。除了有限的政策资源覆盖对象少、政策推广复制条件高等因素之外，主要原因可能是企业不知道优惠政策项目，落实政策的操作办法既不透明又缺乏易操作性，考核重写文件而轻抓落实。一些政府部门因发文件容易考核、抓政策落实难考核，就将主要精力比拼发文件多少，而较少用力抓政策

---

① 据调研，围绕下乡返乡群体投资，重庆市铜梁区规划局和企业反映，建设用地指标不足；区文旅局说，缺少连片的建设用地；重庆市科赛农业有限公司的休闲农业项目缺少小学生活动用地。湖北监利企业反映批建设用地难。重庆市铜梁区返乡农民工反映，他们缺乏技术支持，缺乏创业资金。虽然有担保贷款，但都需要抵押，农民的房屋无法抵押。监利县文旅局反映，休闲农业与乡村旅游发展缺乏资金。湖北省监利市人社局反映农民工返乡创业主要是融资难，缺乏创业担保。监利市人民银行反映，返乡群体融资难，缺乏抵押物，农房无法变现。重庆市铜梁区一家工商资本下乡企业反映，对民营企业的研发支持不足。

② 据调研，湖北省监利市干部反映，当地新型农业经营主体大多是工商资本投资的，这些主体的农业基础设施不足，尤其是抗击自然灾害设施缺乏。农村生活基础设施弱，教育设施不足，农村文化设施少。

③ 据调研，湖北省监利市一粮油企业反映，企业办事找的部门太多了，一站式服务不够。重庆市铜梁区巴川街道玉皇村返乡农民工反映，找政府办事不方便。

④ 例如，返乡农民工务农要回承包地分散经营与新型农业经营主体租赁承包地规模化经营的矛盾在一些偏远修路的村庄凸显，也是返乡农民工投资与新型农业经营主体投资替代的矛盾，值得深入探讨。据调研，重庆市某下乡务农企业反映，边远地方村庄道路修了，农民愿意回来了，企业流转土地变难了。

落实。下面以中央两项具体政策的推广落实难为例，反映下乡返乡群体享受中央优惠政策获得感不强的现实。

1. 农业设施抵押贷款难

2017 年、2020 年、2021 年中央一号文件对农业设施抵押贷款推进力度不断加大，《国务院关于促进乡村产业振兴的指导意见》中明确指出，允许权属清晰的农村承包土地经营权、农业设施、农机具等依法抵押贷款。四川成都、甘肃白银市、贵州湄潭县等地都试点了多年，浙江省、江苏省等地才开始推进①，足见此项政策落地推广之艰难。最大的困难在于抵押的农业设施偿还银行贷款的变现难，银行没有动力。如何解决资产专用性强的抵押农业设施快速交易变现是破题关键。据调研，重庆市铜梁区涉农干部反映，本地对牛舍、猪圈的合同登记，只是信用贷款的补充，不具有抵押价值。农村处置牛舍、猪圈很难，即使发了产权证，银行等金融机构也不愿意要。贵州省印江县干部反映，当地银行不认茶园抵押贷款。

2. 下乡返乡群体投资最期盼的国有建设用地指标单列政策落地阻力大

目前，许多地方的农产品加工、冷链仓储设施、休闲农业和乡村旅游等领域的建设用地缺乏。2015 年《国务院办公厅关于推进农村一二三产业融合发展的指导意见》规定了"在各省（区、市）年度建设用地指标中单列一定比例，专门用于新型农业经营主体进行农产品加工、仓储物流、产地批发市场等辅助设施建设"。2020 年中央"一号文件"规定，"新编县乡级国土空间规划应安排不少于 10% 的建设用地指标，重点保障乡村产业发展用地。省级制定土地利用年度计划时，应安排至少 5% 新增建设用地指标保障乡村重点产业和项目用地"。都对乡村产业发展项目单列国有建设用地指标做出规定。但地方政府建设用地指标大多比较紧缺，投向乡村产业发展的财

---

① 王峰，江毅，范闯. 江苏：发放首笔农业设施产权抵押贷款［N/OL］.（2020－9－29）［2021－10－15］. https：//www. financialnews. com. cn/qy/dfjr/202009/t20200929_202324. html.

姚思思，陆晓芬. 农业设施"上户口"打开融资"新窗口"［N］. 湖州日报，2021－05－22（01）.

税等贡献有限。国有建设用地成本和价格高，乡村产业投资回报率较低，涉农企业需要优惠低价供地。地方政府既要损失财税，又要补贴地价，上级政府又没有检查督导，为乡村产业单列国有建设用地指标意愿不足。因此，下乡返乡群体投资不断遇到缺乏国有建设用地指标困扰。

（二）城市居民下乡购买农房使用权需求无法满足，农村最大消费需求潜力释放困难

1. 城市居民下乡购房遇到制度禁止

多年以来，在一定法律规制条件下，城市居民自由下乡购房和农村居民自由进城购房一直是许多居民的梦想。自从城市住房制度市场化改革的20多年来，农村居民自由进城购房的梦想早已实现，但城市居民下乡购房居住却始终没有找到实现路径，缺失城乡一体的房地产市场是我国构建现代市场体系的短板。据问卷调查反映，在参与调查的1060位市民中，选择"在严控农村宅基地规划的条件下，如果今后政策允许城里人拥有农村房屋的使用权，想在环境优美交通便利的村庄购买可转让继承的农村房屋"的市民占比达到39.0%。由此推断，近40%的城市居民有下乡购房居住需求，但我国独特的集体所有制经济制度安排禁止市民下乡购房，只能允许农民住房在本村范围内交易。

2. 地方探索城市居民下乡购房路径艰难

2016年中央"一号文件"指出，"在风险可控前提下，稳妥有序推进农村承包土地的经营权和农民住房财产权抵押贷款试点"。此项重大制度虽是一次大胆的创新，但由于实施条件不成熟，"十三五"没有推进。到2021年8月，此项政策停留在农村宅基地所有权、资格权、使用权三权分置改革的推进阶段。虽然一些地方大胆改革探索，适度放活了农村宅基地和住房使用权，采取市民下乡建房等方式（见专栏5-6），探索城市居民下乡购置房屋的路径，但均被叫停。近期，河北滦平县开始探索城乡居民合作建房。据

光明网报道，2021年6月9日，城乡居民合作建房使用权全国第一证在河北滦平县承德桑园村落地，来自北京的市民韩建松等6人领取《合作建房房屋使用权（租赁）鉴证书》①。此项重大制度创新能否复制推广，尚待观察。

专栏5-6　湖南冷水江市民下乡买地建房被叫停

2013年8月18日，据中国之声《新闻纵横》报道，2012年5月份，湖南冷水江市试点"市民下乡"。根据该项目规定，只需50万元，城市居民就可以落户农村，获得购买地皮、兴建房屋的资格，同时，农村获得资金后可以发展旅游、建设村庄。这个工程，曾一度被冷水江市当作是城乡一体化的"重头戏"，宣扬它是新农村建设的"主战场"和"试验田"。然而，轰轰烈烈开始仅仅一年后，"市民下乡"项目却被静悄悄叫停了。

资料来源：栾红，刘飞．湖南冷水江市民下乡买地被叫停　专家：政策剥夺农民利益［EB/OL］．（2013-08-18）［2021-10-15］．http：//china．cnr．cn/yaowen/201308/t20130818_513349588．shtml．

（三）下乡返乡群体消费不能充分满足，制约农村扩大消费和投资

1. 城市居民下乡消费的高质量需求难满足

据问卷调查，目前大部分下乡市民消费没有遇到困难和问题，只有约1/3的市民遇到一些问题。在市民下乡购物方面，遇到困难和问题的380位市民（占35.9%）认为，农村产品质量好坏的判别问题最突出。首先，选

---

① 周易，王海霞．城乡居民合作建房使用权全国第一证在承德桑园村落地［N］．承德日报，2021-06-14（01）．

择"难以判断乡土产品质量好坏"的市民占57.4%，"担心买到假冒伪劣产品"的市民占50.8%。其次，食用农产品品质不佳且不卫生。31.6%的市民选择"土特产或新鲜果蔬等食用农产品口感不好、不卫生"。再次，农产品品牌形象弱、价格偏高，市民选择"价格偏高、不实惠"占30.8%，"没有品牌商标"占30%，"包装简陋"占30%。最后，"手工艺品雷同"占22.1%。总之，部分市民对下乡购物遇到的问题本质是乡村产品的品质、品牌、形象和特色等高质量需求没得到满足。345位市民（占32.6%）下乡休闲旅游消费遇到的问题最突出的是"住房设施简单、卫生一般"（73.6%），然后是"农家饭雷同、品种少、做工粗、价格偏高"（45.2%）、"可观赏或体验的民俗文化活动少"（35.1%）、"当地特色农事体验等特色活动不足"（34.8%）、"村庄环境不够整洁优美"（33.6%）和"适合儿童游玩的设施少"（21.7%）。可见，市民下乡消费遇到的吃住品质不佳、体验活动少、环境卫生不好问题，反映了市民下乡休闲旅游的高质量消费需求难以满足的现实。

2. 人口较少、居住分散、老龄化明显的村庄难以满足下乡返乡群体的消费需求

下乡返乡群体到农村投资，因习惯了城市便利化的消费环境，到农村后经常遇到农村消费不便利的困扰，不仅会降低这些群体到农村投资的积极性，也会压抑其消费潜力释放。据下乡投资的重庆市一企业负责人反映，在农村生活不方便，有些商品买不到，酒后代驾找不到，商品快递送不到（家）。此外，农村文化娱乐消费较弱，对返乡大学生等群体回乡创业投资的持久性也不利。据湖北省监利县文旅局反映，当地农村市场化的文化服务少，影视公司没有市场，主要原因在于农村人口少、老龄化严重，文化娱乐消费需求不足。随着许多村庄青壮年劳动力外出打工，年轻人口外流，村庄空心化、老龄化出现，村庄消费需求下降是市场规律作用的必然结果。这类村庄，仅靠政府和村集体改善商业设施和消费环境，因缺乏持久的市场购买

力支撑，不可持续。

（四）下乡返乡群体防止耕地"非粮化"隐忧多，影响农业投资预期

1. 永久基本农田与粮食生产功能区地块交叉、边界不明

一些基本农田保护区未树立保护标志。即使立了标志牌，一些保护区"四至"边界不清。据湖北省监利市一乡镇干部反映，村干部、普通农户和新型农业经营主体很难搞清楚哪些地块属于永久基本农田和粮食生产功能区，因地块信息保密，种植主体只能到乡镇街道的国土所去查询；有的地块复杂，还需要国土部门干部下到田间地头去比对，程序烦琐，工作量比较大。另据湖北省监利市和重庆市铜梁区相关部门干部反映，粮食生产功能区大部分在永久基本农田，少部分在一般耕地中，有两个隐患，即种植主体对一般耕地上的粮食生产功能区边界不明，种地出现被动"非粮化"；对不在永久基本农田的粮食生产功能区从事"非粮化"种植和养殖，缺乏法律处罚依据，易引发矛盾纠纷。

2. 限期强制清除"非粮化"作物及设施的成本分担机制不健全

地方乡村干部反映，现在要求清除基本农田上已经种植的林果、花卉、苗木及鱼塘等"非粮化"作物和田间设施，没有具体法律依据和强制手段，限期强行清除，容易引发社会矛盾。一位农业企业主反映，该企业基本都在基本农田上种了果树和苗木，如果退林还田，不仅要辞掉包括7～8位刚脱贫贫困户在内的100多位农民，每亩苗圃还将损失2万多元基础设施投资。目前，清除基本农田上的林木等作物的各种费用由县市地方财政负担。

3. 永久基本农田划定存隐忧

历史原因导致一些水淹地、乡间道路甚至农民宅基地都划入了基本农田。据某地估计，目前大约10%不适合种粮的农地还是基本农田。在县域范围内调整补划地块几乎没有空间，如果不允许调减永久基本农田面积或跨省调整地块，这些不适合种粮的基本农田可能继续划入永久基本农田。一般

耕地上都已经种植林果、花卉苗木或搞养殖业，补划为永久基本农田后，面临清除现有种植作物和养殖产品及其设施的赔偿压力。

4. 防止"非粮化"政策未来执行标准走向不明

据调研地区部分基层干部和农业经营主体反映，大家担忧粮食安全党政同责后，防止耕地"非粮化"政策的执行标准可能会从严，担忧上级对在永久基本农田从事林果业及挖塘养鱼的农业经营主体，要求短期内强挖林果、强填鱼塘，导致一些农业经营主体的投资处于观望状态，农业投资预期受到一定影响①。

五、新发展格局下扩大下乡返乡群体消费和投资的基本思路与政策建议

（一）基本思路

牢牢把握构建新发展格局下扩大农村内需主攻方向，围绕扩大下乡返乡群体的消费和投资，以促投资为主、增消费为辅，以提高现有政策落实率为主线，坚持落实政策为主、创设政策为辅，坚持靶向突破、以点带面，优化组合政策资源，聚焦关键堵点，精准施策，务求实效，促进下乡返乡群体消费和投资持续增长。

1. 以提高现有政策落实率为主线，坚持落实政策为主、创设政策为辅

通过前文对下乡返乡群体的现有消费和投资政策初步梳理分析后发现，尽管不少专家重复提出的许多好政策建议始终未被采纳，除了少部分是未受到重视外，大多数政策建议可能是出台的条件不够成熟。目前，我国该领域

---

① 蓝海涛，涂圣伟，张义博，周振. 高度重视耕地"非粮化"整治中的四大隐忧［R］. 调查研究建议，2021：2-4.

出台的现有政策体系已经比较成熟。在国内外发展环境不发生巨变的情况下，只要抓好现有中央政策的落地见效，复制推广各地的成熟政策措施，显著提高下乡返乡群体的政策获得感，即使不出台任何新政策措施，我国下乡返乡群体的消费和投资都将持续增长。尽量在现有成熟可行政策框架内，通过加大力度或微调执行方式等办法，提高解决困难问题的效率和效果。要把政策创新当手段，不能作为目标。没有必要为了追求研究创新而创设新政策，要为解决实际问题而创设新政策，防止出台名目繁多、形式多样、实质一样的政策，防止下乡返乡群体消费和投资政策的碎片化。

2. 坚持集中突破、以点带面，优化组合政策资源

我国下乡返乡群体政策是一个大型政策系统，虽然取得了显著成效，但也存在一定的碎片化现象。我国政策资源有限，下乡返乡群体政策目标过多，政策对象名目多样，受惠群体交叉重复，"撒胡椒面"现象比较严重。虽然出台的政策文件较多，其中罗列的政策十分丰富，但问题矛盾长期存在，受惠对象的获得感不强。因此，要抓住主要矛盾和矛盾的主要方面，收缩政策覆盖对象、范围、环节，优化组合政策资源，集中突破缺土地、缺资金、缺技术和基础设施薄弱的老大难问题。通过点状突破，打开缺口，带动下乡返乡群体的其他相关问题逐步解决。要从中央部门的政策分类整合做起，带动各级政府的政策资源优化重组。区分政策实施的核心部门和一般相关部门，将财政资金等核心资源集中配置到核心部门，一般相关部门只需要在其职责范围内协助参与即可。

3. 聚焦关键堵点

扩大下乡返乡群体的消费和投资所面临的堵点不少，但紧要程度不同。要坚持重点突破原则，畅通关键堵点，其他堵点也会逐渐迎刃而解。下乡返乡群体消费和投资是一个复杂的嵌套系统，不同子系统的关键堵点不同。目前，从下乡返乡群体消费和投资政策体系及运行的总体看，政策落实不力和土地资金要素流入难，是下乡返乡群体在扩大消费和增加投资时面临的两大

关键堵点，是今后政府发力的主攻领域。从下乡返乡群体的消费和投资政策落地情况看，中央部门的督导较弱和县级政府的落实乏力是两大关键堵点，是政策落地必须解决的"最先一百米"和"最后一百米"问题。

（二）政策建议

围绕下乡返乡群体增消费、扩投资遇到的"老大难"问题，必须针对下乡返乡群体，持之以恒实施现有成熟政策，不要急于求成，久久为功，加大建设用地供给，强化财政金融资金注入，增强技术供给和研发支持，完善农业农村基础设施，推动城乡教育医疗文化等公共服务一体化，精准补齐农村营商环境短板，复制推广各县市成熟政策措施。在此基础上，针对下乡返乡群体老问题的新表现形式和新问题，采取下列政策措施，努力吸引下乡群体增加消费、扩大投资。

1. 建立下乡返乡群体消费和投资政策"最后一百米"落地机制，提高政策对象获得感

遵循习近平总书记提出的"一分部署，九分落实"的要求①，提高各级政府部门落实文件的考核权重，将制定政策文件和落实政策文件并重。重点围绕下乡返乡群体的专门文件，由国务院牵头部门负责协调相关部门督导地方各级政府抓落实。国务院牵头部门利用课题方式，委托知名的第三方机构开展下乡返乡群体消费和投资政策获得感评估。由地方政府向国务院牵头部门提供下乡返乡法人机构名录及联系方式，供第三方机构随机抽查。国务院牵头部门将下乡返乡群体政策落实情况作为年度重要业绩组成部分向国务院汇报，用部门掌握的政策资源奖励落实政策好的地方政府，将落实情况差的地方政府部门通报同级党委政府负责人。推动县级地方党委政府提高县直部

---

① 韩秉志，熊丽. 吹响"一分部署，九分落实"冲锋号——习近平总书记在政协经济界委员联组会上的重要讲话引发热烈反响［N］. 经济日报，2020 – 05 – 26（02）.

门抓下乡返乡群体政策落实的考核权重，针对中央和省市出台的专门政策文件，制定县级下乡返乡群体优惠政策落地手册或明白卡，图文并茂、简明扼要地明确各项优惠政策的名目、支持程度、申报条件和程序等[①]，运用多种媒体广泛开展宣传。除个别涉密情况之外，将下乡返乡群体优惠政策落实手册或明白卡，以及政策落实结果，规定必须在政务内外网公开，接受上级政府和全社会监督。

（1）完善农业设施抵押贷款推广措施。

健全农业设施抵押贷款的配套政策体系，逐步打通全国各县市的农村产权交易市场，努力提高农业设施抵押资产的处置效率。在试点推广基础上，条件成熟后，由牵头部门发布专项文件，适时召开全国性的现场推进会，示范推动全国复制推广。

（2）研究建立乡村产业国有建设用地指标单列的督导落地机制。

建议要求各县市将乡村产业发展的单列建设用地指标及其年度使用情况在线上公开，中央有关部门在部门网站公开全国各省市的该项政策落实情况。由牵头部门发通知，及时抽查并发督察通报，必要时可纳入国务院年度督察的一项指标任务。

2. 探索创新城市居民有序下乡购买农房使用权体制机制，释放农村最大消费需求潜力

（1）开展城市居民下乡购买农村宅基地和住房使用权试点。

虽然市民下乡购房建房的需求较大，但不是任何村庄都能吸引市民花钱购房居住，许多自然环境一般、道路交通不便、基础设施和公共服务弱、人口外流严重的村庄，对市民下乡购房没有吸引力，这类村庄占比不低。市民下乡购房是新生事物，对县市制度创新能力要求高。因此，建议选择制度创

---

① 根据当地实际情况，选择有条件落实的下乡返乡群体优惠政策予以公布。虽然是上级部门的政策，因财政资金和建设用地等政策资源紧张，个别无法落实的政策名目可以向上级政府部门写说明，不予公布。

新经验丰富、能力强、市民下乡购房条件好的宅基地改革县市开展试点，市民下乡购房的地点要选在交通便利、自然环境秀美、能吸引市民居住的村庄。在不改变宅基地集体所有权、农户资格权的前提下，适度放活宅基地和农民房屋使用权，允许农村居民与城镇居民合作建房。条件成熟后，允许城里有房农户出售宅基地和农房使用权给市民，让市民在住宅规划区内独立建房，逐步建立起具有中国特色的城乡一体化房地产市场，根除城乡土地要素不能自由流动的农村现代化最大障碍。

（2）建立健全市民下乡购房前置性制度安排。

为了防止市民下乡建房乱占农村土地，侵占宝贵耕地资源，威胁国家粮食安全，必须设定前置性制度安排。严格城乡空间规划管控和卫片执法。研究制定农民建房（试行）条例①，对违法违规建房予以拆除和重罚。试点县市必须制定城市居民下乡违规建房的严厉处罚规定，避免先建设后拆除，造成财产损失和社会不稳定。试点县市要建立城市居民下乡建房的严格审批程序，由乡镇政府初审，再由县市住房建设部门牵头，自然资源和农业农村部门联合审批。下乡市民购房只允许一户一房最多两房，原则上要求市民自住一定期限，全国联网会审，防止资本炒作农村住房，扰乱这一重大制度创新。

3. 改善下乡返乡群体消费环境，吸引其增加农村消费

（1）引导农村经营主体为下乡市民提供高质量产品和服务。

结合问卷调查表市民下乡消费的政策需求（见图5-6），针对各项问题，建议鼓励乡土产品的生产者采用标准化方式生产品质稳定的优质土特产，引导支持农户做好土特产等农产品分等定级及原产地标识，完善乡村商店销售假冒伪劣产品查处机制，为城市居民下乡购物提供高品质产品。支持建立休闲农业和乡村旅游精品网点及信息查询网站，示范引导企业和农户提

---

① 之所以采取试行条例的方式，是因为城乡居民合作建房等新生改革事务尚在探索中，不宜用定型条例规范。如果没有试行条例，对试点中乱建房予以拆除和处罚时又缺乏法律依据。通过试行条例方式，可以解决违背政策初衷的不合理改革行为缺乏法律处罚依据的悖论。

供当地特色鲜明的民宿文化活动和农事体验活动，推动休闲农业和乡村旅游点的环境卫生提档升级。

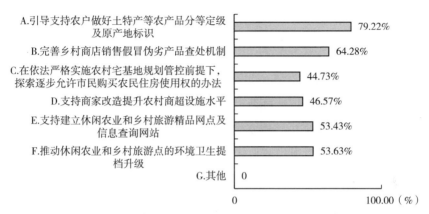

图 5-6　城市居民下乡消费希望得到政府支持的政策措施

资料来源：据 2021 年 6 月问卷调查表有康养消费经历的 977 位市民回答结果计算而得。

（2）支持人口较多、基础设施和公共服务较好的村庄改善消费环境。

常住人口少、居住分散化、以老少人口为主的村庄，只有那些不在乎农村消费环境优劣的下乡返乡群体可能因当地丰富独特的农业资源而去投资，这类村庄是无法通过政府采取措施改善商业环境，从而吸引下乡返乡群体去投资的。一般情况下，只能选择人口达到一定规模（如人口较少的西部和东北地区 1000 人以上，人口较多的东中部地区 3000 人以上）、基础设施和公共服务较好的村庄，像打造城市小区一样，通过政府投资支持和村集体投资，完善村民集中居住区的基础设施和公共服务，加大村庄商业设施改造支持力度，优化村庄商业消费环境，吸引商家入住，为下乡返乡群体提供便利化消费服务，吸引其扩大农村投资。

4. 完善防止耕地"非粮化"长效机制，提高下乡返乡群体投资积极性

（1）明晰农田地块类型和保护标志。

结合农田划界调整，原则上将粮食生产功能区调整划入永久基本农田范

围内。全面普及永久基本农田和粮食生产功能区保护标志建设，明确标注"禁止从事林果业以及挖塘养鱼、非法取土等破坏耕作层的行为"等内容。在保证信息安全的前提下，向村委会开放粮食生产功能区电子地图和数据库接口。推动各县市制定并推广使用承包地流转合同范本，其中，必须设定防止耕地"非粮化"和禁止耕地"非农化"的法定条款。

（2）妥善处置存量耕地"非粮化"遗留问题。

在目前国内谷物类粮食供求平衡阶段，允许各地在完成中央粮食播种面积基础上，分批分期逐步化解永久基本农田上的存量"非粮化"问题。允许流转承包地的新型农业经营主体在合同到期后清除永久基本农田及其他粮食功能区上的林果及鱼塘并恢复耕地种粮条件。

（3）尽快健全粮食生产功能区，出台防止耕地"非粮化"的法律法规。

督促"非粮化"问题突出的省（区、市）尽快出台粮食生产功能区保护办法，并对农业生产经营主体违规种植多年生作物和挖塘养殖水产的行为提出依法处理措施。条件成熟时，可以出台全国性的粮食生产功能区保护条例或办法。

（4）实事求是科学调整补划永久基本农田。

高度重视多种复杂原因造成的基本农田"上山、下海、入湖、进房、占道"等历史问题。严格按照永久基本农田的技术条件，实事求是剔除不具备条件的基本农田，重新补划其他地块。确实在本地没有地块可补划的，可以调减当地永久基本农田保有面积，允许跨县市甚至跨省补充同质等量永久基本农田，按照"谁补划、谁出资"的原则支付跨区域补充永久基本农田的建设资金。

（5）稳定防止耕地"非粮化"政策预期，促进农业投资。

建议有关部门加强新型农业经营主体、社会资本和普通农户对防止耕地"非粮化"政策的舆情监测，加快探索耕地"非粮化"整治成本分担机制和利益补偿办法。有针对性地举办权威性新闻发布会，明确防止耕地"非粮化"政策执行标准边界，让农业生产经营主体和社会资本放心投资农业①。

（执笔人：蓝海涛）

本章参考文献

[1] 新华社．习近平：民族要复兴，乡村必振兴 [N/OL]．（2020 - 12 - 30）[2021 - 10 - 15]．http：//www. xinhuanet. com/mrdx/2020 - 12/30/c_139628945. htm.

[2] 彭文武，孙智信，刘伟辉．乡村振兴战略背景下农村籍大学生返乡创业影响因素与实现路径研究 [J]．中国市场，2021（17）：177 - 188.

[3] 张富富．乡村振兴视阈下返乡农民工创业路径研究——基于贵州省五位返乡农民工创业之星调查 [J]．云南农业大学学报（社会科学），2021（15）：1 - 9.

[4] 闫强．乡村振兴背景下大学生返乡创业的意愿与困境探讨 [J]．山西农经，2021（9）：146 - 147.

[5] 李燕，张炳信．引导高职院校毕业生返乡、下乡创业的对策研究 [J]．广东农工商职业技术学院学报，2021，37（1）：62 - 66.

[6] 徐宪红．乡村振兴背景下河南省推动返乡下乡人员创业创新路径研究 [J]．营销界，2021（3）：18 - 19.

[7] 杨永．河北省返乡下乡创新创业问题及策略 [J]．石家庄职业技术学院学报，2020（2）：46 - 48.

[8] 刘洪银．构建人才返乡下乡的有效机制论析 [J]．中州学刊，2021（4）：34 - 40.

[9] 邵雪亚，邵前程，魏昭林，黄兴．重庆市北碚区返乡农民工现状调查研究 [J]．安徽农业科学，2010，38（28）：15964 - 15966，15969.

[10] 李海波．家庭资本禀赋对返乡农民工创业选择的影响——基于465户农民工家庭的实证分析 [J]．长沙大学学报，2020，34（5）：63 - 68.

---

① 蓝海涛，涂圣伟，张义博，周振．高度重视耕地"非粮化"整治中的四大隐忧 [R]．调查研究建议，2021：4 - 7.

[11] 张璐，王志松．军人变"牛人"，返乡创业当尖兵 [J]．四川劳动保障，2017（8）：61．

[12] 陈静，蒋甲济．退伍军人返乡养"战斗鸡" [J]．农家之友，2019（12）：15－16．

[13] 葛羽哲，王建华．战场与市场的交响——全省退伍军人返乡创业纪实 [J]．今日浙江，2019（14）：44－45．

[14] 王兰，李静．四川农民工集中返乡的认知与应对 [J]．治蜀兴川研究，2020（3）：84－91．

[15] 林枫．平邑县工商资本下乡情况调研报告 [J]．科技经济导刊，2019，27（26）：202－203．

[16] 李建民，李丹．乡贤资本返乡与乡村产业振兴的新路径 [J]．中国集体经济，2021（12）：15－16．

[17] 涂圣伟，周振，张义博．工商资本：新时代乡村振兴的重要变量 [M]．北京：中国社会科学出版社，2020．

[18] 肖焰，谢雅鸿．基于负责人角度的工商资本持续投资农业意愿研究 [J]．地方治理研究，2021（2）：43－59．

[19] 胡凌啸，舒文，武舜臣．工商资本下乡流转土地的问题聚焦与反思 [J]．新疆农垦经济，2021（4）：63－71．

[20] 王小燕，杜金向．工商资本下乡"非粮化""非农化"的原因及解决路径研究 [J]．山西农经，2021（5）：29－30．

[21] 马红超．清丰县返乡下乡创业工作调研分析 [J]．人才资源开发，2021（4）：52－53．

[22] 曹代都．南充市返乡下乡创业情况调研报告 [J]．四川劳动保障，2020（1）：28．

[23] 姜华，刘俊逸．江苏返乡下乡人员超25万人 农村创业创新如火如荼 [J]．江苏农村经济，2019（8）：13－14．

[24] 王予杰．支持返乡创业 发展"归雁经济"——返乡下乡创业政策解读 [N]．开封日报，2019－12－6（003）．

[25] 华中炜．中国农民工消费研究 [D]．武汉：华中科技大学，2017．

［26］楼振锋，夏根凤，张鑫睿，徐美竹，付丹．回流农民工住房消费现状及居住满意度调查分析——基于469个回流农民工的数据［J］.现代物业，2020（3）：28－30.

［27］王张明．农民工消费的城乡二元性消费研究［D］.西安：陕西师范大学，2015.

［28］李光明，沈琴．新市民炫耀性文化消费的影响因素［J］.城市问题，2018（7）：84－90.

［29］郑世卿．消费升级：上海市民乡村休闲新需求［J］.上海经济，2015（9）：43－47.

［30］张馨元，童茜，韩剑磊．乡村振兴战略下乡村民宿与在地社区共生发展的创新实践［J］.昆明理工大学学报（社会科学版），2021，21（2）：59－66.

［31］杜华赋．返乡下乡创业正当时［N］.广元日报，2020－12－22（A01）.

［32］王凯博．农业农村部：我国返乡下乡创业创新人员达780万人　带动农户经营收入平均增加67%［N/OL］.（2019－1－10）［2021－10－15］.http：//m.news.cctv.com/2019/01/10/ARTIESnzddOMGSDYtd0Lesxy190110.shtml.

［33］张程喆．农民工、大学生、退役军人返乡入乡规模扩大　激发乡村活力［N］.人民日报，2021－4－1（07）.

［34］蓝海涛，涂圣伟，张义博，周振．高度重视耕地"非粮化"整治中的四大隐忧［R］.调查研究建议，2021：4－7.

第六章

扩大农村内需视角下农村现代供应链优化方向与实现路径研究

内容提要：农村现代供应链具有智能化、标准化、网络化、高效化和绿色安全性特征，对扩大农村内需发挥桥梁纽带作用。新形势下，扩大农村内需要求农村供应链补齐各环节产业配套、推动农村流通体系降本增效、创造中低收入群体分享收益的机会、实现产销协同以及保障主要农产品安全供给。但以"城市消费端"为重心的农产品供应链组织体系下，"小农户"对接"大市场"依然不畅，农村供应链发展基础薄弱，数字化平台建设滞后、参与主体利益联结机制不健全、链主企业缺乏、农产品安全尚存隐忧等制约成为扼住农业发展和农民增收"咽喉"的"黑手"。亟须以农村生产地为重心，组织供应链体系，引入供应链链主企业，加快构建"政府建设、链主企业运营"的产销衔接数字化平台，补齐农村供应链基础短板，支持链主企业推动供应链组织中心前移和服务前置，全面打通农村供应链循环梗阻，为促进城乡区域循环增添内生动力。

一、农村现代供应链的内涵特征与作用机理

（一）农村现代供应链的内涵

供应链是促进"物料流动"（material flows）的企业的集合（Oliver & Webber，1982；La Londe et al.，1994）；供应链的内涵不仅包括实物形态的物料流动，还包括信息、资金等的流动（Lee，1992；Aitken，1998）。供应链是包含供应商的供应商和顾客的顾客在内的、从生产到交付最终产品所需要的一切"努力"（effort），包括计划、采购、生产和交付四个方面的基本流程（Christopher，1992；Quinn，1997）。而我国大部分学者认为，供应链是围绕链主企业，通过对信息流、物流、资金流的控制，从采购原材料开始，制成中间产品以及最终产品，最后由销售网络把产品送到消费者手中的将供应商、制造商、分销商、零售商、直到最终用户连成一个整体的功能网链结构（胡信布等，2004；马士华、林勇，2015）。

当前，构建以国内大循环为主体、国内国际双循环发展的格局，积极扩大内需，而农村是扩大内需的潜力战场。从传统的鼓励家电下乡、推动资本下乡、促进农民增收、发展农村产业等政策举措看，其政策效果并不好，究其原因，这些政策举措缺乏系统性、协调性、针对性和持续性。从供应链的内涵看，农村从产到销各个环节形成节本高效、协同增值、绿色安全的现代供应链组织模式，将可能是扩大农村内需的关键动力。基于此，本章认为，农村现代供应链的内涵应该是：以需求为导向，以提高供给质量和效率为目标，以链主企业为主导，以优化整合农村及城市下乡资源要素为手段，实现产品设计、采购、生产、销售、服务等全过程高效协同的

组织形态①。

（二）农村现代供应链的主要特征

1. 智能化

以信息技术及数字化为基础的智慧农业是农村现代供应链的重要特征。现代农村供应链依托高度发达的信息技术实现对农村物流、商流、信息流、资金流的管理，对农村生产体系、组织模式、人员配置的协调，对农村分散经营的多个种植基地、加工基地、销售场所的整体经营运作，企业从传统供方驱动生产模式转向需方驱动生产模式，更好地实现消费者满意的核心目标。随着新一代信息技术持续迭代并广泛渗透到农村农业，带来智能基地、智能加工、智慧物流、智慧平台的出现，推动农村供应链全链条信息共享和可视化，实现供需两端精准匹配和供应链各环节紧密衔接，极大地提升农村供应链的快速反应能力。

2. 标准化

传统的农村供应链是很多单个农户和单个消费者通过农贸市场形成的一个由生产到消费的闭环，总体上是生产者和消费者的自发行为，业务活动多通过人工控制、一次性非标准服务来实现。随着大规模、跨区域农产品交易的出现，越来越多的市场主体参与到供应链体系中，必然要求不同主体之间的贸易、业务等实现快速便捷对接。市场化带来的标准化、规范化成为农村供应链的重要特征。

3. 网络化

农村供应链包括农产品上行和工业品下行两条供应链，从结构形态看，传统的农村供应链被认为是从种植、加工、仓储到物流配送的全过程，是一

---

① 供应链与产业链含义不同，产业链通常包括原材料加工、中间产品生产、制成品组装、销售、服务等多个环节，和供应链具备相同的微观基础。供应链则强调微观层面市场主体间的协作关系，其核心目标是"互利协同、智慧敏捷、弹性安全、绿色可持续、竞争力强"。

种线状形态。随着供应链的发展，特别是近年来供应链商业生态圈模式的推行，农村供应链各节点上的横向关联、各节点之间的纵向关联，以及各区域之间的空间关联日益紧密，农产品上行和工业品下行供应链逐渐成为立体多维、网状连接的形态，贯穿了从生产到最终消费的全过程。

4. 高效化

传统农村供应链缺乏链主企业整合和配置资源，从生产、加工、物流到消费各环节难以做到紧密协作，农产品供需不匹配、工业品下乡难、周转频次多、流通慢的现象屡见不鲜。现代农村供应链在链主企业整合作用下，各环节能做到敏捷响应，特别是在信息科技的渗透下，现代农村供应链让农村商流、物流、信息流和资金流以最短的时间和最低的成本实现供需精准匹配，加工企业能够以最优的成本和最快的方式采购到适量的初级农产品，城乡消费者能够以最低的价格和最短的时间获得优质的农产品或工业品，投资者能以适度的风险获得最优的投资报酬，农民能够以最直接的方式将农产品交易到消费者或者企业手中。

5. 绿色安全性

传统的农村供应链关注下乡工业品和进城农产品需求量、产量及价格，对产品质量安全并不十分注重。随着生活水平的提升，人们从追求"吃得饱、穿得暖"转向"吃得好、穿得潮"，顺应消费升级，现代农村供应链注重绿色消费、健康消费、低碳消费，下乡工业品和进城农产品绿色安全性成为现代农村供应链的重要特征。此外，现代农村供应链是一个较为复杂的网链结构，其网络化的联结方式具有多渠道供给、弹性供给、备份保障、平战转换等功能，在突发公共事件发生时能够有效应对供应链风险。

（三）农村现代供应链扩大农村内需的作用机制

农村现代供应链对扩大农村内需有紧密关联，直接作用于推动产销对接、吸引社会资本、扩大农村消费、增加农民收入（见图 6-1）。

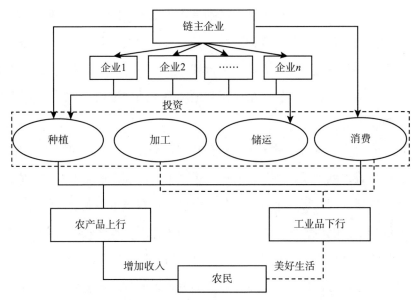

图 6 - 1　农村现代供应链扩大农村内需的作用机理

资料来源：笔者绘制。

1. 农村现代供应链是推动产销高效对接的纽带

如何解决生产和销售的有效衔接是农产品上行和工业品下行需要解决的关键问题。产销对接就是要促进乡村产业供应链无缝衔接、高效运转，具体到整个流程上，需要发挥农村现代供应链高效组织能力，在全链上统筹把握，在生产、流通、消费等各环节做好规划引领，进一步减少各环节的时间消耗，降低总体成本，提升安全供给弹性。同时，在智能化平台的作用下，农村现代供应链能够精准匹配供给和需求，城市居民能够获取精准数量和质量的农产品，农村居民也能够更好享受城市先进工业品及相应服务。

2. 农村现代供应链是吸引社会资本进入农村的引力场

农村现代供应链的网络化特征要求设计、采购、生产、储运及销售各环节由点到线、由线到面的网状联结，形成链主企业引领行业发展方向、关联企业配套完整、基础保障有力的状态。通过构建农村现代供应链，农业产业上下游逐渐完备，大中小企业不断集聚，基础设施配套日益完善，农村产业生态走向良性循环，农村生产、加工、储运各环节对社会资本吸引力增强。同时，在链主企业的担保作用下，社会资本可以通过供应链金融进入农业生产和加工环节，为农业产业发展注入新的活力。

3. 农村现代供应链是扩大农村消费的破冰石

当前，在农民收入增长放缓、社会保障水平有限的条件下，农村传统消费已进入瓶颈期。通过构建农村现代供应链，线上线下消费内容和消费方式更加丰富、也更加便利，城市工业品下乡将持续扩大，农民生活也因而不断改善。农村现代供应链通过构建畅通的上行渠道，放大链主企业的品牌效应，城市居民对农产品消费的吸引力增加，特别是农村现代供应链灵活的调配能力和零库存功能更是能满足城市居民对鲜活农产品供给需求，推动农村消费潜力将进一步释放。

4. 农村现代供应链是增加农民收入的助推器

农村现代供应链拥有紧密的利益联结关系，供应链各主体总体上是"一损俱损、一荣俱荣"的关系，供应链各节点的短板将影响供应链的运行畅通。因此，供应链组织将使下游企业更加注重上游种植环节农民收益分配问题。同时，农村现代供应链通过构建"去中间化"的交易平台，直接省去中间代理环节，实现种植与加工、生产与销售"零距离"对接，大幅提升农民初级产品的价格。通过构建现代供应链，资本投资环节增加，农民不仅可以在种植环节提高收益，还可以通过参与供应链后端生产加工环节，提高就业收入。

二、扩大农村内需对农村供应链升级的要求

随着国际国内经济环境变化，扩大农村内需被赋予了新的时代内涵，新形势新要求对构建农村现代供应链提出了新方向。

（一）推动投资下乡要求畅通农村供应链堵点，补齐农村供应链短板环节

投资是扩大内需的主要途径，企业选择投资行业一般青睐于产业发育基础好、产业配套相对完整的地区和产业，工商资本下乡也是如此，在产业化经营领域，工商资本下乡一般选择农业种养殖及加工业、休闲观光业，前者追求规模化发展，后者追求融合化发展，二者都对完善的产业配套提出了较高的要求，即供应链越完整，工商资本下乡投资积极性越高。当前，从工商资本下乡投资实际看，大部分投资下乡企业是基于投资者的"家乡情怀"，企业发展以"单兵作战"为主，从种养、加工到储运都靠自身逐一拓展，缺乏相应配套的关联企业。例如，湖北省监利市黄歇口镇稻谷合作社，该合作社从种子研发、基地试验、种植规模都已经具备很好的基础，大米品牌也有一定的知名度，但加工环节自身设备太少，全镇除少量快递网点外，几乎没有关联企业。目前，该合作社大米只能供应少量线下销售，还不能满足线上销售需求。因此，推动资本下乡，需要循序补齐供应链各环节短板。

（二）串联农村上行与下行通道要求构建智慧农村供应链，推动农村流通体系降本增效

农产品上行和工业品下行是扩大农村消费的两个重要途径。在消费商品或服务目标既定的情况下，如何更低价格、更优质量和更快速度获得商品或服务是消费者考虑的主要问题。当前，农村上行与下行渠道基本畅通，很多农村地区快递已经突破了"最后一公里"。但相对城市地区，农村地区农业生产特别是农产品种植规模普遍较小且相对分散，同时也由于农村各村落相对分散，居民消费呈点状分布特点，单一的商品和服务上行或下行模式既会产生高消费成本，也会导致低消费效率。以贵州省为例，目前贵州省4379个行政村已实现"快递进村"，但从农产品进城看，贵州地区的山地农产品十分丰富，但分散经营的农产品走向城市却面临高昂的物流成本，贵州省本

地辣椒每公斤价格普遍高于市场 6~8 元，造成本地辣椒使用率仅 30% 以上，玉米、豆粕运费比广东省、广西壮族自治区高 192 元/吨，比云南省高 60 元/吨，饲料原料综合成本是全国最贵的省份之一。因此，亟须在互联网、大数据、云计算、人工智能等现代信息技术的支持下，通过构建智慧农村供应链，串联上行和下行通道，优化商品和服务组织调配模式，在保障时效的前提下，最大程度实现"满载而出、满载而归"，推动农村流通体系降本增效。

（三）增加农民收入要求农村供应链服务前置，创造中低收入群体更好分享农产品价值收益的机会

从扩大农村内需的动力机制看，增加农民收入是激发农民消费潜能的根本动力，从推动实现共同富裕的国家战略看，我国已经基本实现全面建成小康社会目标，正在迈向共同富裕的现代化新征程，落实这一宏伟战略的重要任务是增加农民群体收入。长期以来，增加农民收入都是党和政府农村工作的中心任务，但农民增收困难的问题依然没有得到根本缓解，其关键在于农村供应链的重心一直在城市消费端，增值环节远离农民生产环节，供应链服务体系也围绕城市消费展开，如新零售、消费金融、社区团购等，而农民在生产端既缺乏直接生产交易平台，也缺乏供应链中后端参与机会，更缺乏金融等供应链服务支撑。此背景下，需要以供应链链主企业为主导，推动农村供应链服务从消费端转向农产品生产最前端，通过搭建农产品供应链组织平台，使传统的垂直型管理结构变为扁平化的管理结构，让农民直接与最终消费者建立连接，并根据用户需求智能化地管理供应链和服务链，更好参与初级农产品后端加工、储运及销售环节，推动以农民为主体的中低收入群体更多地分享农产品价值。

（四）推动"三链"协同要求农村供应链链主企业整合上下游资源，实现产销的协同增值

马丁·克里斯托弗（Martin Christopher，1992）指出，未来的竞争不是

企业和企业之间的竞争，而是供应链之间的竞争。农业产业的显著特点就是产业链条短、增值环节少，产销对接的动力不足，而供应链与产业链、价值链的协同是持续推动产销对接的重要方式。三链协同要求从生产到销售各环节的协同增值，各参与主体在追求创新发展、实现自身价值的过程中完成共同价值的提升。例如，重庆市铜梁区荷和原乡依托旅投公司，结合当地的自然风貌和荷文化特色，以建设铜梁西郊绿道为切入点，延伸旅游产业链，盘活闲置资产打造特色精品民宿，吸引城市居民近距离对接农产品消费，让服务增值补给农业。依托供应链协同、敏捷、开放和网络化特征，农村供应链链主企业通过推动企业从追求产业上下游资源整合到行业协同，再到地区联动，供应链企业价值从内部创造转移到由企业内外部共同创造，农业产业在这个过程中通过获得加工和服务环节价值反哺而实现价值的同步提升。

（五）应对重大安全事件要求农村供应链建立主要农产品安全备份系统，保障农产品供给和社会稳定

农产品安全关系国计民生，维护主要农产品供应链安全是我国经济社会发展的战略选择。当前，国际形势复杂多变，大国博弈加剧，美欧为增强其国际政治主导权，对我国经济社会打压正逐步由"关键环节卡脖子"转向"全方位多维度打压"。长期以来，我国对美欧甚至其追随者形成依赖的重要农产品，特别是粮食都将可能成为其"出招"的要害。同时，新冠肺炎疫情等重大安全事件对农产品安全提出了重大挑战。例如，疫情暴发之初，湖北省农业加工企业推迟开工造成长达两个半月的"产能真空"，莲、藕、龙虾、淡水鱼等畅销海内外的农产品加工环节被中断，间歇性封路封村使鲜活农产品电商上行通道受阻。这些现实考量和经验教训要求通过构建农产品供应链，做好农产品安全备份，提升安全弹性，从数量、质量和可获性等方面保障农产品城乡供给。

三、农村供应链发展面临的主要短板

从农产品上行和工业品下乡两个维度看，传统农村供应链在城乡生产和消费对接中的种养、加工、物流、消费等农业供应链各环节还存在较多的短板与瓶颈。

（一）农村供应链发展基础薄弱

当前，农村供应链配套缺失，工商资本不愿意投向农业经营领域，其关键在于农村供应链基础薄弱。表现在四个方面：

1. 农产品上行标准缺失

初级农产品标准化难度大，农业标准化覆盖率低，特色农业标准体系建设滞后，农产品种苗种性、质量等级、产品规格、贮存运输等标准缺失导致农产品附加值低，甚至产生"劣币驱逐良币"的现象。2021年对乡镇干部的问卷调查显示，农产品标准化程度低和品牌缺失是导致农产品上行困难的最重要原因（见图6－2）。国外很多农产品品牌，如佳沃的蓝莓、都乐的香蕉在口感、生产、产能、克重、形状方面都有统一的质量要求，而我国优质水果不到总产量的10%，而达到出口标准的高档水果不足总产量的5%。

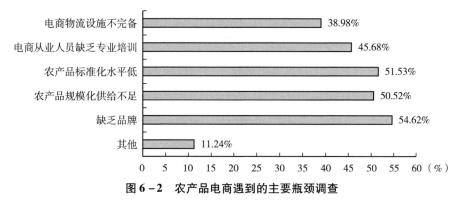

图6－2　农产品电商遇到的主要瓶颈调查

资料来源：根据2021年对乡镇干部的问卷调查整理而得。

2. 冷链、物流配套问题突出

冷链物流设备是畅通鲜活农产品上行的关键支撑，目前欧美等发达国家的肉禽冷链流通率已达100%，果蔬冷链流通率也达95%以上①，我国每年约有4亿吨生鲜农产品进入流通领域，果蔬、肉类、水产品的冷藏运输率分别为35%、57%、69%，由于在产地预冷、包装、加工等方面设施不完善，我国大部分生鲜农产品仍在常温下流通，部分产品虽然在屠宰或储藏环节采用了低温处理，但在运输、销售等环节又出现"断链"现象，且冷库建设空间布局不平衡，城市多、农村少，城郊多、基地少，全程冷链的比率过低。

3. 工业品下行"最后一公里"问题尚未解决

由于农村居民分散居住、网购数量少的特点，"最后一公里"依然是最难啃的"硬骨头"，从快递下乡情况看，目前约60%的快递下乡是通过乡镇网点给农民发短信、打电话后，农民自行去乡镇领取。从产品消费看，产品下乡而关联服务没有配套下乡的现象屡见不鲜，例如，随着农村地区老龄化加快，对按摩椅需求增加，然而很多老年人反映，按摩椅到货后却没有人来提供安装服务，给消费者带来了很大困难。

4. 产业基础设施配套不完善

产业基地、园区配套建设滞后，统一、高效的公共服务平台以及全面、专业的信息服务平台缺乏，相关信息科技、检验检测、人才培训、质量认证、冷链物流服务等配套服务缺失。2021年对乡镇干部的问卷调查反映，约60.76%的镇村干部认为设施不足是农村物流最大短板（见图6-3）。

---

① 前瞻产业研究院.2020年中国农产品冷链物流行业市场现状及发展趋势分析冷链网络体系趋于完善［R/OL］.（2020-06-05）［2021-5-10］.https：bg.qianzhan.com/trends/detail/506/200605-860a2b8e.html.

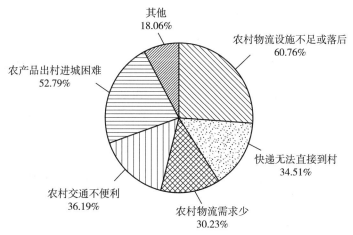

图 6-3　农村流通体系面临最主要的困难调查

资料来源：根据 2021 年对乡镇干部的问卷调查整理而得。

（二）农村供应链数字化平台建设滞后

数字化平台是构建农村供应链体系的关键支撑，也是串联上行和下行通道的组织中心。从农村数字化发展现状看，农村供应链数字平台发展的基础支撑能力有待提升，由于部分农村地区人口密度小、地形复杂，引致农村网络设施铺设成本高、搭建难度大等问题，部分农村地区固定宽带实际价格要高于城镇地区，导致农村地区家庭固定宽带接入的积极性不高，限制了数字平台进一步向自然村和农户延伸。从农村生产端看，农业数字化平台一般出现在农产品交易和消费环节，农业生产数字化平台缺乏，物联网、人工智能、大数据在精准生产、病虫害预警、农产品智慧物流等生产环节的应用依然停留在初级水平[①]。在数字化生产经营平台缺失的条件下，小规模、细碎化、非标准化的农业经营难以转变为大规模、现代化的生产和交易方式。当前，农业数字经济平台下相关产业占行业增加值的比重、增长速率在三次产

---

① 农业农村部信息中心、中国国际电子商务中心研究院发布的《2020 全国县域数字农业农村电子商务发展报告》。

业中连续多年垫底，2020 年我国农业数字经济占行业增加值的比重仅为 8.9%（见图 6 - 4），尚未达到服务业的 25%、工业的 50%[①]。从农村消费端看，京东、淘宝、拼多多等现有电商平台向农村拓展消费以产品下行为主，而盒马生鲜、每日优鲜等电商平台以生鲜农产品上行为主，工业品下行和农产品上行各自运行，没有串联上行与下行物流资源及线路，难以从时间、数量、规格等方面统筹控制，导致农村物流成本居高不下，城乡居民消费积极性都受到很大影响。2020 年，县域电子商务零售额仅占全国的 29.12%。

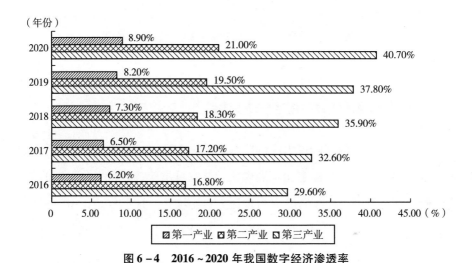

图 6 - 4　2016 ~ 2020 年我国数字经济渗透率

资料来源：根据历年《中国数字经济发展白皮书》数据整理。

（三）农村供应链参与主体利益联结机制不健全

从城乡产业分工来看，相比工业和服务业，农业生产比较效益已处于低位劣势，农民受资金、技术等条件制约，参与农产品高价值环节难度大，城市工业与农村农业在产业链上缺乏有效的分工协作机制，农村产业难以获得

---

① 中国信息通信研究院. 中国数字经济发展白皮书（2020 年）[R/OL].（2020 - 7 - 4）[2021 - 5 - 10]. https://mbd.baidu.com/ma/s/Lzd8MCkm.

参与工业和服务利润分配的机会。资本下乡村企利益联结机制尚不完善，农民在资本经营过程中获益较少或者工商资本获益难的现象均有发生。从农产品供应链全流程看，我国农产品上行仍以传统的多级批发模式为主，从农产品种植到农产品加工或消费过程中，供应链中间环节参与主体过多，"多级代理""低买高卖""恶意囤货"等现象层出不穷，侵占了农民大量收益。笔者在监利市调研时了解，小龙虾从"田间地头"到"餐桌"大约需要经过乡村小商贩、乡镇商贩、县城转运商贩、城市农贸市场或超市等 4～5 个中间环节（见图 6－5），北京簋街 0.1 斤左右做成熟食的小龙虾能卖出 40元/只，但从湖北省监利市农民手里收货的价格不到 1 元/只。从农产品线上平台看，各类农产品销售平台企业围绕消费市场，在流通销售环节"与民争利"，即便是路径较短的一级批发商再到零售商，农产品价格也能上涨近1 倍。部分线上平台供应商从中间供应商获得农产品，如拼多多、盒马等；部分线上平台开始直接从原产地获得第一手农产品，如云集、社区团购等，但无论哪一种模式都赚取了较多的中间差价。同时，工业品下乡也以多级代理模式为主，乡镇底层经销商的终端售价普遍高于城市同类产品。

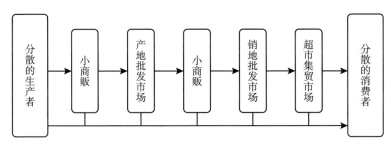

图 6－5　从生产者到消费者的中间过程

资料来源：笔者绘制。

（四）推动农村供应链服务前置的链主企业缺乏

供应链链主企业是推动供应链服务前置的主要组织者和执行者。近年来，农村出现了很多具有一定规模的种养殖、农产品加工、电商及旅游等领域的中小企业，但行业龙头企业发育不足，能够发挥供应链链主企业作用的市场主体更是凤毛麟角。例如，重庆市秀山县各乡镇规上企业数量超过100家，电商领域的丁丁网、盾皇、奇爽、大嘴蛙等企业云集于此，但由于缺乏大型电商平台企业和物流企业等供应链链主企业，对整个产业链的带动作用不够明显，对上游农产品生产和包装企业，下游的售后、维修、咨询等产业，以及全链条的供应链物流、金融服务带动不足。此外，很多农村地区已有阿里巴巴、京东、顺丰等供应链链主企业进驻，但其主要业务方向还是将更多工业品推向农村，尽管顺丰开始在农村地区着力于推动农产品上行，但主要是快递业务，其供应链服务没有前置布局到农业生产环节，主导推动农村产销对接平台建设的积极性不高。

（五）农产品供应链安全存在隐忧

农产品供应链网络复杂，从种养殖端到加工、渠道、零售、消费、资本等环节，牵一发而动全身。随着百年未有之大变局的深度演变，战争、疫情等各种威胁国家安全的因素依然存在，保障在极端条件下农产品正常供给和畅通运转是最大战略目标。当前，我国农产品供应链还存在三方面隐患。其一，农产品物流枢纽及贸易市场布局不合理。当前，人口城镇化正在深度推进，很多农产品集散中心都依产地而建，未能充分考虑极端情况下人口分布、交通距离及农产品多渠道可获性等重要因素，例如，浙江省桐乡市处于上海市、苏州市、杭州市等长三角地区重要城市的地理中心，而桐乡市农村地区产业以乡村旅游为主，已发展成为长三角大城市的"后花园"，农产品主要以满足本地为主，作为交通枢纽地区，桐乡市既无大型农产品集散中心，也没有种植基地，目前真正提供"菜篮子"保障的是山东省、安徽省等地区。其二，耕地"非粮化""非农化"问题较为突出。由于农产品特别是粮食种植比较效益低，耕地"非粮化""非农化"问题已较为突出，农产品供应链的安全弹性存在较大隐患。例如，监利市稻虾共养模式是全县主要的生产方式，但1公顷耕地大约需要挖去1/4建"回型池"，导致耕地实际面积大幅减少，还有一部分耕地已转种莲子等经济作物。截至2021年5月底，全市查出耕地"非粮化"总数111块，总面积204.87公顷。其三，农产品质量安全问题依然存在。当前，农产品残留超标、催熟等质量安全问题时有曝光，亟待构建安全可靠的农产品供应链，实现产品溯源和质量控制。

四、农村现代供应链优化思路与实现路径

农村现代供应链制约产生的关键在于供应链组织中心在城市消费端，本章提出农村现代供应链优化思路，是以"引链主、建平台、补短板、固联结、强增值"为方向，引导支持一批专注加工或者流通等自身主业的链主企业，推动供应链组织中心前置于"农村生产地"，加快以"政府引导扶持、链主企业管理运营"模式搭建"准公共品"式农村现代供应链数字化平台，为农产品提供"一站式"生产服务、"无中间商"销售服务、高附加值环节参与服务，既不"与民争利"，又能带动农民参与供应链增值环节，还能推动小规模、细碎化、非标准化的生产交易转变为大规模、低成本的生产交易，实现多方共赢。

（一）推动链主企业前置供应链服务

1. 培育引进供应链链主企业

立足优势产业，培育一批龙头企业，支持龙头企业担任"链主"，推动一批管理规范、带动明显、主业突出、创新性强的供应链链主企业做大做强。依托参与农业生产经营较为充分的大型国有企业和民营企业，如邮政、顺丰等企业，整合上行和下行双通道资源，推动农村运力与资源无缝衔接。

2. 推动供应链组织中心前置

支持链主企业在建立以生产端为主体的供应链组织平台，从生产平台、服务站点、产地集配中心、冷库等商品化处理设施入手，推动农产品增值环节下沉，以生产优质品牌规模化农产品为导向，构建产地直采体系，让农产品在田头就变成标准化的高附加值商品，把农产品产业链增值更多留在乡村、惠及农民。

3. 探索构建多元化供应链服务体系

推动家庭农场、集体合作社等农业主体与综合性物流企业深度战略合作，逐步推动商流、物流、信息流、技术流、资金流等流向农村，系统构建集种植、销售、物流、品牌、金融等于一体的农产品产地供应链服务体系，强化供应链综合服务能力。积极发展供应链金融服务，推动链主企业以担保形式或者直接贷款给生产者。鼓励链主企业组建生产经营平台，提供气象、咨询、农产品种植、病虫害防治、物流等生产服务。制定大型农产品商贸流通企业转型升级行动计划，拓展农产品流通新业态和新模式。在产地供应链体系的基础上构建产后供应链体系，完善城市末端配送体系，吸引生鲜电商、餐饮供应链、社区拼团等新经济运营平台企业参与城市共同配送平台建设，共建满足不同场景、业态、时效要求的农产品配送服务体系。

+-+

专栏6-1 顺丰推动生鲜农产品寄递服务全面升级

针对荔枝、樱桃、杨梅等生鲜农产品保鲜期短、运输要求高等特点，快递企业进一步完善服务方案，通过开设绿色通道、增设分拣专线与直发专线、开通航空专线、加大散航保障力度、增开高铁线路等方式，提升服务时效；采取揽收下沉、整车冷链、定制配送、全程监控、开设专属理赔通道等方法，提升全链条服务能力，满足大客户、摊贩、同城水果店和普通用户等多元化需求，令消费者享受到更快更好更贴心的生鲜快递体验。

资料来源：张鑫. 国家邮政局：快递业务量5月末突破400亿件 [N]. 中国青年报，2021 - 06 - 10 (11).

+·+

（二）加快农村供应链数字化平台建设

1. 推动智慧产销平台建设

推动政府与供应链链主企业共建智慧农业生产平台，平台建成后由链主企业运营，为新型现代农业生产主体提供产前、产中、产后涉及全产业链的综合经营服务。针对小规模农户生产分散化、细碎化、难以直接对接市场需求主体的问题，支持销售相同农产品小农户直接通过平台提供小规模农产品，聚少成多，让小规模生产农户以"拼团"方式满足市场大规模的产品需求，链主企业主要负责控制进入平台的农产品标准，从事加工、物流等"不与民争利"的供应链其他环节。小规模生产农户通过质和量的优势，提升小规模农户与大市场的议价能力。

2. 加快推进"智慧农批"建设

在农批市场改造升级的过程中，建立健全优质优价的市场运营机制，同步推进数字化改造，强化市场交易、结算、仓储、运输、配送等过程的数字化升级，推进交易方式向"会员制"转型，利用大数据、人工智能等手段强化对市场各交易主体的组织服务，支撑政府更好实现其监管职能。推动农业生产、流通过程的线上线下有机融合，实现农产品信息追溯的全过程透明，严格产地准出、市场准入管理，为食品安全提供保障。

3. 加快智慧物流建设

鼓励物流企业加强物流装备，实施数字化更新和改造，加大物联网、云计算、大数据技术在物流中的推广应用。支持物流企业开发智慧物流 App，利用大数据等技术手段，培育匹配货源和运力的第三方平台，不断优化提升现有城乡配送功能、优化配送线路、开展循环送（取）货，进一步降低物流成本，打造方便、快捷、低成本的智慧物流体系，提升企业盈利能力。

专栏6-2　顺丰实施供应链数字化

在采摘环节创新采用无人机技术，4倍提升采摘效率的同时，保障农民安全。顺丰创造性投入百余架无人机参与松茸"第一公里"运输，用高科技为松茸出山提速。在甘孜松茸项目中，无人机可直接搭载货物从陆路不通的山头运往通路山头的无人机机场，单程仅需30分钟，与以往相比效率提升了4倍，改变了甘孜菌农"摸黑上山采松茸，下午背松茸下山，来回半天"的低效又危险局面。

建设预处理中心，完成松茸等级划分、保障等功能，实现松茸成组化运输与产品溯源。通过建设预处理中心，实现松茸预冷、自动化分拣、分装，在预处理中心内，分拣设备按照长度等规格将松茸划分为5个等级，经过筛选和预处理后，统一包装并打包发货。

顺丰全链条速运体系，保障松茸全国的极速到达。在运输环节，除了投入3架自有全货机外，顺丰同步启用康定机场散航资源，可在48小时内发往全国300多个城市。在陆运资源补充上，还投入30余台冷运车实时待命，每日运量可达80吨，实现全程温控，并接入高铁网资源，为甘孜松茸鲜度保驾护航。

资料来源：高婉汀. 雅江松茸借助无人机24小时可上餐桌［EB/OL］.（2019-08-02）［2021-07-05］. https：//baijiahao. baidu. com/s?id=1640713300125316859&wfr=spioler&for=pc.

（三）补齐农村现代供应链基础短板

1. 完善农产品标准体系

发挥供应链链主企业、重点物流企业、科研机构、行业协会等单位作用，通过加强合作研究，制定实施一批重点果蔬、生鲜肉制品、水产品等农产品单品标准，推进农业产地环境、生产过程、产品质量、包装标识等全流程标准化建设。支持供应链链主企业依据单品标准设置线上或线下平台准入门槛。依托特色农产品优势区，扶持龙头企业、家庭农场、合作社建设一批集中连片的标准化生产基地。

2. 构建农产品全程冷链物流体系

围绕提升农产品冷链流通现代化水平，培育冷链物流主体，支持现代物流集团、冷链投资公司、物流龙头企业等大型企业增加公益型冷链设施投入和运营费用，鼓励开展冷链物流第三方服务，提高冷链流通组织化程度和市场集中度。积极推动应用现代信息技术和冷链物流标准项目，通过着力源头补短、中间整合、终端发力三个环节，重点推动田间地头预冷设施、节能环保长短途冷链物流运输车辆，新改建一批冷链物流集散中心，强化城市社区配送终端冷藏条件建设，解决果蔬产品"最初一公里"损耗较高的问题，构筑农产品全程冷链物流体系。

专栏 6-3　美国、加拿大、日本完善的冷链物流体系

美国通过其发达的公路铁路运输网络建立了蔬菜冷链流通体系，在比较完善的全国性的蔬菜生产分工体系上，建立了追溯系统和全程冷链配送，田间采后预冷—冷库—冷藏车运输—批发站冷库—超市冷柜—消费者冰箱。

加拿大最先建起一整套由空运、陆路、铁道、水路多种途径有机结合的

复杂而高效运转的综合冷链物流体系，各种载体资源之间巧妙的整体规划和组织协调，形成了高度发达的农产品冷链物流网络。在农产品冷链物流的全过程实现了低温控制，使农产品在储存、运输过程中的损耗降到最小，并有效降低了由此引起的污染。该网络通过现代化的手段保证将加拿大的蔬果损耗控制在5%以内，其物流成本不到30%。

日本蔬菜水果的筛选、定级、冲洗、预加工、包装、预冷、冷藏、运输和销售冷链保鲜早已贯穿始终。相关冷链的研究也在持续完善，例如，对于运输中的温度调控、湿度管理、低温流通设施的建立，以及冷链机械的开发等。农林水产省牵头建立的低温流通推进协会，制定了行业管理办法和未来走向规划，还规定了食品在低温情况下流通的严格温度环境范围，使生鲜食品冷链保鲜技术进一步完善。

资料来源：韩一军．农产品产地仓储保鲜冷链物流研究报告（2020）［R］．第十一届中国县域现代农业发展高层会议，2021 – 11 – 27.

3. 完善供应链基础设施配套

系统开展全国农产品产地供应链基地布局规划，补齐农村供应链的"最初一公里"基础短板，强化分选分级、预冷保鲜、批发交易、冷链物流、流通加工等基础配套，打造产地市场和销地市场全程全链条的市场流通体系，增强对农业生产环节的组织功能。完善县内城乡配送通道，鼓励和支持龙头流通企业向贸易强镇、特色旅游景区延伸营销网络，建设改造一批县乡农贸市场、商品配送中心、乡镇商圈和农村超市。

专栏 6 – 4　Stemilt 公司专业化生产红苹果

作为全球最大的有机农产品生产商之一，美国 Stemilt 公司有自己的种植园，有一站式从农场到工厂再到餐桌的专业化标准流程。在该公司现代化的包装厂，记者看到在种植园刚采摘来的红苹果进入自动化生产线，从清洗、分拣，到烘干、打食用蜡，再到检测、包装，全部在流水线上由机器操作完成。只有在分拣和包装环节，有女员工在传输带协助。颗粒小的苹果经机器自动分拣包装到塑料袋中，只有上等级的苹果才由女员工装箱。

最令人注目的是，流水线上的电脑照相检测系统。据该公司质量控制经理萨尔·斯戴米尔特介绍，这套智能机组一秒钟给每个苹果拍摄60张照片，包括其颜色和大小情况、果核和果肉有无瑕疵等信息皆输入电脑系统。电脑立刻给各苹果分类，向凹槽发出指示。该苹果运行到其所属的级别地时，凹槽会自动侧翻，把它卸到下面的收集槽里，最后流入塑料袋，或躺进包装箱中。

资料来源：丽贝卡. 美国农产品争搭中国电商高铁［EB/OL］. （2017 – 11 – 28）［2021 – 07 – 05］. https：//baijiahao. baidu. com/s？id = 1585269668644030606&wfr = spider&for = pc.

·+·

（四）强化农村供应链主体利益联结

1. 强化农村现代供应链主体关联

规范合作社运行，培训利益联结主体，搭建企业与农民联结纽带。鼓励探索建立以供应链链主企业为龙头、家庭农场为基础、农民专业合作社为纽带，基于股份制和专业化分工的现代农业产业联合体。加快推广"订单收购＋分红""土地流转＋优先雇佣＋社会保障"等多种利益联结机制，鼓励农业产业化龙头企业通过设立风险资金等多种形式，与农民建立稳定的订单和契约关系，帮助农牧民更多分享产业利润效益，真正同链主企业等经营主体形成利益共同体。

2. 创新农民主体收益保障机制

完善涉农股份合作制企业利润分配机制，明确资本参与利润分配比例上限，对农户土地经营权入股部分采取特殊保护，探索实行农民负盈不负亏的分配机制。通过集体资金入股，整合扶贫、产业资金入股等方式帮助农民参与"保底收益＋二次分红"和"入股分红"。农民自有土地、资金的入股行为主要依靠市场主导，政府负责宣传、推广、建设对接平台和跟踪服务。完善租赁制，深化"镇村联建统营""抱团发展""村企结对"，让农户更多分享供应链增值收益。

3. 创造农民参与更多供应链中后端环节的机会

摒弃低效率、高损耗、高成本的传统供应链，建立"农户＋消费者"的超短供应链模式。推动农民直接进入销售环节，通过新农人主导的公司在产地将农产品集聚、分级、加工、包装后，通过电商平台直接发货给消费者，以阿里巴巴、京东为代表的各大电商巨头都在力推该模式。发展以销地直营店、前置仓、线上线下融合体验店为主导的电商平台，推动农户直接与消费者对接。鼓励农民进入中后端加工和服务环节，支持龙头企业组织开展农民农产加工技术培训，鼓励一批农民从事农资供应、土地托管、代耕代种、统防统治、烘干收储、乡村旅游服务、批发零售等生产性服务，形成"离农业最近、联农民最紧"的产业集合体。

+-

专栏6－5 日本政府主导信息化建设提升农民收益

日本政府设有专项资金用于科技创新和物流技术建设及农民电子商务培训等，帮助农民参与到电子商务交易中来。为提高农户的市场参与能力和市场适应能力，日本启动实施"高度信息化农村系统计划"，通过"家庭农业生产管理系统""农业经营效果专家系统""农村信息网络系统"等子系统，将地方农业改良普及中心、地方农业研究机构、国家农业科研机构进行联网，农户可以借助这一网络系统与地方农业改良普及中心进行双向交流，获取气候变化、植保土肥情况、农作物栽培技术等信息。日本还设有专门的农业协会组织，为农户提供农业信息和技术指导，创造农民参与更多供应链中后端环节的机会，提升农民收益。

资料来源：向红梅. 日本农产品电子商务发展实践及借鉴［J］. 世界农业，2017（2）：149－154.

（五）推动农村供应链产运销协同增值

1. 创新农村资源整合模式

推动政府与链主企业共建农业数字化生产平台，由链主企业整合种子、农资、技术指导、标准控制等生产资源，引导分散经营农户走向线上平台，推动农业分散化种养走向规模化入市。以链主企业为主导，整合农村运力，推动农村运力与资源无缝衔接，盘活农村邮政快递等"半瘫式"物流资源。推动链主企业统筹协调农产品线上线下销售，协调建设冷链物流、农商联动集配中心等物流基础设施建设，搭建乡村优质农产品农村向城市、中西部地区向东部地区有效流通的渠道和途径。鼓励各地链主与大型电商平台签订合作协议，推动电商平台与数字化生产平台整合，支持链主企业通过线上销售平台对接分散化消费群体。

2. 构建供应链创新链价值链协同模式

支持链主企业围绕供应链部署创新链，围绕创新链部署价值链，横向推动农村供应链各节点企业集聚，纵向强化供应链上下游产业关联，支持农村现代供应链各环节动态关联，推动上行和下行商品研发、采购、生产、加工、物流、销售及消费全程紧密对接，支持供应链各节点创新发展，形成和拓展创新链，推动高附加值节点发展红利向种植和加工环节溢出，形成"以服务增值反哺加工、以加工增值反哺种植"的价值溢出导向，打造具有竞争力的供应链、创新链、价值链协同体系。

专栏6-6 日本"邻近的八百屋"促进产运销协同

日本政府十分重视农业电子商务品牌网站建设，如"邻近的八百屋"，该网站在日本影响力较强，所销售的农产品都是与生产者直接签订订单，从源头进货，保证了农产品的新鲜度，同时还能降低产品价格，这种类型的农产品电商具有较强的市场竞争力，它将资金流、物流和信息流有效地集约起来，推动了日本农产品电子商务的迅速发展。

资料来源：徐雪，等. 日本"地产地销"战略对中国农业产业的借鉴启示意义 [EB/OL]. (2020-12-15) [2021-07-05]. https://www.xianjichina.com/news/details. 238519. html.

---

3. 培育"产+销"环节新业态新模式

推动农产品加工与产区对接，建立"产+'直通车'"，支持加工企业通过数字化平台优化多渠道采购途径，支持发展分散化同标准采购、多渠道定制化采购。推进农产品加工与销区对接，鼓励企业在大中城市郊区和省内大型物流节点布局中央厨房、主食加工、休闲食品、方便食品、净菜加工和餐饮外卖等，积极发展"中央厨房+冷链配送+物流终端""中央厨房+快餐门店""健康数据+营养配餐+私人订制"等新型加工业态。

专栏6-7 美国科技创造新业态新模式

在美国农产品电子商务快速发展中，起决定性作用的是市场竞争和科学技术。一方面，由于无线网络、电子遥感、GPS 定位、卫星技术的不断发展，使美国农业已经进入到信息化、现代化阶段，生产方式有所改变，生产效率迅速提高。另一方面，美国的物流技术较为发达，如条码技术、冷链运输等，借助发达的交通，可将农产品及时运输到指定地点，既降低成本又提高了流通速度。市场竞争推动了电子商务市场的深入变革，提升了市场效率，由于市场竞争，农产品电子商务企业开始集中化，促进了市场进入良性、多元化竞争阶段，为农产品电子商务发展提供了很好的环境。

资料来源：张哲．美国农产品电子商务发展及对我国的启示［N］．东方城乡报，2014－07－29（10）.

（六）建立农产品供应链安全供给体系

1. 优化农产品供应链布局

统筹布局供应链枢纽布局和流通线路，依据城市人口分布、交通距离，以及农产品多渠道可获得性因素，结合城市更新，选择既有大型农产品集散中心，又有种植基地合适的区域，同时还有距离合适的地区作为物流枢纽。分批次有序推进农批市场改造升级，强化仓储配送和流通加工功能，打造农产品供应链综合服务基地。强化服务城市的冷链物流设施建设的土地保障和补贴政策，推动服务末端分销体系从"商贸利润中心"转向"物流成本中心"。强化农产品应急保障体系建设，在大城市周边合理布局若干"平战结合"的农产品集散储备基地，形成跨城农商联动保障机制。

2. 强化耕地"非粮化""非农化"治理

坚决制止耕地"非农化"、防止耕地"非粮化"，各地政府稳妥有序开展专项整治，加大治理力度。首先要明晰用途，加强永久基本农田保护，加强耕地用途监管；其次，要完善粮食生产支持政策，健全粮食主产区利益补偿机制，加强高标准农田建设，推进粮食适度规模经营；最后，要建立土地动态监管制度，合理规划引导农业产业结构调整与布局，加强动态检测与监管力度。

3. 构建农村供应链质量安全保障体系

全面加强农产品品质全程监管，积极发展农业物联网和可视农业，推动实现农产品生产加工流转全程透明可追溯。落实标准体系和技术规范在农业生产、加工制造领域的应用，保证产品质量和市场竞争力。推动供应链绿色发展，应加快实施化学农药减量替代计划，加强化肥、农药等农业生产资料使用的安全管理和规范，引导供应链系统服务商从节能、减排、治污等方面创新供应链模式，培育绿色经济、创意经济等新增长点，促进绿色农业发展。

专栏 6 – 8　中牟万邦建立可追溯平台

河南万邦国际农产品物流股份有限公司于河南郑州成立，是一家以农产品物流为主要业务的股份制公司，是一家集农产品交易、物流、仓储、质量检验、科研等功能于一体的企业。

为了让城乡居民吃上放心肉，放心菜，万邦物流园区设有农产品质量安全速检室、定量综合分析室，实行严格的农产品进场检测制度，坚持做到"逢进必检"。确保把每个环节的信息都进行记录和存档，全面提升市场信息化建设水平。农产品质量可以得到追溯，保证了产品生产各个环节的透明度，使客户更安心地购买。

资料来源：潘得荣. 畅通物流，守好"菜篮子"安全［EB/OL］.（2022 – 05 – 17）［2022 – 07 – 05］. http：//www. farmer. com. cn/2022/03/18/wap_99890904. html.

（执笔人：刘振中）

本章参考文献

［1］胡信布，陈金亮，苏兵．供应链管理的发展和研究内容概述［J］．价值工程，2004（5）：35 – 37.

［2］马士华，林勇．供应链管理［M］．北京：高等教育出版社，2015.

［3］张晓山．"三位一体"综合合作与中国特色农业农村现代化——供销合作社综合改革的龙岩探索［J］．农村经济，2021（7）：11 – 24.

［4］Oliver R K, Webber M D. Supply – Chain Management: Logistics Catches up with Strategy［M］．London：Chapman Hall, 1982.

［5］Christopher. Logistics：The Strategic Issues［M］．London England：Chapman and Hall, 1992.

［6］La Londe B J, Masters J M. Emerging logistics strategies：blueprints for the next century［J］．International Journal of Physical Distribution & Logistics Management, 1994, 24（7）：35 – 47.

［7］Aitken B J, Helpman E. Do Domestic Firm Benefit from Direct Foreign Investment? Evidence from Venezuela［J］．The American Economic Review, 1998, 89：605 – 618.

［8］Christopher M. Logistics and Supply Chain Management［M］．London：Pitman Publishing, 1992.

［9］Quinn, Dennis P. The Correlates of Change in International Financial Regulation［J］．American Political Science Review, 1997, 91（3）：531 – 551.

第七章

农村内需新趋势及其扩大的问题障碍调查

内容提要： 全国层面问卷调查和典型地区实地调研显示，我国农村消费、投资显现出总量提升、结构升级趋势，蕴含着较大内需空间，对构建新发展格局意义重大。然而，我国农村内需释放还存在居民消费水平低、乡村优质产品供给少、农村投资波动性大、城乡产品流通不畅、生产生活基础设施不匹配等短板，主要受农民增收机制和农村社会保障制度不健全、农村产业政策不稳定、要素市场发育不健全、县域联动城乡经济功能不强等制度障碍影响。扩大农村内需，要瞄准既有问题和障碍，做好补短板、优结构、提效率等"三篇文章"。

每逢国内外发展大局发生重大变化，稳住农业基本盘、守好"三农"基础始终都是应变局、开新局的"压舱石"。为了解我国农村内需现状，2021年4月以来，通过问卷调查和实地走访调研的形式，课题组对农村消费、投资等内需①

---

① 有必要界定农村内需概念，考虑到当前我国城乡融合加快，城与乡边际日益模糊，农村一二三产业融合走深，产业边际也逐渐模糊，我们对农村内需概念界定采取狭义和广义的方式。狭义概念认为，发生在乡村（镇及其以下行政区划范围）的消费、投资是农村内需；广义概念认为，除狭义概念范围外，还包括由农业农村改革发展引致的消费和投资，如农产品上行进城消费、农民进城消费等。从宏观层面看，本章主要使用农村内需的广义概念。

情况进行了调查。在问卷调查中，通过问卷星平台分别对全国层面的镇村干部和城市居民进行了抽样调查（见表7-1），镇村干部问卷主要调查农村消费、投资和乡村建设等问题，问卷范围覆盖24个省（区、市），回收问卷2686份；城市居民问卷主要调查市民下乡消费、消费体验等问题，问卷范围覆盖30个省（区、市），回收问卷1060份，问卷调查覆盖范围之广、回收样本之多，具有很强的代表性。同时，课题组实地调查了江苏省泰州市、浙江省嘉兴市、湖北省荆州市、重庆市铜梁区、贵州省铜仁市，召开了7次政府部门专题座谈会，调查了43家涉农企业，深入村庄与农民开展茶话会，调研地区涵盖我国东、中、西部等11个县（市、区），差异性大、典型性足，能较好代表我国农村内需发展情况。希冀通过本章的调研分析，能对扩大农村内需、构建新发展格局提供决策参考。

表7-1 2021年课题组问卷调查和实地调研基本情况

序号	类型	内容/地区	详细	时期
1	问卷调查	扩大农村内需问卷调查	样本2686份；覆盖北京、福建、甘肃、广东、贵州、海南、河北、河南、黑龙江、湖北、湖南、江苏、江西、内蒙古、山东、山西、陕西、上海、四川、天津、新疆、云南、浙江、重庆等24省市区、102个城市	7月完成调查
2		城市居民下乡消费情况问卷调查	样本1060份；覆盖安徽、北京、福建、甘肃、广东、广西、贵州、海南、河北、河南、黑龙江、湖北、湖南、吉林、江苏、江西、辽宁、内蒙古、宁夏、青海、山东、山西、陕西、上海、四川、天津、新疆、云南、浙江、重庆等30个省（区、市）、194个城市	7月完成调查
3	实地调研	浙江省嘉兴市	调研桐乡市、平湖市、嘉善县，召开市级与区县级层面座谈会	4月12~16日和5月13~15日
4		江苏省泰州市	调研姜堰区，召开泰州市级座谈会	5月11~12日
5		重庆市	调研铜梁区，召开区县级座谈会	6月7~9日
6		湖北省荆州市	调研监利市，召开区县级座谈会	6月10~11日
7		贵州省铜仁市	调研碧江区、印江县、石阡县、松桃县、万山区，召开区县级座谈会	7月13~16日

资料来源：根据调查问卷整理。

一、当前扩大农村内需比任何时候都具有战略意义

伴随城乡工农关系发展演变，农村内需出现了许多新变化，消费、投资、流通等呈现出总量快增、层次升级等特征。

（一）农村消费"三个转变"持续强化，蕴藏巨大市场空间

实地调研和问卷调查显示，农村消费呈现结构优化、惯习跃迁、群体拓宽等新变化。

从消费结构看，由过去的"以商品消费为主"向"服务消费"转变。通过对 2686 名镇村干部的问卷调查和实地调研发现，农民消费结构升级，从过去"生存式商品消费"向"享乐型服务消费"转型。一是教育消费成为最主要支出，69.2% 的镇村干部认为教育消费位列农民各项消费之首。二是医疗保健消费水平全面提升，农民不再是大病小治、小病不治，57.5% 的镇村干部认为医疗消费是农民主要支出，位列农民消费第二位。三是住房消费支出明显增加，一方面，农村住房翻新加快，铜梁区发展和改革委谈到，"近年铜梁农村盖房子的很多，农村住房支出比 2015 年提高约 1 倍。"另一方面，县城买房也是农民主要消费支出之一，据问卷数据测算，23.7% 的农户既在农村建了房又在县城购置了商品房（见图 7 - 1）。四是汽车等耐用品消费增多（见图 7 - 2），桐乡市农业部门介绍，"农村几乎家家都有了小汽车，有的还不止一辆。"监利市发展和改革部门也谈到，"农村年轻人基本上都买了小轿车。"

从消费习惯看，由过去审慎"量入为出"向适度"超前消费"转变。农民消费习惯变化较大，通过关系借贷、信贷等方式超前消费、负债消费开始升温。问卷调查显示，约 22.9% 的农村家庭存在负债消费，主要用于建房购房、子女上学和治病。农业农村部固定观察点数据测算发现，2017 年

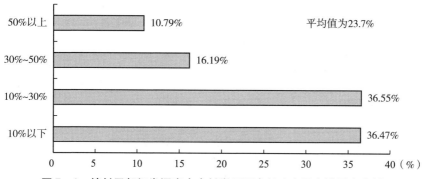

图 7-1　镇村干部问卷调查中本村居民既在村建房又在城买房比例

资料来源：基于课题组对全国 2686 名镇村干部的问卷调查，问题设置为"本辖区或本村有多大比例的农户家庭在村里建房同时还在城买房？"单项选择题。

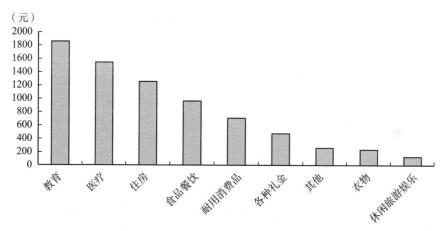

图 7-2　镇村干部问卷调查中农民家庭日常消费最主要支出

资料来源：基于课题组对全国 2686 名镇村干部的问卷调查，问题设置为"根据您的掌握的情况，本辖区或本村农民家庭日常消费最主要的支出是什么？"多项选择题但最多选择三项。

全国农村家庭平均年内累计借入款 32410.12 元，借款规模约是当年农村居民家庭可支配收入的 80%，其中，借款用途也是以生活消费为主，占比超过 70%（见图 7-3）。

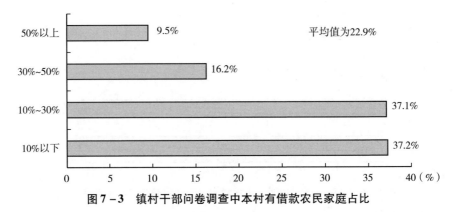

图7-3　镇村干部问卷调查中本村有借款农民家庭占比

资料来源：基于课题组对全国 2686 名镇村干部的问卷调查，问题设置为"本辖区或本村有借款的农民家庭占比达到多少？"单项选择题。

从消费群体看，消费群体由农村居民"唱独角戏"向常住居民、下乡市民、农村新住民等"三大群体""大合唱"转变。长期以来，农村消费群体以农村居民为主，伴随农村基础设施完善，乡村消费载体建设，农村消费群体发生较大变化。一是城市居民下乡消费增多（见图 7-4）。1060 名城市居民问卷显示，89.3% 的城市居民有过下乡购买农产品经历，92.2% 的城市居民到过农村休闲旅游（见图 7-5）。二是返乡下乡新住民消费突起。越来越多的农民工、城市居民返乡入乡创业，这部分人口正在静悄悄引领农村消费"新革命"。桐乡市某乡镇干部谈到，"这几年来我们这创业的人越来越多了，许多年轻人都有夜生活，喜欢烧烤、啤酒、咖啡馆，现在我们乡镇都办起了夜市小吃街"。

农村消费结构升级、消费习惯改变、消费群体拓宽，蕴含巨大消费市场，若农村人口人均消费达到城市居民的 80%，约新增一个 5 万亿元的消费市场，相当于西班牙全国的消费能力。

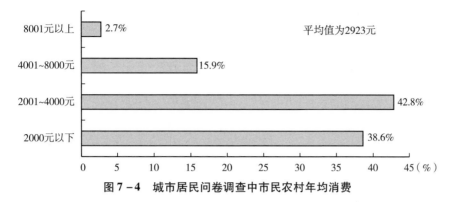

图7-4　城市居民问卷调查中市民农村年均消费

资料来源：基于课题组对全国1060名城市居民的问卷调查，问题设置为"正常年景，一年内您去农村本人花费大致多少元?"均为单项选择题。

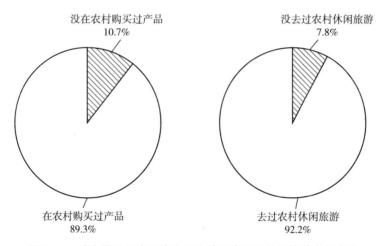

图7-5　城市居民问卷调查中下乡购买商品和休闲旅游人数占比

资料来源：基于课题组对全国1060名城市居民的问卷调查，问题设置分别为"您是否去农村购买过产品?""您有没有去农村休闲旅游过?"均为单项选择题。

（二）农村投资领域拓宽、主体多元、效益提升，乡村产业参与和服务国民经济循环空间大

城乡居民消费日趋个性化、品质化，叠加现代信息技术应用，乡村产业投资空间大、前景效益好。

从投资领域看，农业农村的可投资领域正在拓宽。城乡居民对绿色优质农产品、乡村休闲旅游等需求不断增加，农业生态、文化等多功能得到开发，正在形成需求牵引供给、供给创造需求的良好局面，乡村产业投资空间正在拓展。调研发现，社会资本下乡投资农业从过去的种养殖领域正在向农产品加工业、休闲农业和乡村旅游、农村资产盘活、生态修复等领域延伸。如浙江省平湖市社会资本下乡经历了从农业生产，到全面进入"产＋销"环节，如今大量盘活农村资产从事休闲度假农业等。

从投资主体看，社会资本成为农业农村投资较活跃力量。以前政府和农民是农业农村投资最主要的主体，近年社会资本下乡增多，已成长为农业农村投资中最重要的力量，在农业固定资产投资中占比超过八成。从全国土地流转数据看，社会资本经营农业呈显著增长趋势，2013 年全国工商资本流入耕地面积213.33 万公顷，到2020 年增加到373.33 万公顷。从调研数据看，浙江省平湖农业经济开发区自2017 年挂牌成立以来，吸引了大量社会资本投资农业农村。

从投资效益看，消费升级全面提升乡村特色产业投资效益。受消费升级驱动，优质、绿色、品牌产品或服务即使价格高也抢着买，乡村优质特色产业投资显现出较好的投资效益。如浙江省桐乡市华腾牧业发展生态养殖，公司某负责人介绍道，"我们初衷就是要为消费者提供'无激素、无抗生素、无重金属'的健康、安全猪肉。即使比菜场一般猪肉贵2.5 倍，还是卖得很好。你说多自豪！"重庆市铜梁区土桥镇依托湖光山色和荷花美景打造了荷和原乡景区，2019年每逢周末几乎"爆满"，五一、十一等长假即使客房价格上涨，也是一房难求。据此判断，伴随我国城乡居民消费持续升级，乡村蕴含的绿色、特色、文化等多功能性，蕴藏着更大的产业投资空间，可释放充足内需空间。

（三）现代物流服务城乡居民、重塑现代农业，加速城乡经济循环作用凸显

近年来，国家推动农村互联网建设、电子商务进农村综合示范等项目，农村电商加速发展，工业品下乡、农产品进城持续畅通。

1. 物流加速农村产品流动、促进消费潜力释放

如受小龙虾网络外销和工业品下乡影响，近3年来，湖北省监利市快递派件业务量由41.5万件增加到60多万件，年均增长22.5%，快递业务收入由3359万元增加到6515万元，年均增长47%。重庆市铜梁区278个涉农村社建成"爱在龙乡"线上线下店铺，推动全区7000余个农产品单品出村进城，2020年全区农产品网络销售额达4.2亿元。

2. 物流重塑现代农业、提升农业供给水平

各大电商平台加快向农村布局，依靠其大数据、互联网优势布局农作物种植、畜牧业养殖，业务领域向农产品供应链前端延伸，变革了农业生产方式。如以顺丰为代表的流通企业，围绕江苏泰州溱湖簖蟹，打通产品销售渠道，依托消费者偏好信息制定生产标准并引导养殖者"按标生产"，打响了溱湖簖蟹品牌，某养殖户说道，"按照顺丰要求养殖的簖蟹，每只可卖到7~8元，还不愁卖；不按这种方式搞的，每只卖不到5元。"

二、各地区培育释放"三农"内需潜力的主要做法

调研发现，各地以"三农"为抓手，围绕消费、投资，不断释放"三农"增长点，主要有如下五种做法。

（一）促增收、提高农民消费能力

扩大内需的关键是增加农民收入，各地始终将促进农民增收列为重点工作。一是抓职业技能培训，湖北省监利市围绕"双水双绿"和"监利点面师"劳务品牌开展专项培训，2020年实现4953人就业增收。二是抓农村集体经济，重庆市铜梁区每年整合6000万元涉农资金进行股权化改革，推动社会资金投入农村集体经济发展，实现农民收入增长15%以上。三是抓农

村财产增收，浙江省嘉兴市以"飞地抱团"盘活农村土地资源，即整合各村闲置建设用地，异地入市参股产业园区发展，当地干部介绍道，"这个方式能让这些村子每年都有稳定的收益，老百姓也有稳定的分红，下一步还要继续推广。"四是抓乡村产业利益联结，贵州省石阡县任家寨村将桶装水、八月瓜等产业效益延伸到全体村民，创建了"2422"分红方式（20%全村分红、40%滚动发展资金、20%管理者报酬、20%贫困户二次分红），2020年分红资金高达72.68万元。五是抓公益性援助，为对冲新冠肺炎疫情对农民增收造成的不利影响，2020年湖北省监利市开发村级扶贫类公益性岗位1139个，发放资金633.73万元（见表7-2）。

表7-2 　　　　　　　"促增收、提高农民消费能力"的典型做法

主要做法	典型实例
抓职业 技能培训	①江苏省泰州市采取"短期化集中办班＋实训化技术指导＋常态化网络培训"的"三合一"模式，加大对家庭农场主培训力度，2020年全市累计培训279班次、1.39万人次； ②重庆市铜梁区积极培育电商扶贫带头人，持续开展互联网、电子商务等专题培训，累计开展各类电商培训5000余人次； ③湖北省监利市围绕"双水双绿"和"监利点面师"劳务品牌，以乡镇分片区大力开展虾稻共作、家政服务、面点制作等培训，培训2.6万人次。2020年精准培训4953人已全部就业
抓农村 集体经济	①江苏省泰州市通过家庭农场服务联盟，实现信息共享、利益共得，解决单打独斗成本高、销售渠道不畅等现实问题，达到增产增效目标； ②重庆市铜梁区每年整合6000万元涉农资金进行股权化改革，推动社会资金投入农村集体经济发展，扶持农民发展集体经济，取得了促进农民收入增长15%以上的较好成效； ③浙江省嘉兴市出台"强村计划"针对性地进行资金补贴和用地优先保障，推广"强村九法"，建成"飞地抱团"项目97个，收益率普遍达到8%～12%，实现集体经济薄弱村全打包
抓农村 财产增收	①江苏省泰州市对基层社资产开展全面摸排，通过与地方政府协调，通过资产置换、租赁转让等方式盘活存量资产； ②浙江省嘉兴市以"飞地抱团"盘活农村土地资源，即整合各村闲置建设用地，异地入市参股产业园区发展，每年享有产业园区分红

主要做法	典型实例
抓乡村产业利益联结	①江苏省泰州市的泰州苏鹏优质禽蛋产业化联合体内的合作社与企业通过契约、合同订单等方式，采取保护价收购农户鸡蛋，产销互助关系稳定； ②贵州省铜仁市印江县新寨生态茶叶园区以"龙头企业＋村集体经济组织＋农户（贫困户）"的模式，与周边群众建立利益联结机制，带动周边 2405 户 8463 人，人均增收 2000 元以上； ③湖北省监利市周老嘴镇湖北再富米业有限公司对公司周边有土地的贫困户按"保底＋分红"的办法入股，对获得扶贫贷款资金的贫困户以资金入股，助推扶贫脱贫
抓公益性援助	①湖北省监利市为对冲新冠肺炎疫情对农民收入带来的不利影响，2020 年全市共开发村级扶贫类公益性岗位 1139 个，发放资金 633.73 万元； ②浙江省嘉兴市通过政府向村里购买公益性服务的形式促增收，如优先向村集体经济组织举办的服务组织购买农村环境整治、绿化养护等农业社会化公共服务； ③重庆市铜梁区合理开发公益性岗位托底安置困难人员就业促增收，2021 年新增开发公益性岗位 26 个，面向 383 人发放公益性岗位补贴 317 万元

资料来源：笔者实地考察。

（二）搭平台、扩大乡村产业投资

各地区积极搭建乡村产业平台，吸引社会资本投资农业农村。如浙江省平湖市成立全省首个农业经济开发区，重点招引农业全产业链项目、农旅文结合项目、科技型、综合服务型和"四新"经济农业项目等，截至 2021 年 5 月，引进长三角草莓种质种源研发中心、万亩水稻全产业链集成创新等新型农业项目 34 个，总投资约 40 亿元。江苏省泰州市姜堰区创建溱湖生态经济区，已成为了姜堰区企业投资重点载体、经济发展新增长点。重庆市铜梁区整体谋划建设 60 公里产业绿道，串联 24 个村（社区）、34 个产业基地，打造了 120 平方公里西郊示范片，吸引了大量的社会资本注入乡村发展民宿、餐饮、特色产业等。

（三）育产业、优化乡村产品服务供给结构

适应城乡居民对高品质产品和服务的需求，各地大力培育乡村特色产业。如江苏省泰州市姜堰区大安村推广绿芦笋绿色种植，由于产品品质好、

有特色，芦笋成为长三角地区居民餐桌上的"新宠"，大安村芦笋产业负责人谈道，"芦笋和一般的蔬菜不一样，它的加工价值特别大，产业链延伸空间广，我们正在与南京农业大学的教授合作进行芦笋茶产品的研制，下一步要尝试搞芦笋衍生品，做一些特色产品。"重庆市铜梁区挖掘绿色青山蕴含的产业价值，围绕"原乡风情、大美铜梁"发展休闲农业，适应了城市居民对自然风光、绿色产品、特色餐饮消费需求，节假日"原乡民宿""原乡慢食"爆满。

（四）优环境、改善农村消费软硬环境

为满足农村居民和城市居民消费需求，各地区着力抓好乡村基础设施"硬环境"和消费市场"软环境"建设。围绕乡村消费"硬环境"，狠抓基础设施建设。如重庆市铜梁区"十三五"期间累计建成"四好农村路"、入户便民路 4600 余公里，实现行政村 4G 全覆盖、特色旅游区即西郊乡村振兴示范片区 5G 全覆盖，为城乡人口、产品双向流通夯实基础。围绕乡村消费"软环境"，狠抓市场秩序建设。如江苏省泰州市以"阳光菜篮子""阳光宴会厅""阳光食堂"等阳光食品系列创建活动为契机，规范市场准入和食品经营行为，综合运用飞行检查、暗查暗访等方式，规范了农村食品经营行为。

（五）畅流通、加速农产品"进城"工业品"下乡"

各地聚力推进物流体系建设，较好促进城乡产品流通。围绕农产品"进城"，重在完善适应农产品网络销售的供应链体系。如重庆市铜梁区打造"互联网＋"农产品出村进城示范，278 个涉农村社全部建成"爱在龙乡""邮乐购""益农信息社"线上线下店铺，推动全区 7000 余个农产品单品出村进城。围绕工业品"下乡"，重点健全农村电商物流体系。如湖北省监利市依托国家电子商务进农村综合示范县建设，推进 23 个镇级电子商务

服务站点、180 个村级服务站建设，同步整合快递收寄、电信、驾校、建设银行、农商银行、平安银行、寿康保险等增值业务植入到站点，较好服务了农村居民生活（见表 7-3）。

表 7-3　"畅流通、加速农产品'进城'工业品'下乡'"具体做法概览

主要做法	典型实例
围绕农产品"进城"	①江苏省泰州市打造"四位一体"供销绿色生态服务泰州模式，建设农药集中配供中心 18 个、服务网点 202 个，为农民节约成本 5000 万元； ②江苏省泰州市引导中心集镇的基层社设置扶贫专柜，销售经济薄弱地区农副产品，推进"新时代网上供销社"建设，打通城乡双向流通线上渠道； ③重庆市铜梁区推动 278 个涉农村社建成"爱在龙乡""邮乐购""益农信息社"等线上线下店铺，推动全区 7000 余个农产品单品出村进城； ④湖北省监利市专业合作社自建并运营的产品生产端仓储保鲜冷链设施 20 个，专业冷藏运输车 200 余辆； ⑤贵州省铜仁市印江县筹资近 4.5 亿元，建设铜仁西部现代冷链物流中心项目，全面提升铜仁西部 5 县及周边地区的鲜活农产品储存、运输综合服务能力
围绕工业品"下乡"	①重庆市铜梁区建设农产品市场 54 个、乡镇便民商业中心 28 个，举办工业品下乡、农产品进城等系列巡展活动 26 次； ②泰州市姜堰区构建了"1320"农村电商体系，即建设 1 个区级农村电商运营服务中心、打造 3 年电商人才培训计划、实现农产品电商品牌且产品销售额同比增长 20% 的发展目标； ③湖北省监利市依托国家电子商务进农村综合示范县建设，按照乡镇 100%、村级 60% 覆盖率要求，推进 23 个镇级电子商务服务站点、180 个村级服务站建设

资料来源：笔者实地考察。

三、扩大农村内需存在"五大短板"和"四类障碍"

持续释放农村消费潜力、扩大农村投资空间，需精准识别农村内需潜力释放的主要问题，厘清抑制消费、限制投资、制约流通的堵点、难点。

（一）农村内需面临的主要短板

立足满足城乡居民生活向往、实现共同富裕的目标，根据问卷调查和实地调研，农村内需释放存在多项问题。

从农村居民消费看，农民消费水平还较低、潜力释放不足。农村5亿多人口蕴藏巨大消费市场空间，但是农村人口整体消费水平偏低。调研的多数地区农村居民人均消费支出不到城镇人口的60%，如图7-6所示，东部地区如桐乡市农村居民人均消费比刚超过城镇居民70%，中部地区的荆州、西部地区铜梁、铜仁刚过50%水平，这表明农村居民消费能力被严重压制。

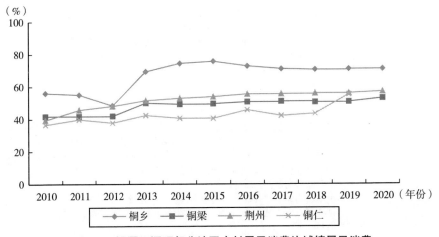

图7-6 课题组调研部分地区农村居民消费比城镇居民消费

资料来源：各地区统计公报和统计年鉴。

从下乡市民和农村新住民消费看，农村优质产品和服务供给严重不足。城市居民下乡消费问卷调查显示，一些市民在下乡购物的过程中遇到困难，主要是难以判断乡土产品质量好坏和担心买到假冒伪劣产品；92.17%的市民迫切希望政府改善农村消费产品和服务（见表7-4）。不少返乡下乡投资兴业的新住民表达了对优质产品和服务的强烈诉求，如湖北省监利市某全国农机合作社示范社理事长谈道，"希望乡镇上能有个咖啡馆，这样可以在咖啡馆谈生意；镇上有健身房，有好的健身设施就更好了。"

表 7-4　城市居民问卷调查中市民希望政府改善农村消费的主要事项

选项	小计 （人次）	比例 （%）
引导支持农户做好土特产等农产品分等定级及原产地标识	774	79.22
完善乡村商店销售假冒伪劣产品查处机制	628	64.28
在依法严格实施农村宅基地规划管控前提下，探索逐步允许市民购买农民住房使用权的办法	437	44.73
支持商家改造提升农村商超设施水平	455	46.57
支持建立休闲农业和乡村旅游精品网点及信息查询网站	522	53.43
推动休闲农业和乡村旅游点的环境卫生提档升级	524	53.63
其他	0	0
本题有效填写人次	977	92.17

资料来源：基于课题组对全国 1060 名城市居民的问卷调查，问题设置为"如果希望政府帮助，主要需要政府做哪些事？"为多项选择题且最多选择四项。对 1060 名市民调查中，977 名希望政府改善农村消费。

从农业农村投资看，社会资本投资不稳定性增加。全国数据显示，2018年以来农林牧渔业民间固定资产投资累计增速快速波动下降，特别是 2019年 4 月以来，连续 7 个月负增长，2017~2020 年农林牧渔业民间固定资产投资累计增速变异系数分别是 0.1310、0.2778、5.6098 和 26.2438，即使剔除新冠肺炎疫情影响，社会资本投资农业的不稳定性正在成倍增加。课题组调研进一步强化证实，重庆市铜梁区的干部介绍道，"2018 年开始整治'大棚房'，我们这搞乡村旅游、特色产业投资的一下子少了很多；2019 年猪肉价格涨得很快，政府鼓励养殖，投资养殖场的又多了起来，总是一哄而上，一哄而下，像坐过山车一样。"

从产品流通看，城乡产品双向流通不畅、效率不高。物流加速生产、消费循环的作用还不强。一是农产品上行困难。贵州省铜仁市由于农产品标准化和品牌化建设不完善，上网销售的农产品种类较少、数量不多；湖北省监利市冷链标准化低，产地、冷库、物流、销售各个环节的衔接不够顺畅，无法有效支撑生鲜农产品上行。镇村干部问卷调查数据显示，52.8%的干部都认为农产品出村进城很困难（见图7－7）。二是工业品下行和农产品上行不衔接，即"满车下乡、空载返城"现象普遍。即使在浙江省、江苏省等发达地区，依然普遍存在这样的问题，离实现农产品和工业品上下行无缝衔接的目标较远。

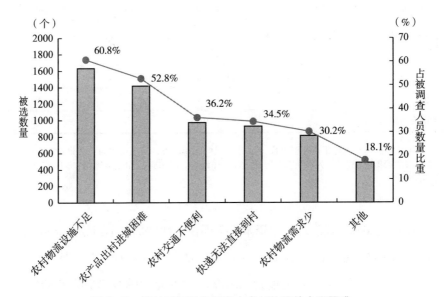

图7－7 镇村干部问卷调查中农村物流的主要困难

资料来源：基于课题组对全国2686名镇村干部的问卷调查，问题设置为"您认为当前农村流通发展面临哪些主要困难？"多项选择题但最多选择三项。

从基础设施看，农村生产基础设施短板较为突出。我国农村生产基础设施较落后，制约了乡村产业发展和农村市场建设。如仓储物流短板严重，镇村干部问卷调查数据反映，60.8%的干部认为农村物流最大的短板属物流设施不足；实地调研过程中也发现，如铜梁区仓储和冷链设施较少，大型工业企业和大宗农副产品均通过大型货车"点对点"运输；乡村旅游配套设施和公共服务短板突出，旅游停车场、污水处理设施等严重不足。

（二）制约农村内需释放的关键障碍

农村内需显现的居民消费水平低、优质产品服务供给不足等问题，主要受诸多体制机制障碍影响，根源于长期以来形成的城乡二元经济社会结构。

首先，农民增收机制和农村社会保障制度不健全。镇村干部问卷调查数据显示，限制农民消费支出的主要障碍分别是农民收入不高、上学和医疗负担重，即"没钱消费"和"不敢消费"，两者分别占调查人数的69.4%和62.7%。实地调研中，如湖北省监利市某干部谈道，"农民增收渠道太单一，就靠打工一条路，2020年湖北疫情严重，我们这农民在家窝了近半年，收入减少很明显。"重庆市铜梁区的一位干部也指出，"扩大农民消费，首先是要增加农民收入，这是最关键的。"此外，农民社会保障水平也很低，如湖北省农村60岁以上居民每月可领养老保障金一般不超过200元，与全国城镇职工月均2300元的差距较大（见表7-5）。

表7-5　　　　　　　当前扩大农民消费支出面临的主要困难

选项	小计（人次）	比例（%）
农民收入不高	1865	69.43
上学和医疗负担重不敢消费	1684	62.70
不少农户家庭有负债	906	33.73
社会保障不健全	725	26.99
农民有节俭、爱存钱的习惯	717	26.69
农民文化娱乐需求得不到满足	423	15.75
农民购物不方便	309	11.5
缺少物美价廉的商品	251	9.34
其他	184	6.85

资料来源：基于课题组对全国2686名镇村干部的问卷调查，问题设置为"您认为当前扩大农民消费支出面临的主要困难有哪些?"多项选择题但最多选择三项。

其次，社会资本投资农业农村的相关政策不稳定。我国部分产业政策变动大，对社会资本投资农业造成了困扰，加剧了近年来各地区社会资本投资农业农村的波动性。如基于保护生态环境需要，叠加应对非洲猪瘟，2018年南方水网地区禁止或限制生猪养殖，导致2018年全国农业固定资产投资快速下降；受猪价快涨、猪肉供应短缺影响，2019年9月国家转而大力鼓励生猪养殖，恢复南方地区生猪养殖，农业固定资产投资随之恢复性增长（见图7-8），课题组在江苏调研时，某基层干部谈道，"上一轮拆猪圈的钱还没有补给老百姓，现在又让我们鼓励老百姓养猪。"再如，过去几年各地大力发展乡村旅游，2020年后国家开展耕地"非粮化"整治，不少企业旋即"观望"，不敢再追加投入，重庆市铜梁区某花卉游乐园老板谈道，"听到这个消息后，我们不敢再投了，上次拆'大棚房'时我们损失不小；如果这次耕地'非粮化'整治搞一刀切，我们的损失至少在40%以上……我们就是希望国家政策能够稳定点，让我们能放心投资"。

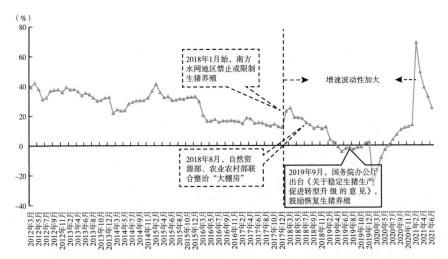

图7-8　2012~2021年农民牧渔业民间固定资产投资累计增长

资料来源：国家统计局官网。

再次，农村要素市场发育不足。社会资本下乡一般投资规模较大，领域较为广泛，要素需求结构具有明显的数量密集型、种类多样性与层次高位性等特征。一是投资普遍面临"用地难"。调查显示，45%的农业企业受制于"用地难"。从设施农用地看，流转基本农田发展设施农业的企业根本无法获得用地指标，一般农田可用于设施农用地的指标也难用于产业项目，湖北省监利市某农机合作社理事长介绍，"由于缺乏农业设施用地指标，我们的农机都没有机棚存放，都是露天放的，如果有机棚存放，农机使用寿命至少可以延长8年。"从建设用地看，如重庆市铜梁区永久基本农田占比达90%以上，建设用地非常有限，农产品加工、农旅融合等农村产业项目落不了地，而大量闲置宅基地无法成为农村产业发展用地来源。二是"融资难"问题突出。农业企业大量投入凝结在农业生产设施与生物资产上，但农村产权制度改革、金融产品创新滞后，如浙江省嘉兴市开展了几年的农业生产附属设施抵押贷款也停滞了，许多农业企业只能抱着死资产"讨饭吃"。三是缺乏稳定的劳动力队伍，"用工难"。农村劳动力总体不足，特别是普通工人和高技术人才更加匮乏，贵州省铜仁市某蛋鸡企业介绍道，"我们这里招普工很难，招到了没干几天就走了；高技术人才也很难引来。"

最后，县域联动城乡经济功能不强。县域是实现城乡互促、扩大农村内需的重要载体，我国县域功能还不健全，服务产业发展和满足消费能力还不强。从服务产业看，县城产业配套普遍不足，缺乏承接适宜产业转移和服务带动乡村的能力，贵州省铜仁市某企业谈道，"我们现在还是主要搞初加工，精深加工暂时做不了，需要一些配套服务，如包装等，这些配套县城里没有，要到外地去运，不划算。"湖北省监利市某合作社理事长也谈道，"现在县城里服务配套不行，合作社想做个宣传海报，跑遍整个县城也找不到能做的人。"从满足消费看，生活性服务供给不足，大部分地区县域服务业以住宿餐饮、居民服务、零售为主，而教育培训、养老育幼、健康、文化等服务供给不足，特别是县域服务向农村地区延伸不够，虽然县域工业品下乡愈发便利，但是围绕产品安装、使用、维护等相关"服务下乡"不协同。

四、"三管齐下"促进农村内需释放

扩大农村内需，要处理好内部与外部、数量和质量、表面现象和深层问题等多对关系，重点是针对既有问题和障碍，做好以下"三篇文章"。

（一）补短板

扩大农村内需，补短板是基础，其中，重点是加快补齐农民收入、基础设施的短板。

围绕农民增收，实施农村居民"十年收入倍增计划"。提高收入是释放农民消费潜力、扩大内需的基础，建议从"十四五"时期开始，着力实现农村居民人均可支配收入十年翻一倍的目标，具体从三个方面发力。一是对农村居民实施就业专项工程，增加对农民的技能培训补助支持，对农民经营高附加值农业建立无息贷款专项基金。二是落实土地财产权抵押担保权能，推进闲置房屋出租、合作、入股、联营，落实农村宅基地"三权分置"，完善农村集体产权权能，健全农村集体产权交易市场，引导村集体按照股份制、租赁制、合作制、混合制等方式，发展壮大新型农村集体经济。三是大幅增加农村公共服务投入，提高农民大病医疗补助标准，建议农民基本养老金补助标准提升至 200 元以上，降低农村人群生存成本。

围绕基础设施，推进城乡基础设施一体化发展。加快补齐那些惠民生、促发展的设施短板，坚持先建机制、后建工程，实现城乡基础设施统一规划、统一建设、统一管护。在规划上，将乡村规划纳入县（市）域规划体系，加快县域乡村建设规划编制或修编工作，立足城乡人口流动，前瞻性统筹安排重要基础设施项目。在投入上，由侧重"生活"转向"三生"同建，在完善农村生活基础设施基础上，加强农村生产性基础设施供给，重点强化冷链物流、农产品包装、产品止损、旅游设施等投入。在管护上，严格落实县级政府农村公共基础设施管护的主体责任，依托专业部门加快制定农村公共基础设施管护制度、标准和规范，完善鼓励社会资本和专业化企业有序参与农村公共基础设施管护的政策措施。

（二）优结构

基于满足农村居民对美好生活向往需要及实现共同富裕的目标，扩大农村内需空间，既要在弥补总量不足上下功夫，更要在优化结构升级上做文章。

第一，提升农村优质产品和服务获取便利度。建议从两个方面提高农村优质产品获取便利度。一方面，挖掘农村网购和旅游消费潜力。充分发挥邮政系统、供销社系统和信息进村入户工程现有农村网点布局优势，引导电商企业在乡镇和农村建设服务网点，开展品牌消费、品质消费系列活动；建立健全住宿餐饮等乡村旅游和服务标准，开展休闲农业和乡村旅游精品发布推介活动。另一方面，考虑到优质产品和服务供给的特点，即贴近终端市场、具备一定消费规模，要以扩大县域消费为抓手，推进县域补短板，加强县域乡镇商贸设施和到村物流站点建设，支持食品、日化、金融、保险等相关企业开发适合农村消费的产品和服务，将县域建成服务农民的中心。

第二，加强农村消费市场秩序建设。农村市场秩序建设不仅关乎内需潜力释放，更关乎老百姓权益。一是加强产品质量认证体系建设。充分发挥质量认证保障安全底线，对涉及人身健康、安全环保产品实行强制性认证，推进落实强制性产品认证改革方案。二是强化农村市场秩序监管。适应农村消费分散特征，加大流动监管，充分利用"互联网＋"等技术新手段，构建智能化的农村市场监管体系，加快推动城镇监管力量下沉，形成城乡一体化、联动化的监管长效机制。三是加大消费者权益保护力度。开展放心消费创建活动，全面启动消费投诉公示工作，督促经营者诚信经营，联合开展消费者个人信息保护和预付卡治理专项行动。

（三）提效率

扩大农村内需，要瞄准农村消费、投资、流通等存在的堵点、障碍，着力做好打通堵点、清扫障碍的大文章。

第一，加快农村要素市场化建设。建议围绕"人、地、钱、技"等，打破阻断、妨碍城乡要素自由流动和优化配置的瓶颈制约。一是加快放活土地要素。积极引导农村承包地有序规模流转，健全县乡村三级土地流转服务和管理网络。完善设施农用地政策，落实种植设施不破坏耕地耕作层的可以使用永久基本农田的政策。盘活农村存量建设用地，加快推进集体经营性建设用地入市，探索宅基地使用权有偿退出与有偿使用办法。二是推进乡村产业资本深化。撬动金融支持乡村产业发展，鼓励地方政府开展以农村资产确权颁证为基础、以农业保险创新为配套、以风险补偿金设立为保障、以农村产权交易中心建立为保障的农村产权抵押贷款机制。三是建立专业化乡村产业人才队伍。对一批有意愿接受培训、有文化基础的农民，要加大培训投入力度；对一批没有培训意愿、文化素质不高的农民，通过组织化、产业化生产变成产业工人；引进一批高素质、高技能人才，强化对下乡人才的激励。四是强化农业投资产权保护。加快推进农业设施确权颁证，着力做好产权权益保障与农村信用体系建设。

第二，加强城乡商品服务流通网络建设。流通是畅通城乡经济循环、扩大农村内需的重要基础，承担着引导生产和促进消费的双重职能。一要加快完善县乡村三级农村物流配送体系，健全农村物流基础能力；二要依托大型流通企业，大力培育农产品供应链链主企业，支持链主企业整合上行和下行双通道资源，促进城乡产品流通衔接；三要打造农村数字化平台，促进工业品下乡和农产品进城有效衔接。

第三，强化县域联动城乡经济功能。扩大农村内需，要牢牢抓住县域这个重要载体，增强县城综合服务功能，重点方向是加快以县城为载体的城镇化建设。统筹县域产业、基础设施、公共服务、基本农田、生态保护、城镇开发、村落分布等空间布局，加快推进基础设施提档升级和产业培育设施提质增效，提升承载产业发展和就业创业能力，增强县城综合服务功能，强化对城市要素入乡发展、城市人口入乡消费的服务保障；搭建面向乡村的技术研发、人才培训和产品营销等平台，增强对乡村产业的支撑和带动能力。

第四，推动农业支持政策机制化转型。建议加快建立以功能性产业政策为主的政策模式，减少对农业投资的干扰。一是加强政策机制化、制度化管理，确保政策的连续性和稳定性，引导市场主体形成准确的政策预期。二是缩小选择性产业政策的范围，从市场化程度较高的农业产业领域退出，改变靠补贴、靠项目、靠批地等方式支持某个特定农业产业的政策支持方式。三是完善和创新产业政策工具手段，在融资担保、普惠性税收优惠、行政审批等环节加大扶持力度；此外，要强化标准管理在产业政策手段中的突出作用，鼓励地方政府围绕主导农业产业，与农业龙头企业协同制定农业标准体系，强化能耗、环保、质量、安全等标准在产业准入和项目审批的约束力。

（执笔人：周振）

第八章

高度重视耕地"非粮化"整治中的四大隐忧

内容提要：目前，我国防止耕地"非粮化"面临四大隐忧。永久基本农田与粮食功能区地块边界不明，"非粮化"整治成本分担机制不健全，永久基本农田划定存隐忧，政策未来走向不明。要明晰农田地块类型和保护标志，妥善处置存量耕地"非粮化"遗留问题，尽快健全粮食生产功能区防止耕地"非粮化"法律法规，实事求是科学调整补划永久基本农田，稳定防止耕地"非粮化"政策预期。

防止耕地"非粮化"政策事关国家粮食安全、农民增收和农业投资。2020 年 11 月，国务院办公厅发布防止耕地"非粮化"文件后，各地扎实推进耕地"非粮化"整治行动。2021 年 4 ~ 6 月我们先后赴浙江省嘉兴市、重庆市铜梁区和湖北省监利市开展调研。了解到耕地"非粮化"整治工作已取得了阶段性成果，重庆市铜梁区坚持"管控、建设、激励"三位一体，推进耕地"非粮化"整治长效化；湖北省监利市坚持"清存量、遏增量"，按照四种耕地"非粮化"类型进行分类清理整改；浙江省嘉兴市建立抛荒清单、科学务实调规并举，探索东部地区耕地"非粮化"整治路径。但政策落地过程中存在永久基本农田与粮食生产功能区边界不清晰、"非粮化"整治成本分担机制不健全、不适宜种粮农地划入永久基本农田后整治难度大、防止耕地"非粮化"政策执行标准走向不明等一些新矛盾与隐忧，亟须高度重视。

一、落实防止耕地"非粮化"政策面临四大隐忧

（一）永久基本农田与粮食生产功能区地块交叉、边界不明，导致被动"非粮化"和整治后遗症

一些基本农田保护区未树立保护标志。即使立了标志牌，一些保护区"四至"边界不清。粮食生产功能区虽然已上图入库，但村干部和农业经营主体对其范围和边界并不清楚。据湖北省监利市一位乡镇干部反映，村干部、普通农户和新型农业经营主体很难搞清楚哪些地块属于永久基本农田和粮食生产功能区，因地块信息保密，种植主体只能到乡镇街道的国土所去查询；有的地块复杂，还需要国土部门干部下到田间地头去比对，程序烦琐，工作量比较大。另据湖北省监利市和重庆市铜梁区相关部门干部反映，粮食生产功能区大部分在永久基本农田，少部分在一般耕地中，有两个隐患：一是种植主体对一般耕地上的粮食生产功能区边界不明，有时就会无意间将非粮作物种在粮食生产功能区上，出现被动"非粮化"。二是对不在永久基本农田的粮食生产功能区从事"非粮化"种植和养殖，缺乏法律处罚依据，易引发矛盾纠纷。

（二）限期强制清除"非粮化"作物及设施的成本分担机制不健全，部分地块整治影响巩固脱贫攻坚成果和农民增收

地方乡村干部反映，现在要求清除基本农田上已经种植的林果、花卉、苗木及鱼塘等"非粮化"作物和田间设施，没有具体法律依据和强制手段。在法律条件不具备的背景下，操之过急，限期强行清除，容易引发社会矛盾。一位农业企业主反映，该企业种了果树和苗木，基本都在基本农田。种

植基地吸纳 100 多农民就业，其中有 7~8 位刚脱贫的贫困户。因实施防止耕地"非粮化"政策，各地苗木需求量锐减，2021 年同比下降 50%。如果明年苗木需求继续下降，将缩减投资，不得不辞掉 50% 农民劳动力；如果退林还田，每亩苗圃将损失 2 万多元基础设施投资，种粮还需要按照粮田要求再投资修建基础设施。目前，清除基本农田上的林木等作物，农业经营主体不会自己动手，只能由基层政府设法清除，各种费用需由县市地方财政负担。

（三）永久基本农田划定存隐忧，不适合种粮农地"被划入"后整治难度大

据某地估计，目前大约 10% 不适合种粮的农地还是基本农田。如果不允许调减永久基本农田面积或异地调整地块，这些分布在丘陵山地的基本农田可能继续划入永久基本农田。还有一些地方反映，由于历史原因，一些水淹地、乡间道路甚至农民宅基地都划入了基本农田。这些地方耕地资源严重稀缺，在县域范围内调整补划地块几乎没有空间，一般耕地都已经种植林果、花卉苗木等，或搞养殖业，补划后面临清除现有种植作物和养殖产品及其设施的赔偿压力。

（四）防止"非粮化"政策未来执行标准走向不明，各方对稳定农业投资担忧增多

据调研地区部分基层干部和农业经营主体反映，大家担忧粮食安全党政同责后，防止耕地"非粮化"政策的执行标准可能会从严，担忧上级对在永久基本农田从事林果业及挖塘养鱼的农业经营主体，要求短期内强挖林果、强填鱼塘，导致一些农业经营主体的投资处于观望状态，农业投资预期受到一定影响。

二、加快构建防止耕地"非粮化"与稳定农业投资的长效机制

（一）明晰农田地块类型和保护标志

一是结合农田划界调整，原则上将粮食生产功能区调整划入永久基本农

田范围内，尽量减少永久基本农田与粮食生产功能区的交叉覆盖。二是全面普及永久基本农田和粮食生产功能区保护标志建设，逐步做到永久基本农田和粮食生产功能区的地块"四至"标志清晰。其中，明确标注"禁止从事林果业以及挖塘养鱼、非法取土等破坏耕作层的行为"等内容，让种田人明白放心种地。在保证信息安全的前提下，向村委会开放粮食生产功能区电子地图和数据库接口，便于农业经营主体就近查询地块类型，也利于村集体提前预警并监督制止耕地"非粮化"行为。三是推动各县市制定并推广使用承包地流转合同范本，其中，必须设定"禁止占用永久基本农田从事林果业以及挖塘养鱼、非法取土等破坏耕作层的行为，禁止闲置、荒芜永久基本农田"等法定条款。

（二）妥善处置存量耕地"非粮化"遗留问题

在目前国内谷物类粮食供求平衡阶段，允许各地在完成中央粮食播种面积基础上，分批分期逐步化解永久基本农田上的存量"非粮化"问题，尽量减少对农业结构调整和农业投资的冲击，避免一边抓防止耕地"非粮化"、一边又托市收储粮食。调研地区农口部门一些干部建议，考虑到防止耕地"非粮化"政策文件出台在后，耕地"非粮化"存量问题发生在前，允许流转承包地的新型农业经营主体在合同到期后清除永久基本农田及其他粮食功能区上的林果及鱼塘，并恢复耕地种粮条件。

（三）尽快健全粮食生产功能区防止耕地"非粮化"法律法规

尽管国务院 2017 年发文，要求积极推动制定"两区"（粮食生产功能区和重要农产品生产保护区）监管方面的地方性法规或政府规章，目前只查到浙江省 2012 年出台了粮食生产功能区保护办法，多数省份可能并未出台相关保护办法。在浙江省的办法中，只是对各级政府部门在粮食生产功能区内鼓励和支持种植多年生作物和挖塘养殖水产依法追责，但对农业生产经营主体却无处罚措施。因此，要督促"非粮化"问题突出省（区、市）尽快出台粮食生产功能区保护办法，并对农业生产经营主体违规种植多年生作物和挖塘养殖水产的行为提出依法处理措施。条件成熟时，可以出台全国性的粮食生产功能区保护条例或办法。

（四）实事求是科学调整补划永久基本农田

要高度重视多种复杂原因造成的基本农田"上山、下海、入湖、进房、占道"等历史问题，不能以"开口子后无法控制"为由，将不具备种粮条件的基本农田重新划入"永久基本农田"。严格按照永久基本农田的技术条件，实事求是剔除不具备条件的基本农田，重新补划其他地块。确实在本地没有地块可补划的，可以调减当地永久基本农田保有面积，允许跨县市甚至跨省补充同质等量永久基本农田，按照"谁补划、谁出资"的原则支付跨区域补充永久基本农田的建设资金。

（五）稳定防止耕地"非粮化"政策预期促进农业投资

建议有关部门加强新型农业经营主体、社会资本和普通农户对防止耕地"非粮化"政策的舆情监测，加快探索耕地"非粮化"整治成本分担机制和利益补偿办法。有针对性地举办权威性新闻发布会，明确防止耕地"非粮化"政策执行的标准边界，让农业生产经营主体和社会资本放心投资农业。

（执笔人：蓝海涛、涂圣伟、张义博、周振）

附录1 镇村干部调查问卷

扩大农村内需是服务国家发展方式转变、促进乡村振兴的重要战略。国家发展和改革委员会产业经济与技术经济研究所成立相关课题组，拟对农村居民的消费和投资的意愿及行为进行调查。本次调查的对象为乡镇干部和村干部。请熟悉辖区农民情况的乡镇干部和村干部完成本问卷（除特别说明外，都为单项选择）。

1. 受访者基本情况

地址：　　　省　　　市　　　县　　性别：　　年龄：

现任职务：A. 乡镇干部　　　B. 村支书　　　C. 其他村干部

2. 根据您的掌握的情况，本辖区或本村农民家庭日常消费最主要的支出是（　　　）。（最多选3项）

A. 食品、餐饮　　　　　　　　　B. 衣物

C. 住房　　　　　　　　　　　　D. 家电、汽车等耐用消费品

E. 教育　　　　　　　　　　　　F. 医疗

G. 休闲、旅游、娱乐　　　　　　H. 各种礼金

I. 其他

3. 如果收入提高了，您觉得农民将主要改善（　　　）方面的消费。（最多选三项）

A. 食品、餐饮　　　　　　　　　B. 衣物

C. 住房　　　　　　　　　　　　D. 家电、汽车等耐用消费品

E. 教育   F. 医疗

G. 休闲、旅游、娱乐   H. 各种礼金

I. 各类社会保险   J. 其他

4. 根据您的掌握的情况，1 年内本辖区或本村有（　　）比例的农户有购买家电、汽车等耐用品的需求。

A. 10% 以下   B. 10% ~30%

C. 30% ~50%   D. 50% 以上

5. 根据您掌握的情况，本辖区或本村有（　　）比例的农户家庭在村建房的同时还在城买了房。

A. 10% 以下   B. 10% ~30%

C. 30% ~50%   D. 50% 以上

6. 根据您的掌握的情况，您觉得农民在县城或城市购买住房最主要的原因是（　　）。（最多选三项）

A. 子女教育   B. 结婚

C. 投资   D. 工作

E. 攀比   F. 其他

7. 本辖区农村地区或本村最需要投资建设的领域有（　　）。（最多选三项）

A. 通村入户的道路升级和维护   B. 自来水或饮用水设施

C. 天然气等能源设施   D. 网络通信设施

E. 公共活动场所和文体设施   F. 村容村貌

G. 垃圾、污水收集处理设施   H. 村级幼儿园、小学

I. 村医务室升级改造   J. 村庄交通、物流网点

K. 其他

8. 根据您掌握的情况，本辖区或本村有借款的农民家庭占比达到（　　）。

A. 10% 以下   B. 10% ~30%

C. 30% ~ 50%   D. 50% 以上

9. 如果农民家庭有借款，最主要从（   ）渠道获得。

A. 银行贷款   B. 亲戚朋友借款

C. 信用卡   D. 互利网平台贷款

E. 其他

10. 农民借款后，主要用于（   ）方面。（最多选三项）

A. 子女上学   B. 治病

C. 建房或购房   D. 结婚

E. 农业生产   F. 做生意

G. 日常家庭消费   H. 其他

11. 根据您掌握的情况，近年来本辖区或本村返乡入乡人员主要有
（   ）。（最多选三项）

A. 返乡大中专学生

B. 返乡农民工

C. 退伍军人

D. 退休官员或教师、医生等

E. 回乡下乡企业家

F. 返乡社会从业者（如文艺创作人员等）

G. 其他

12. 您村或乡镇的返乡人员主要从事（   ）行业。（最多选三项）

A. 农业生产

B. 农产品加工等工业

C. 涉农电子商务

D. 批发零售业

E. 休闲农业和乡村旅游

F. 餐饮业

G. 农业社会化服务（农机作业、农资销售等）

H. 其他

13. 您村或乡镇的返乡人员投资遇到的主要困难与问题有（　　）。（最多选三项）

A. 缺资金　　　　　　　　　　B. 缺人才

C. 缺乏建设用地　　　　　　　D. 缺乏年轻劳动力

E. 缺乏技术服务　　　　　　　F. 市场开拓难

G. 乡村基础设施配套不足　　　H. 其他

14. 您认为当前农村流通发展面临（　　）主要困难。（最多选三项）

A. 农村物流设施不足或落后　　B. 快递无法直接到村

C. 农村物流需求少　　　　　　D. 农村交通不便利

E. 农产品出村进城困难　　　　F. 其他

15. 您在当前农产品电商存在（　　）主要问题。（最多选三项）

A. 电商物流设施不完备　　　　B. 电商从业人员缺乏专业培训

C. 农产品标准化水平低　　　　D. 农产品规模化供给不足

E. 缺乏品牌　　　　　　　　　F. 其他

16. 您认为，当前扩大农民消费支出面临的主要困难有（　　）。（最多选3项）

A. 农民收入不高　　　　　　　B. 不少农户家庭有负债

C. 上学和医疗负担重不敢消费　D. 社会保障不健全

E. 农民有节俭、爱存钱的习惯　F. 农民购物不方便

G. 缺少物美价廉的商品　　　　H. 农民文化娱乐需求得不到满足

I. 其他

17. 您希望国家采取（　　）措施扩大农村消费。（最多选三项）

A. 发放消费券

B. 补贴农户购买家电、汽车

C. 改善县城或乡镇的消费购物环境

D. 引导农民网上消费

E. 推动快递直接到村

F. 健全社会保障

G. 提高农民收入

H. 鼓励企业开发符合农民喜好的高性价比商品

I. 其他

附录2 城市居民下乡消费情况调查问卷

尊敬的女士或先生，您好！

城市居民下乡消费是提高市民生活质量、帮助农民增收致富、促进乡村振兴的重要活动。国家发展和改革委员会产业经济与技术经济研究所成立相关课题组，拟对城市居民下乡消费行为进行调查。本次调查的对象是城市居民，不论您是城市还是农业户籍，如果您6个月以上都在本市或外市的城区就业和生活，并到农村有购物、游玩等消费活动，敬请您填写下列问题（除特别说明外，都为单项选择）

1. 您目前主要从事（　　　）职业。

A. 企业职员

B. 公务员

C. 事业单位（科研机构、学校、医院等）人员

D. 个体户

E. 离退休人员

F. 其他

2. 您个人每年的税后可支配收入的大致范围（　　　）。

A. 50000 元以下　　　　　　　　B. 50001～100000 元

C. 100001～200000 元　　　　　　D. 200001～300000 元

E. 300001 元以上

3. 您去农村（　　　）商品。

A. 没买过

B. 买过

如果您买过，主要购买（　　　）商品。（最多选三项）

A. 乡村土特产（土鸡蛋、杂粮、土法加工食品、干果等）

B. 当地新鲜瓜果、蔬菜或水产

C. 民间手工艺品

D. 乡民特色服装

E. 儿童戏水等玩具

F. 其他

4. 您有没有去农村休闲旅游过？（　　　）

A. 没有　　　　　　　　　　　B. 有

如果有过，主要付费的休闲娱乐方式有（　　　）。（最多选四项）

A. 吃农家饭

B. 住农家屋或民宿

C. 去休闲农业或特色小镇景点观赏

D. 付费采摘瓜果、蔬菜等

E. 租种小菜园

F. 参加付费的农事体验（种地、喂养等）或农产品初加工活动

G. 参加付费的乡村民俗文化体验活动

H. 参加乡村保健养生活动（如中医理疗、药浴、吃养生食品等）

I. 其他

5. 正常年景（不含新冠肺炎疫情），您一年平均去农村消费（　　　）。

A. 没去过　　　　　　　　　　B. 1 次

C. 2~3 次　　　　　　　　　　D. 4~5 次

E. 6 次以上

6. 正常年景，一年内您去农村的个人花费大致为（　　　）。

A. 2000 元以下 B. 2001~4000 元

C. 4001~8000 元 D. 8001 元以上

7. 您有没有在乡镇或村庄租住农家房屋或精品民宿康养生活 1 个月以上？（　　）

A. 没有 B. 有

如果有过，正常年景平均每年居住时间为（　　）。

A. 1 个月以下 B. 1~3 个月

C. 3~6 个月 D. 6 个月以上

如果有过，正常年景，您本人每年在农村吃住娱乐养生等消费平均（　　）。

A. 5000 元以下 B. 5001~10000 元

C. 10001~25000 元 D. 25001 元以上

8. 您在购买蔬菜、水果和肉蛋奶等生鲜农产品时，与外地同类农产品相比，是否更加偏好本地生产的生鲜农产品？（　　）

A. 是 B. 不是

C. 无差别

如果是，与外地同类农产品相比，您是否愿意以更高的价格购买本地生产的生鲜农产品？

A. 愿意 B. 不愿意

9. 您在农村购物中的需求有没有得到满足？（　　）

A. 有 B. 没有

如果没有，主要是（　　）需求没有得到满足。（最多选两项）

A. 品质一样的优质原味土特产（如杂粮特产、土鸡蛋、传统腊肉等土法食品）

B. 农家田园种的品质比较稳定的优质新鲜瓜果、蔬菜

C. 地方文化特色鲜明的手工艺品

D. 没有见过的新奇特农产品

E. 其他

10. 您在农村购物中有没有遇到过困难或问题？（　　）

A. 没有　　　　　　　　　　B. 有

如果有，主要碰到了（　　）困难或问题。（最多选三项）

A. 土特产或新鲜果蔬等食用农产品口感不好、不卫生

B. 各地手工艺品雷同

C. 担心买到假冒伪劣产品

D. 没有品牌商标

E. 价格偏高、不实惠

F. 包装简陋

G. 难以判断乡土产品质量好坏

H. 其他

11. 您在乡村休闲旅游的需求有没有得到满足？（　　）

A. 有　　　　　　　　　　　B. 没有

如果没有，主要是（　　）需求没有得到满足。（最多选两项）

A. 在严控农村宅基地规划的条件下，如果今后政策允许城里人拥有农村房屋的使用权，想在环境优美、交通便利的村庄购买可转让继承的农村房屋

B. 住可以自采食用农产品且能野炊的农家院或民宿

C. 吃标明由"本地农产品"烹饪的特色农家饭菜

D. 外貌像农家、内设简约现代、性价比高的精品民宿

E. 能够体验传统农事和土法食品制作的休闲农业

F. 其他

12. 您在农村休闲旅游中有没有遇到过困难或问题？（　　）

A. 有　　　　　　　　　　　B. 没有

如果有，主要碰到了（　　）困难或问题。（最多选三项）

A. 村庄环境不够整洁优美

B. 住房设施简单、卫生一般

C. 农家饭雷同、品种少、做工粗、价格偏高

D. 当地特色农事体验等特色活动不足

E. 可观赏或体验的民俗文化活动少

F. 适合儿童游玩的设施少

G. 其他

13. 您是否希望政府帮助城市居民在农村消费？（　　）

A. 不希望　　　　　　　　　B. 希望

如果希望政府帮助，主要需要政府做（　　）事。（最多选四项）

A. 引导支持农户做好土特产等农产品分等定级及原产地标识

B. 完善乡村商店销售假冒伪劣产品查处机制

C. 在依法严格实施农村宅基地规划管控前提下，探索逐步允许市民购买农民住房使用权的办法

D. 支持商家改造提升农村商超设施水平

E. 支持建立休闲农业和乡村旅游精品网点及信息查询网站

F. 推动休闲农业和乡村旅游点的环境卫生提档升级

G. 其他